JN232352

サバイバーと心の回復力
逆境を乗り越えるための七つのリジリアンス

S・J・ウォーリン／S・ウォーリン 著
奥野　光 ・小森康永 訳

Ψ
金剛出版

THE RESILIENT SELF

HOW SURVIVORS OF TROUBLED FAMILIES RISE ABOVE ADVERSITY

by

STEVEN J. WOLIN
SYBIL WOLIN

Copyright©1993 by Steven J. Wolin, M.D. and Sybil Wolin, Ph.D.,
Japanese translation rights arranged with Mahon Patusky Rothblatt & Fisher
through Japan UNI Agency, Inc., Tokyo

序　　文

　本書は，問題の多い家族に育ったすべての人たち，私たちがサバイバーと呼んでいる未知数の人たちのためにあります。私たちのテーマはリジリアンス，つまり，人生の初期に苦しめられた困難から回復する力です。これまで，この主題についての情報が得られるのは，アカデミックな書物や専門雑誌にほぼ限られていました。私たちの目的は，リジリアンスについてわかったことを，その知見からもっとも益を得ることができる人たち，つまり，サバイバーたち自身に手わたすことです。これは吉報です。幼い頃の困難は，長い間続く痛みをもたらしかねませんが，同時に，それは並外れた強さと勇気を生み出す土壌であることがしばしばです。もしもあなたがサバイバーならば，おそらくその痛みについてはもう十分に知っていることでしょう。ですから，これは，強さと勇気についての本なのです。

　執筆にあたっては，社会に広く行きわたっている，傷物としてのサバイバーのイメージにさらされてきた，セラピストや教育関係者，そして政策者をも読者として想定しました。そういう方々には，サバイバーの（しばしば驚くべきことであるのに見過ごされてきた）熱意と達成について読んで頂くことになります。私たちの提示する研究と洞察が，ケアされているサバイバーたちにとって新しく，そしてよりよい指導や治療，プログラムの土台となることを願っています。

　2人で本書を手がけると決めた当初，私たちは，どちらの声を用いるかということに苦心しました。私たちは，2人の考えや経験を語っていますが，読者の方々には，スティーヴンとシビル，彼と彼女，とのあいだを行ったり来たりすることで混乱してほしくなかったのです。かといって，「私たち」と言うのも意味をなしません。私たちが語るたいていの出来事は，どちらか一方に起こったことですから。お読みいただければ，私たちが一人称の「私」という表現に落ち着いたことが，おわかりになるでしょう。それは，2人の声や考え，そしてそれぞれがいた現場を共にする1つの工夫なのです。

スティーヴン・J・ウォーリン, M.D.
シビル・ウォーリン, Ph. D.
ワシントン, D.C. にて

謝　　辞

　次の方々にとりわけ感謝申し上げます。博学な助言，ユーモアのセンス，そして，この企画に心からの感心を寄せ，惜しみない注目をくれたポール・マオン，オクラコーク島のビーチで本書のタイトルを見つけてくれたエリザベスとジョン・ザイナー夫妻，リジリアンス・マンダラを着想してくれたナン・ブルックス，マンダラを洗練し，草案決定のあいだ中私たちに助言を与えてくれたシーラ・ハーティ，あらゆる段階で原稿を読み，コメントし，苦しい時を通じて私たちを楽にしてくれたスージー・クローリー，ジョナサン・エイグロンスキー，そしてリッチ・ケニー，ジョージ・ワシントン大学の家族研究所は，リジリアンスへの興味の基となったアルコール依存症の研究を激励し，サポートしてくれました。私たちのアイデアを発表する最初の公開討論の場を用意してくれたのはダイアン・ソリーです。さらには，私たちの取り組みに途切れることのない興味を抱いてくれたヴァージニア・ラター，数限りない細部にまで気を配り，荒地のような原稿の秩序を整えてくれたジュディ・ピエム，泥沼にはまりこんだ原稿を一冊の完成された本に変えてくれた，我らがヴィラードのチーム，「もうちょっとだけ規範的」になるように勧めてくれたダイアン・レヴェランド，そして，編集担当のエミリー・ベストラー，仲介役のアメリア・シェルドン，エージェントのジョナサン・ドルガー，最後に，私たちに，いかにして逆境を乗り越えたのかを語ってくれたサバイバーたちに，深く敬意を表したいと思います。彼らのストーリーが，本書のハートなのです。自分自身を共有してくれた彼らに対して，私たちは，これからもずっと感謝を続けることでしょう。

旅のはじまりからおわりまで誠実だった，
私たちの子どもである，ジェシカ，ベンジャミンに
本書を捧げます

目　　次

序　文 …………………………………………………………………… 3
謝　辞 …………………………………………………………………… 5

第Ⅰ部　痛みと機会

第1章　問題の多い家族という難題 ………………………………… 11
第2章　ダメージに名前をつけることがそれを克服することになる ……34
第3章　リフレイミング：いかにして犠牲者の罠から逃れるか ………65

第Ⅱ部　七つのリジリアンス

第4章　洞察：警戒は警備なり ……………………………………… 85
第5章　独立性：デリケートな協議 …………………………………109
第6章　関係性：愛を求めて …………………………………………134
第7章　イニシアティヴ：問題にある楽しみ ………………………162
第8章　創造性：何でもないことを価値ある何かに
　　　　ユーモア：重大なことを何でもないことに ………………193
第9章　モラル：神聖でない世界の神聖さ …………………………217

エピローグ：サバイバーの内なるイメージ：克服する人たち ………241

付録：ダメージ・インベントリー ……………………………………245
注とコメント ……………………………………………………………254
引用許可 …………………………………………………………………266
訳者あとがき 1 …………………………………………………………268
訳者あとがき 2 …………………………………………………………271
索　引 ……………………………………………………………………277

「サバイバーと心の回復力」は，共著者によって企画された，25名のリジリアントなサバイバーとの臨床面接，およびスティーヴン・ウォーリン博士の開業診療における臨床素材とそれ以前に行われた臨床研究に基づいています。ここに収められたストーリーは創作された部分もありますが，心理学的には正確なものです。すべての名前や人物の同定を可能とするもの，およびその他の細部は，プライバシー保護のために改変してあります。

第Ⅰ部
痛みと機会

　ある王様がかつて、大きくてきれいで、純粋なダイヤモンドを持っていました。どこにもそれと同じものはなかったので、王様はとてもご満悦でした。ところが、ある日、ふとしたはずみで、深い傷がついてしまいました。王様は、その国でもっとも腕のいい宝石職人たちを呼び集めて、宝石をもう一度傷のない完璧なものにした者には、多大なる褒美を取らせようと話しました。しかし、誰にもそれはできませんでした。王様がたいそうがっかりしたことはいうまでもありません。ところが、しばらくたって、ひとりの天才的な職人が王様の前にあらわれ、傷がつく前よりももっと美しい宝石に変えてさしあげましょうと言いました。王様は、その男の自信に満ちた言葉に心を打たれ、高価な宝石のケアをまかせました。その男は、約束を見事に果たしました。その巧みの技で、男は、傷のまわりに愛らしいバラのつぼみを彫り上げたのです。

　私たちは、職人から学ぶことができます。人生が私たちを苦しめ、傷をつける時、美しさと魅力をそなえるために、その傷さえも利用することができるのです。

　　　　ジェイコブ・クランツ「ダブナーなストーリーテラー」

第1章
問題の多い家族という難題

　「鏡の違いに気づいたことある？」と，親友に以前たずねられました。「オフィスのバスルームの鏡は，蛍光灯で照らされるせいか，私の顔の欠点と色黒なところばかりが目立つのよ。だから，あまり見ないの。だけど，家のバスルームの鏡はいいのよ。照明のかげんなのか，顔の輪郭もやわらかい感じになるし，顔色もよく見えるの。それで，朝，髪をとく時なんか知らず知らずのうちに，その鏡の前でだらだらしているわけ。そのうちに気分も上々って感じで，'あなた素敵よ'なんて言ってるの」。

　この親友の動機は，十分に理解できます。同じようによく見られたいという抑えがたい欲望が，私を動かして，写りの悪い写真を破いたり，ネガを捨てたりさせるからです。これらと同じ必要性によって，特別な重要性がもたらされている写真を，私は知っています。それは，バーバラという女性が，卒業式のガウンと帽子をかぶって，大学のホールの前で，喜びに腕を拡げている写真です。

　問題の多い家族のサバイバーである，バーバラは，両親からネグレクトされ，大学を修了するほどの頭脳が自分にはないと説教されて育ちました。あなたも，彼女と似通った子ども時代を過ごしたかもしれません。バーバラには3人の子どもがいます。彼女は，問題の多い家族という難題に対処するための力強さと勇気を奮い起こしました。実家を離れて長い間たってもなお耳元にこだましている心ない言葉を沈黙させ，彼女自身も母親になったのです。その上，スケジ

ュールをやりくりして，机を買い，学士の学位を取得するために地元の大学へ願書を提出しました。6年間というもの，夜中の2時とか3時までかかって勉強したりレポートを書いた日が，数えきれないほどありました。そうやって，昼間は子どもの相手ができるようにしたのです。彼女は，自分が幼いころに味わった剥奪を子どもたちに味わわせたくはなかったのです。

「自分の写っている写真では，これが一番好き。だって，両親に対する勝利の瞬間を捉えているから」とバーバラは説明します。「ふたりが私に関してどのくらい間違っていたかをよく表しているわ。だけど，これをフレームに入れて，部屋に飾る前に，少し細工しなきゃならなかったの。両手の部分を切り取ったのよ」。

「つまりね」と言って，彼女は，写真のへりに写っている彼女の両手首を指し，それから，写っていたけれど切り取ってしまった両指を示しました。「片方ずつね，家族に'中指'を向けていたの。一方は父に，もう一方は母にね」。

バーバラの達成は，過去の痛みを完全には忘れさせてくれませんでした。卒業写真を見るときにはいつでも，両親に向けた指を思いだし，ふたりのしつこく残酷な言葉が聞こえてくるのだと，彼女は教えてくれました。しかし，写真を切り取ったことで，自分のストーリーのしかるべき場所が強調できているという満足もありました。彼女は，写真に写った両手を他人に見せることもできたし，それによって，彼女にもっと早く大学へ行かせることを阻止した両親への怒りを黙認することもできたでしょう。しかし，彼女は，別の選択をしました。輝く微笑みと喜びで拡がる腕はフレームの中央に置き，復讐の指は，彼女の勝利を損なえないように境界の外側へと押しやったのです。

リジリアンス

私たちの心の奥底には，よく見られたいという気持ちがあります。問題の多い家族で心なくも過小評価された経験によって組み立てた，自分自身についての受け入れられないイメージに対抗して悪戦苦闘するバーバラと，サバイバーとしてのあなたは，共有できる部分があったのではないでしょうか。そして，彼女のように，あなたも自分の両親が間違っていたことを証明するような功績をもっているでしょう。この本は，絶望に対するあなたの勝利について考えて

いく誘いです。あなたの達成を享受しようという誘いです。そして，あなたの成功を真ん中に置き，痛みや失望，そして怒りを，目に見えないふちにやって，あなたの自画像を作ろうという誘いでもあります。

　サバイバルについて，私は十分に，そして公正に説明していくつもりです。あなたの傷に対する同情と，回復力に対する認識と賞賛が，そこには含まれるのです。一方では，サバイバーがしばしば感じる孤立，降格，恐れ，そして苦悩について書きます。これらの主題は，今では，とてもなじみのあるものであり，それなしで，サバイバーについての本は書けないものです。しかし，私の本当の関心は，リジリアンスにあります。つまり，あなたの回復する力，苦難に耐えて自分自身を修復する力のことです。私は，リジリアンスについて学ぶことによって，あなたがリジリアントになれると信じています。あなたは，以下のことができるのです。

・自分の苦しんだダメージを強迫的に繰り返すことで犠牲者の罠に陥るのではなく，痛ましい記憶を自分のものにすること
・問題の多い家族があなたに刻印を残したことを受け入れ，あなたの傷跡さえも完全に消したいという不毛な望みを捨てること
・家族を非難したり，あら探しをすることでエネルギーを浪費する代わりに，よく生きることで報復すること
・あなたの家族の問題である悪循環を断ち，過去を水に流すこと

　臨床研究によると，能力に欠けたり問題のある両親の子どもは，自ら用心するようになり，その過程において力強く育つことが知られています[1]。若いサバイバーは，家族の外でどのようにして同盟を組むか，空想の中にどのようにして喜びを見つけるか，あるいは，学校で認めてもらうことでどのようにして自己評価を上げるかということを知っています。長い間かかって，そのような技術を修得することによって逆境を乗り越えて成長する能力が展開され，私がリジリアンスと呼ぶ，サバイバーの自己において長続きする力強さ，ないしは側面が実を結ぶのです。それには，七つあります[2]。

洞察：難しい問題について考え，誠実な答を出す習慣。
独立性：問題のある家族と自分自身のあいだに境界を引くこと。つまり，あ

なたの良心からの要求を満たしながらも，情緒的かつ身体的な距離を置くこと。

関係性：他の人々との親密で，充足的な絆。これによって，自分自身のニーズへの共感的で成熟した配慮と，誰かに与える能力とのバランスがとれるのです。

イニシアティヴ：問題に立ち向かうこと。コントロールすること。労の多い課題によって，自分自身を強化し試していく傾向。

創造性：悩ましい経験や痛ましい感情の混沌に，秩序，美しさ，それに目的を持ち込むこと。

ユーモア：悲劇の中におかしさを見つけること。

モラル：よい人生を送りたいという希望を全人類にまで拡大していく良識。

リジリアンスは，性格によっていくつかの群に分かれます。たとえば，社交的で外向的なサバイバーは，真面目で内向的なサバイバーとは異なる一群のリジリアンスをもつことになるでしょう。七つすべてのリジリアンスを獲得し，過去と訣別するようなサバイバーはほとんどいません。大多数の人々にとって（たぶん，あなたの場合もそうでしょうけれど），リジリアンスと脆弱性は正反対のところにあります。前者は，あなたを持ち上げ，後者は，あなたを落ち込ませるほどに脅してきます。典型的なサバイバーの内的生活は，落胆と決断がたえずせめぎあう戦場となっているのです。しかし，多くの人々において，決断が勝利を収めます。

不幸なことに，アメリカにおいて発展しつつあるセルフヘルプ・ムーブメントだけでなく，精神医学や心理学の専門家さえも，あなたの脆弱性について警告する仕事は多くしてきたのですが，あなたのリジリアンスについて十分な情報を提供してきたとは言えません。ダメージについてのニュースはそこらじゅうで聞けますが，あなたの遂行能力について報告されることは，ほとんどありません。ネグレクトされて被害を受けた子どもたち（あなたやバーバラのような）は，虐待的，ないしはネグレクトする大人になって過去を再現する運命にあるなどという恐ろしい予言によって爆撃されているのです。

残念ながら，精神疾患は世代を越えて伝達されるという仮説は，時に事実となります。それでも幸いなことには，家族の問題は決して，例外なく両親から子どもへ伝達するわけではありません。20年以上にわたる治療者および家族

研究者としての仕事において，私は，多くのサバイバーが砂漠の花のように，情緒的な荒れ地で強く健康に育つのを見てきました。不毛で怒りに満ちた土地で，彼女たちは栄養分を見つけだし，しばしば，彼女たちの打ち勝ちたいという意志は，きちんとした，思いやりのある，生産的な大人としての恥ずかしくない人生の基礎になっているのです。

　ダメージの警告は，あなたたちにとって言い過ぎであるし，ひどい仕打ちだと私は信じています。犠牲者の罠に捕らえられるだろうと信じることで，あなたは，逃げ出したいと思っている当の過去にきつく結びつけられてしまいます。そうなれば，自分の過ちや弱さが頭から離れなくなり，あなたの人生の異なる在りようにも目が向かなくなり，自分の達成から得られる満足も享受できなくなってしまうでしょう。あなたのエネルギーは，間違い探しや，変えようのない過去の出来事のことで両親を非難することに費やされて，失われてしまうのです。

　私のあなたへのメッセージは，自分自身に「ダメージを受けた」というラベルをはることを止めなさいということです。犠牲者という立場に約束された同情は，誘惑的なおとりです。しかし，もしもあなたがそれを選ぶのなら，あなたは救いようのないほどに自分の痛みにつなぎとめられるでしょう。

　リジリアンスは，最初は，じっくり考えることが難しいかもしれませんが，そのアイデアはあなたを自由にするでしょう。サバイバーとして，あなたはたぶん，自分のモラルや洞察，あるいはイニシアティヴよりも不安を自覚することの方が多いでしょう。そして，自分が問題の多い家族から既に遠く旅しているのに，その距離を大したことのないものと考えるでしょう。何かを達成したとしても，もう一度子どもになって，過去を「正しく」やり直したいと願うことでしょう。あなたは，だまされたと感じているかもしれないし，自分がもらったことのない愛情や関心を，あなたの配偶者あるいは子どもに与えることなどできないだろうと恐れているかもしれません。あなたは，自分がうその人生を送っているとか，遅かれ早かれ，あなたが親にそっくりであることを誰かが見つけることになるだろうと信じているかもしれません。私の知っているほとんどのサバイバーのように，あなたは，他の家族の子どもたちが得ていると想像するところの幸福をうらやんでいることでしょう。

　このような感情にともなう痛みは，鋭くて深いので，あなたの人生全般にわたって影響を及ぼします。しかし，あなたは，自分の痛みを限定することもで

きるし，自分自身を犠牲者の罠から解放することもできるのです。
　あなたのリジリアンスを探しに出かけなさい。問題の多い親の裏をかいたり，延長戦で勝ったり，出し抜いたり，越えた時を探すのです。駄目になっていた過去から尊厳を掘り起こして，見つけるのです。発見の過程において，私は，多くのサバイバーが，痛みや疑いを自己評価，それに自分自身の達成についての新しい気づきに置き換えるのを見てきました。あなたも同じことができるのです。

リジリアント・セルフを見つける

　あなたのリジリアンス探しをはじめるにあたって，成功したサバイバーたちが自分自身をどのようにみなしているか記録したものを読んでみましょう。アルコール依存の親のアダルトチャイルドであるドワイト・ウォルターは，彼の「火を味わえ」という詩の中で，自らの勇気と成長，それに苦難と狂気という遺産から得た創造性を生み出す力について描写しています。

> 僕は子どもの頃，5年間びっこだった。
> 結果：僕は詩人になった。そして，あたらしい喜び
> 36歳の今でも，発見するのは，
> 自分のからだとその驚くべきすべての能力……
> 僕はふたりの病む人たちに育てられた
> 教えられたのは，狂気と恐怖，それに憎まれること。僕は
> 地獄で育った。家を装った混沌。
> 結果：僕は地に足をつけることを学んだ
> どんな状況でも。直面できる
> 鬼のような人々の残酷さにも[3]。

　私は，ここに表現された自信，悲哀，確信，怒り，それにうぬぼれは，リジリアントなサバイバーが限界まで試され，打ち勝った経験によるものだと信じています。サバイバーの自己イメージの中には，対立するものが結合しています。傷と修復，敗北と勝利，恐怖と勇気が手に手をとって進んでいるのです。私は，このありそうもない感情の混じりあいをサバイバーのプライドと呼んでいます。多くのサバイバーが語る苦難の物語の中で，それは，かすかなメロデ

ィーのように浮かび上がってくるのです。

　では，ジャネットとフェイというふたりのストーリーの中にあるサバイバーのプライドに耳を傾けてみましょう。子どもの頃，ふたりのサバイバーはどちらも，力強さを養い，それは，痛みに対する防御壁のように長年もちこたえることになりました。

ジャネット

　ジャネットに出会ったのは，私が，問題の多い家族の学生をサポートするというトピックについて教師のためのワークショップを行ったときでした。ジャネットは聴衆のひとりでしたが，その時のテーマが彼女自身の過去についての感情をかき乱したのです。1週間後に，彼女は手紙で自分の痛みとリジリアンスについて私に知らせてくれました。そこには，創造性と関係性，それに自分自身の粉々になりそうな感情についての洞察が含まれていました。

　　私がまだ小さかった頃，私は完全なお母さんっ子でした。母は，虚弱でしたが遊び好きの女性で，多くの点で，彼女自身子どもでした。だから，ふたりは親友だったわけです。6歳になるちょっと前に，母は，進行性の重い精神の病いに侵されました。
　　それによって，私の人生は一変しました。親友を亡くしたのです。父は，心から母を愛したことはありませんでしたから，すぐに蒸発しました。私は，子ども時代をアトランタの広い土地でひとりきりで過ごすことになりました。様態が悪化するにつれ，母は，日増しに引きこもるようになり，怒りっぽくなりました。私は，彼女の容赦ない非難の的にされたのです。私が15歳の時に，母は死にました。母の思い出は，罪悪感と寂しさで満たされています。それでも，自分が的確に指摘できない，別の感情を感じてもいました。たぶん，私は，それを恥じていたのだと思います。
　　母の病いが最悪の状態にあったときでさえ，私は生きていることを楽しみました。幸運にも私には才能があったので，自分自身を救うためにそれを養うことにしたのです。ゲームをしたり読書をして過ごしていましたが，ハイスクールに入ると，スポーツと音楽に真剣に取り組みはじめました。今では，チェロが一番確実な喜びの源になっていますし，問題を抱えたときにはなぐさめになっています。私は，母の悲劇なしに，チェロを弾くことがあったでしょうか？

ジャネットの問いかけに，答はありませんし，答は重要ではありません。大事なのは，ジャネットの創造性が，長く続いたはずの子ども時代の危機においてずっと彼女の助けになったこと，今日に至るまで彼女の人生の喜びと力強さの源泉になっているということです。一方，フェイの場合，同じ保護的機能は，ユーモアと洞察によって得られています。

フェイ

　フェイの母親は，攻撃的な気質でしたが，人前では特にそうでした。母親は，フェイを学校の友達のいるところで，よく馬鹿にしました。非難したり，彼女の「やせっぽちの」からだをからかったりしたのです。

　10代の頃，フェイは，どうやって母親の御機嫌をとるかよく心得ている人について研究すればいいのだという洞察を得ました。それは，近所の美容師でした。フェイは，母親が髪を切りにでかけるときはいつもくっついていって，その美容師がどんなふうにするのか観察しました。間もなく，フェイは，美容師のテクニックが，ウィットであることを見つけました。観察の次は実地です。彼女には生まれつき，その才能があったに違いありませんが，自分を可笑しく見せる練習に励みました。そして遂に，彼女が自作のユーモアで母親の長い熱弁を迎え撃つ日がやってきました。フェイの巧妙な工夫に対する報酬は，それほど確かなものではありませんでしたが，母親の反応は，いつものたちの悪さにはほど遠いものだったのです。

　時間がたつにつれ，ユーモアは，フェイの主たる個性となりました。自分自身はもちろん，他人のこっけいさをも見つめて，それを笑うことのできる能力は，彼女の一番魅力的な特徴のひとつになりました。ユーモアと洞察によって，彼女は，多くの危機を乗り越えることができました。たとえば，彼女は，私にこんな話をしてくれました。

> 　母は，膣洗浄をセックスの代わりにしていました。バスルームのクロゼットと薬棚はぜんぶ，洗浄のためのいろんな種類のパウダーで一杯でした。彼女からは，ブランドの違いについて散々聞かされていました。
> 　大学生の頃，私はひどい膣炎になったんですが，不覚にも，母にそれをしゃべってしまったんです。母は，私が「不潔」だとまくしたて，結論として，定

期的に膣洗浄さえしていればそんなことにはならなかったんだと言いました。そして，さらに，最近医者にかかったら，その医者が，こんなにも清潔な穴は見たことがないと言ったという話まで披露したのです。

　最初，私は麻痺したようにがっくりきましたが，笑いがこみ上げてくるのを感じ，怒りを洗い流したのです。「ねえ，母さん」と私は言いました。「お医者さんは，どの穴をのぞいたのかしら？　母さんの鼻の穴をのぞいてなかったっていう確証はあるの？」これで会話は一件落着しました。電話を切ったとき，自分がまだほくそ笑んでいたことを真実だと誓いましょう。母のコメントで傷ついても，すぐ立ち直れたことの喜びを感じていたのです。

　ジャネットとフェイが各々どのようにして問題を抱えた子ども時代をサバイバルしたか話すことで，あなたが，サバイバーとして家族から受けてきた苦行を過少評価するつもりはありません。ましてや，強く成長するために子どもは苦しまなければならないなどと宣伝するつもりもありません。その逆に，つらいことが人格形成の必要条件だという意見を私は認めません。むしろ，私は，あなたの人生において家族が用意した障害によって必ずしも未完成にされたわけではないと提唱していきたいのです。あるリジリアントなサバイバーはいみじくもこう述べました。「あなたは，私の家庭での生活を収容所の捕虜あるいは新兵の基礎訓練と見なすかもしれません。でも，私なら，まだ後者の方がましです」。

　私の観察によれば，サバイバーは子どもの頃，確かに苦しむのですが，と同時に，つらいことを克服し，自己評価を確立してもいるのです。あなたも何度も何度も，害を避けたり，親が与えられない（あるいは与えようとしない）ものの代用品を見つける方法の開発に挑戦したかもしれません。いくつかの点で，あなたは過去よりも強いのです。どこか深いところに埋められているとしても，サバイバーのプライドの徴候はあることでしょう。あなたの手に入れた，自己に対する敬意を宣言しましょう。自分の痛みを否認してはいけません。それに，手柄は自分のものにすればいいのです。あなたには，その価値があるのですから。

ダメージからチャレンジへ

　人間の特質を理解しようとする段になると，科学は文学や芸術にはるかに遅

れをとるのが常でした。行動科学者たちは，私たちの内面的思考や感情の微妙なところをあまりにしばしば見落としてしまうテストでもって，自分たちの探究を表面的な行動や生物学に限定する傾向にありました。つい最近までは，ペンとブラシが，私たちの心の奥深いところの感動を探ったり描くための無比の道具として使われてきたのです。

17世紀に，歴史上もっとも抜け目のない，人間の魂の研究者であるウィリアム・シェイクスピアは，大胆にも，逆境の，思いもよらない苦楽のねじれを描写しました。

> 逆境ほど身のためになるものはない，
> それはあたかもひき蛙のように醜く，毒を含んではいるが，
> 頭の中には貴重な宝石を宿しているのだ[4]……（福田訳）

19世紀には，ビクトリア朝時代の小説家であるジョージ・エリオットが，同様な考えを彼女の作品『アダム・ビード』の中に書き記しています。

> 深い，言葉にはできない苦しみは，洗礼，再生，
> 新しい状態への出発と呼ぶのがいいでしょう[5]。

そして，20世紀のはじめには，リジリアンスに関する科学的認識が得られるよりもずっと前に，小説家であるクリスティーナ・ステッドが，サバイバーの内面的イメージを解析してみせています。『子どもたちを愛した男』において，彼女は，正気を失ったポリット家の一番年上のリジリアントな子どもであるルイを描いています。ほとんどすべての頁において，ルイはひどく苦しんでいますが，彼女は成長し，力強くなり，自分自身を保護するようにもなります。それは，彼女をみにくいアヒルの子だとする家族の考えを，美しく場違いな白鳥という，ずっと心地よい自己イメージへと変容させることで，可能になったのです。

> ルイは，自分がみにくいアヒルの子であることを知っていました。だけど，白鳥になったときには，自分の家族のいる村の池へは二度と戻らないでしょう。というのは，彼女はどこか遠くへ去っていくからです。聞いたこともないよう

な，ユリにふちどられた大洋の世界へ旅立つのです。これは，彼女の秘密でした。……その秘密のおかげで，彼女は，年がら年中家の中で起きているいざこざから逃げられたし，まるでドアを開けたら別の世界へ行けるように，家族のことを完全に忘れることもできました。それは，弱者のなせるわざだったのです6)。

　本の最後で，ルイは，若い女性に成長していて，家族からドラマティックに別れていきます。家族の汚く陰気な存在と苦い確執を後にして，彼女は，より良い人生を求めて旅立つのです。ステッドは，ルイが成功すると読者に信じさせてくれます。ルイが家族の家であるスパハウスを立ち去るとき，彼女は，それまで一度もしたことのないような見方で世界を見ています。それは明るく，まぶしい光の下にあったのです。

　「さよなら！」彼女は一度も家を振り返らずに，歩き出しました。ごまかされているようなボーっとした気持ちでした。……市場を横切って，表通りに出ました。そして，小さなコーヒーショップをのぞいて，コーヒーを飲んでいこうかどうか考えました。彼女がそこに一度も入ったことがなかったのは，漁師たちの薄汚く怪しげなたまり場のような感じがしていたからです。結局，店には入らずに彼女は歩き続けました。誰もがいつもとは違って見えました。誰もが，くっきりとしていて，輝いていて，しっかりとした色合いをしていたのです。ルイは驚き，逃げる時にはものごとがまったく違ってしまうのだと了解しました。たぶん，彼女は充分うまくやっていけるでしょう。彼女は，自分が朝の紅茶をもって2階へ上がってこないのを誰かが見つけて，今頃スパハウスはてんやわんやだろうと想像しました。みんなは，至る所を探して，きっと散歩に出たんだと結論するでしょう。「そうなのよ」彼女はほくそ笑みながら，考えました。「私は，世界の散歩に出たのよ」。7)

　精神医学と心理学の領域が，世界中のルイのような人たちを理解したり，（要求されもしないのに）ありそうもない「逆境の使用法」をあきらかにしようとして芸術に接近したのは，わずか，ここ30年ほどのことです。1962年に，有名な児童心理学者のロイス・マーフィーが，当時，精神保健の専門家のあいだで支配的であった，病理と問題へののめりこみを認めました。『拡がる子どもの世界』において，彼女は，以下のように述べています。

急速な展開と科学技術の達成を成し遂げた国家が，子どもの研究において，莫大な数の「問題」文献を生産しなければならなかったということは，ひとつのパラドックスです。つまり，文献はしばしば，適応困難，社会的失敗，潜在能力の封鎖，そして失敗について書いてあり……人生の問題を個人的力強さと適切さで処理する方法を目下扱っている個々人に対して，不適応に関する何千もの研究が用意されています。問題，困難，不適切さ，あるいは反社会的ないしは非行行為，さらには……不安という言語は，耳慣れたものになっています。私たちは，このような脅威を修正，バイパス，あるいは克服する方法があるのを知ってはいますが，そのほとんどは，直接研究されたものではありません[8]。

ダメージ・モデル

　マーフィーが『拡がる子どもの世界』を出版した頃，私は精神科医になる勉強をしていました。私の教育は，彼女が記述したところの，問題と不適応に対する広範囲にわたるバイアスによって形作られていました。医学部で私のトレーニングは始まったのですが，そこでは，病気の言語を修得するのに4年を費やしました。卒業までに，私は，症状と症候群についてのアルファベット・スープをマスターしていました。そして，私の行くところ，どこにでも，病いと不適応を見つけることになっていたのです。
　医学部卒業後，精神科の研修医になったのですが，そこでも，身体疾患の専門用語を行動と心の「障害」に当てはめていくことになりました。結局，私は，あまりに病理にからめとられていたので，健康という言葉をもはや使いさえしなかったのです。その代わり，私は，健康を病いの不在と考えるようになり，元気のよい人々を「無症候性」「非臨床的」「入院歴なしの」あるいは「重篤な機能障害のない」などと呼ぶようになりました。後でふり返ってみると，最悪の犯罪は，「未診断の」という用語でした。まるで，私が人を知る唯一の方法が，本人の病気しかないようなことになっていたわけです。
　私や私の同僚が患者を記述するのに使用していた特殊なボキャブラリーには，人々の健康を維持する力についての無味乾燥な見方とか，病気を同定し，分類し，ラベルすることで得られる私たちの安堵感というものが反映されています。「正常」心理過程というものに，口先だけのお世辞を言うことはありましたが，私たちの本当の関心は，人生の初期における有害な影響にさらされる

ことで引き起こされる生涯続くダメージだったのです。私たちのオリエンテーション，これを私は人間心理学のダメージ・モデルと呼んでいますが，それは，病気における細菌理論とだいたい似ています。モデルにはメリットはあるものの，サバイバーにとって不利益を来すこともあることに，私たちは気づいたのです。

ダメージ・モデルでは，以下の図に示したように，問題の多い家族が，ばい菌とかウイルスのような有毒な因子と考えられ，サバイバーは親の有毒な分泌物の犠牲者と見なされます。

ダメージ・モデルによると，子どもは，傷つきやすく，無力で，家族にがんじがらめになっているものです。サバイバーにできることは，せいぜい，自らに少なからぬ代償を払って家族の有害な影響に対処するか，それを封じ込める

図　ダメージ・モデル

ことくらいです。ダメージ理論家によると，対処に支払ったそれまでの代価は必然的に健康を害し，病理の一般的範疇に入るような問題行動や症状を来します。思春期や成人では，病理はさらに上乗せされていき，最終的に，サバイバーは問題の多い親よりも良くなることはないのです。この台本における治療者の役割は，それを理解することによって害を修復するのを援助することになります。

私がダメージ・モデルでセラピーを始めた頃，自分のアプローチが片手落ちだなどという考えは少しもありませんでした。その他の視点を教えられたこともなかったし，限界があるとはいえ，ダメージ・モデルも癒す力を備えていたので，その短所に目を向けることができなかったのです。その時私が知り，今でもそのとおりだと思っていることは，共感的傾聴と人々の嘆きを家族の問題にたどることによって，苦しみをやわらげてやることができるということです。

そのため，駆け出しの精神科医として，私は，自分がダメージ・モデルを訓練された病院という設定から自分の開業オフィスへダメージ・モデルを持ち込むことに躊躇しなかったのです。開業医として，私は，基本的に患者の傷を通して彼らのことを考え続けたのです。

私たち専門家が公正にも「臨床的失敗例」と呼ぶものの蓄積を共有していくことで，本当にゆっくりとしたペースでしたが，私はそれがどういうことなのか，わかりはじめました。ある種の患者にはなぜ自分が役に立たなかったを理解しようとするなかで，私はダメージ・モデルを一歩下がって見ることができるようになったのです。そのモデルが人間の心理について半分しか理解をもたらさないように，それに基づくセラピーも半分の治療でしかなかったのです。

私の患者であるサバイバーたちは，私共々，ダメージ・モデルによって三通りの方法で身動きがとれなくなりました。

1）ダメージ・モデルはサバイバーが困っているのを見捨てます。現在においてよく生きることよりも，過去に受けた傷に焦点をあてることで，このモデルは，サバイバーがどのようにして他の大人たちと愛し合う関係を築き維持するのか，どのようにしてコミュニティの役に立つメンバーとして働けるのか，どのように子どもを育てるのか，そしてどのようにして問題の多い親に対処するのかという点において，ほとんど情報を提供できません。親が教えたことを脱学習し，そのギャップを埋めなければならない患者にとって，このモデルは，重要な教育的要素を欠いているのです。

2）このモデルは，裏目に出ます。サバイバーを元気づける代わりに，彼女たちを犠牲者の罠におびき寄せます。力強さを見過ごし，リジリアンスをないがしろにすることで，ダメージ・モデル・セラピーは，サバイバーが，どのようにして傷つけられたかを繰り返し記述し，分析し，ドキュメントするよう仕向けるのです。その過程において，彼女たちは，自分たちのイメージを過去において救いようのなかった者として固定するため，それは，現在におけるあら探しと，変わることのない無力感の基礎となるのです。結局，犠牲者としての子どもというイメージは，サバイバーが変化するというつらい仕事を邪魔するのです。

3）このモデルによって，過去からかなりの距離を旅してきた多くのサバイバーは，時限爆弾を持って歩いているような気分にさせられます。このモ

デルはリジリアンスを想定しない上に，家族の問題は避け難く世代を越えて繰り返されることを前提としています。そのため，サバイバーを援助するのと同じくらい，いつ爆弾が爆発するかと脅えさせたのです[9]。

チャレンジ・モデル

疑いなく，私はダメージ・モデルで行きづまり，受けてきた教育の中に自分を助けてくれるものはありませんでした。結局，私の研究が新しい方向性を示してくれました。アルコール依存症の親をもつことの長期的影響を調査する中で，私は，嗜癖的飲酒が親から子どもへ伝達するかどうかというのは，ダメージ・モデルや経験的知恵では予測されないことを知ったのです。私がインタビューしたアダルトチルドレンの何人かは，親の飲酒パターンを繰り返していませんでしたし，深刻な心理的問題を抱えてもいませんでした[10]。中には驚くほど健康な者もいて，問題の多い実家を離れて，満足のいく大人としての人生を歩んでいました。

彼女たちはどのようにして自分たちを助けたのでしょう？

・彼女たちが苦しんだ過去とダメージにこだわらないことによって
・親が自分の望み以下であったとしても親を非難しないことによって
・犠牲者の罠にはまらないことによって

飲酒問題なく満足のいく人生を送っている，アルコール依存の親のアダルトチルドレンは，以下の特徴をもっていました。

・自分自身の力強さを見つけ，打ち立てた。
・親のライフスタイルを慎重に，そして徹底的に改善した。
・強く，健康な家族で育った異性と意識的に結婚した。
・自分たち自身の世代において，決まった時間に食事をとることや，バケーション，家族のお祝いごと，家族儀式を確立するために，とてもいやだった家族の集まりの記憶を打ち消した。

このようなアルコール依存症の親のアダルトチルドレンにおける自己修復の能力によって，私は，逆境において出現する力強さを教えられました。この教えによって，私のダメージ・モデル・セラピーのレパートリーに新しい技術が付け加えられたのです。今や，問題の多い家族で苦しんだサバイバーのダメージを傾聴し，目をそらさないことに加えて，私たちは，リジリアンスとサバイバーのプライドを探すことになりました。私たちは一緒に，自分たちの見つけたものを打ち立てたのです。このようにして，人間心理におけるチャレンジ・モデルが生まれました。

チャレンジ・モデルは，以下の図に示されます[11]。

チャレンジ・モデルでは，子どもと家族が関わり合う時，2つの力が働くとされ，図の交差する矢印が，2つの力の相互作用を示しています。問題の多い

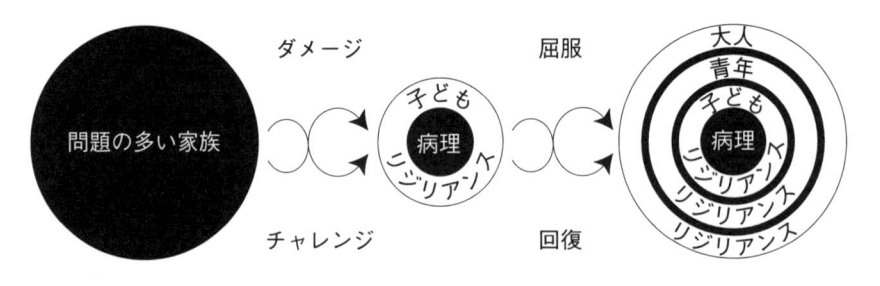

図 チャレンジ・モデル

家族は，ダメージ・モデル同様，子どもにとっての危険と考えられていますが，ひとつの機会としても考えられています。サバイバーは，有害な親の影響に傷つきやすいのですが，子どもは，実験や活動範囲の拡大，それに自分たち自身のための行為によって，その害から立ち直るために挑戦を期待されてもいます。ダメージとチャレンジのあいだの相互作用の結果，サバイバーには，完全には消失しない病理と，ダメージを限定して成長と健康を促進するリジリアンスが残されます。

サバイバーの内的自己における脆弱性とリジリアンスという対照的要素は，チャレンジ・モデルの図における影のついている部分とついていない部分によって表されています。明暗のパターンは，鏡像化 mirroring と呼ばれるアイデンティティ形成過程の産物です。次に，それについてお話ししましょう。

ゆがんだ鏡と代わりの鏡

　子どもの発達の専門家によると，私たちは，自分がどんな人間になるかという考えを一切持たないで生まれてきます[12]。私たちは，自分を育ててくれる人々の顔に写る自分を見ることによって，（最初は，からだ，そして，本質的特徴について）自分自身の絵をかき集めます。概して，愛情，是認，喜び，それに賞讃を親の顔という鏡に見る子どもたちは，「私は愛されている。私はいい子」と言える，自己イメージを構成することになります。

　しかし，問題の多い家族では，鏡像化過程は，そうはいかず，「私は醜い。受け入れられていない」と言うべき自己イメージを植え付けられる危険性が出てきます。問題の多い親は，ねじ曲がって形が崩れているので，グロテスクなイメージを反射するゆがんだ鏡のようなものになっています。

　ゆがんだ鏡でも，もしもあなたが，鏡のお化け屋敷の中で自分の見ている扁平な頭やぞっとするほど長い腕は「本当の」自分の特徴ではないことを確実に知っている限り，悪いものではありません。しかし，もしもゆがんだ鏡が自分自身を見る唯一の手段である場合，あなたが私という言葉と関連づけるであろう像が粉々になりかねないことくらい，精神科医にならなくてもわかることです。親が「あなたは悪い子ね。みにくい子だわ。かわいげのない子だこと」というイメージを投げかければ，子どもたちの自分自身についての内的表象は，好ましからざるものになるのです。

　時に，あなたは，親の目に映った怪物のような自分自身のイメージの呪いに屈服してきたのではないでしょうか。あなたをにらみ返す化け物が最後には形を変え，美しいものになることを期待して，あなたは鏡を見続けたのに，それはまったく変わらなかったという経験をしていることでしょう。そういう時は有害で，あなたの病理の原因となります。

　そうでない時には，あなたは，親のメッセージを，挑戦，つまり行為の要請として聞いたのではないでしょうか。あなたは勇気を奮い起こし，彼らの呪いをふりほどき，自分自身のもっと好ましいイメージを映してくれる代わりの鏡を求めたことでしょう[13]。

　たとえば，難しい数学の問題をあなたが解くのを見て，「よくできるね」と言った学校の先生は，代わりの鏡の役を果たしたかもしれません。あるいは，車から荷物を降ろすのをあなたが手伝ったときに「いい子だね」とほめてくれた隣人が，そのような役を果たしたかもしれません。時には，あなた自身が代

わりの鏡になったのかもしれません。つまり,家族げんかにあきて部屋を出て,ガレージに行き,自転車を修理して,「やればできるんだ」と自分の達成をふりかえるときなどです。あなたが痛みから立ち直り,建設的にそれを利用することで集めてきた,好ましいセルフ・イメージは,時間がたつにつれて蓄積して,あなたのリジリアンスになるのです。

　チャレンジ・モデルの図においては,あなたの病理（問題の多い家族であなたが苦しんだダメージ）は,子どもと大人の円の中に,家族の円と同じ影をつけて表されています。リジリアンス,あるいは問題の多い家族から区別されるあなた自身の要素は,影のない領域として示されています。影とそうでない部分が交互に示される明暗のパターンは,サバイバーの経験と内的生活を特徴づける力の相互作用（ダメージ対挑戦,脆弱性対リジリアンス）を捉えることを意図しています。

　ここでもまだ,あなたは,子どものときに家族の難題を克服した機会などまったく,ないしはほとんどないと考えているかもしれません。あなたが主に記憶しているのは,自分にできなかったことでしょう。この本を読むことによって,あなたは,自分の力強さについて多くの気づきを得ることができるでしょうし,痛みからうまく逃れられた時についての失われた記憶を取り戻すことができるでしょう。代わりの鏡の中の喜ばしいイメージが,はかなく滅多にないものであったとしても,それには思いがけないほどの価値があるのです。あなたは,バーバラのように,自分の人生のストーリーの枠組みをするのに,そのイメージを使うことができるはずです。あなたの勝利を中央に据え,復讐の指を見えない片隅にもっていくのです。そうすれば,あなたを過去につなぎとめる力は失われていくはずです。

チャレンジ・モデルによる研究

　サバイバーにおけるリジリアンスの観察は,小説家や劇作家ないしは孤独な精神科医の創造物ではありません[14]。リジリアンスに関するケースレポートは,専門雑誌にも掲載されています。さらに,ここ二,三年間は,リジリアンスに関する数多くの実験的研究が追加され,どのようにしてサバイバーが手におえない障害を克服するのか私たちの理解も深まってきています。このような研究によって,子ども時代の不幸は必ず大人になってからの心理機能を低下さ

せるというダメージ・モデルの仮説に、一石が投じられているのです。そのような仮説とは対照的に、私たちは、子どもたちは逆境に対処することができるし、皮肉にも、遂行能力についての個人的感覚が増すのは、問題の多い家族という難題を上手に克服することによってであると考えています。

　サバイバーとして、あなたは、研究者たちがあなたについて見つけたことを知るに値するのです。そういった研究は、あなたを刺激し、あなたに希望を与えるかもしれません。この本の次の章では、このような研究についてかなり細かく紹介していくつもりです。ここでは、特にあざやかな、長期研究を紹介するにとどめましょう。それは、児童心理学者のエミー・ウェルナー博士と彼女の同僚であるルース・スミスによって行われたものです。

　1955年以来、ウェルナーとスミスは、ハワイのカウアイ島で生まれた698人の子どもたちの人生を追跡調査しています[15]。どの子もつらい経験をした子たちです。全員が貧困の中で成長し、ほぼ3分の1は出産前あるいは出産時にストレスを経験してもいます。そして、教育されていない親に育てられるか、争い、離婚、アルコール依存、ないしは精神病によって引き裂かれた家族において育てられました。

　しかしながら、このような子どもたちの多くは、精神保健の有名な3つの基準によって健康だと評価されるようなしっかりした人間に育ったのです。つまり、よく仕事をし、よく遊び、よく愛すことができるのです。ウェルナーとスミスは、子どもたちの成功を個人的特性と環境の「保護的因子」の結果だと説明しています。たとえば、ひとりのよく面倒を見てくれる親ないしは、より大きな文化的伝統との絆のようなものです。

　ここに、成人したカウアイのリジリアントな子どもたちを観察した後のウェルナーとスミスの結論を紹介しておきましょう。

　　私たちの発見は、セラピストや特殊教育に従事する人々、それに社会福祉機関の人々の注意をひいている「問題のある」子どもたちについての広範な文献が示唆するよりも、ずっと希望に満ちた見直しを提供しているようです。危険因子とストレスに満ちた環境は必ずしも適応の悪さを導かないのです。個人が生まれてから成熟していく発達の各段階において、脆弱性を高めるストレスに満ちた出来事と、リジリアンスを高める保護的因子とのあいだにバランス移動（シフティング・バランス）があることは、明らかなのです[16]。

ウェルナーとスミスは、チャレンジ・モデルという枠組みを使用してはいませんが、ストレスと防御とのあいだ、つまり、脆弱性とリジリアンスのあいだの「シフティング・バランス」という彼女たちの概念は、かなりリジリアンスに近いものです。私が彼女たちの仕事から上記の引用をしたのは、用語のささいな相違にもかかわらず、チャレンジ・モデルの楽観主義を彷彿とさせるからです。あなたが、自分自身の人生における脆弱性とリジリアンスのあいだの「シフティング・バランス」について考え始めれば、楽観主義は、あなたの中に根付くことでしょう。

この本によって何が得られるのか？

・あなたの過去を見るための新しい方法
・力強さについてのボキャブラリー
・自分自身についての好ましいイメージを形作るための方法
・サバイバーのプライドを感じる権利
・あなたについての最新の研究に関する知識

アメリカでは1980年代に、ダメージ・モデルは、専門家の手から大衆文化へと一気に拡がりました。犠牲者としてのサバイバーというイメージは、今日でも相変わらず拡がりつつあるリカバリー・ムーヴメントの気力回復点となりました[17]。ムーヴメントが影響力を獲得するにつれて、病気や嗜癖、それに人間の意志薄弱が私たちの気づきのスポットライトを浴び始め、リジリアンスは影へと追いやられたのです。私たちは、ものすごい勢いで、情緒的にいびつな国民になり、生きている限り毎日直面せざるを得ないような問題にさえ対処することができなくなりました。

どのようにしたら私たちは健康を取り戻すことができるのでしょう？　どのようにしたら私たちはダメージ・モデルの予言という悲観主義から逃げることができるのでしょう？　私たちはモダンな時代の不吉を予言する人に対して何と言うべきなのでしょうか？　彼らは、大衆消費財として、古代の予言（『親の因果が子に報いる』）を焼き直しただけなのです(訳注1)。

私は、私たちが害に対する自分たちの弱さにあまり耳を傾けないようにし、逆境が訪れた時にそこから立ち直る自分たちの能力にもっと耳を傾ける必要が

あると考えています。この本は，そのようなスタートを切る私の試みです。その心はマンダラです。セルフの中の平和と秩序を表す象徴的な円。カール・ユングによって元型あるいは普遍型と呼ばれたように，マンダラ象徴主義は，世界中のどんな文化にも見出すことができます[18]。東洋文明では，マンダラは瞑想の深い状態を誘導するための焦点ですし，ナバホ・インディアンにとって，マンダラは，病む人の内的調和をもたらすことによって病いを治癒させることができるものとされています。

　私がリジリアンスを表すためにマンダラを選んだのは，それが平和，調和，そして健康と神話的に関連しているからです。チャレンジ・モデルでは，理想的なリジリアンス・マンダラは，セルフの周りを7つの保護的なリジリアンスが取り囲んでいます。次の頁の図を見て下さい。

　この本によって一連のエクササイズをすることで，私はあなたが自分自身のリジリアンス・マンダラを作り上げるお手伝いができればと思います。円周の中で，サバイバーのセルフの暗いテーマと明るいテーマがバランスを取れるようになるでしょう。

　第2章では，すべてのサバイバーが自然に立ち戻る所，つまり，あなたの家族の問題と，親の手の中であなたが子ども時代に苦しんだダメージを表しているマンダラのまわりの空間から始めたいと思います。あなたの家族の機能を評価し，あなたが育つそれなりの環境を提供する能力が彼らになかったためにあなたがどのように傷ついたかも評価していきましょう。第2章の目標は，あなたが自分の痛みから充分に距離を置くことができるようになり，自分のリジリアンス，つまり，逆境を生き延びるためにあなたが使った技術を見つめられるようになることです。

　第3章では，チャレンジ・モデルに戻り，リフレイミング[19]という治療技法，つまり，古いストーリーの中に隠れた，新しいテーマを明らかにするものを見ていきましょう。リフレイミングを使うことによって，あなたは，あなた自身のイメージを，受け身の犠牲者から積極的に抵抗する人へと改訂することができるのです。そこでは，害から自分自身を保護する方法を探さなければなりません。あなたが，問題の多い家族を超越するために踏み出したステップを，いかにささやかで目立たないものであれ認めることによって，あなたは，自分の痛みを誇りによって埋め合わせることができるのです。

　第4章から第9章までの本書の第Ⅱ部では，各々のリジリアンスが子どもか

マンダラ図：中心に SELF、周囲に 洞察、独立性、関係性、イニシアティヴ、ユーモア、創造性、モラル

ら大人になるにつれて発達していく様子を見ていきましょう。これらの章は，あなたが以下のことがらを行ったことを明らかにすることによって，あなたのリジリアンス・マンダラの個人的特性をあなたが構成できる機会となるでしょう。

- あなたが，自立した時
- あなたが，問題の多い親から離れ，代わりの鏡を求めた時
- あなたが，親の目の中に見た歪んだセルフ・イメージを拒否した時
- あなたが，自分の内面にある脆弱性とリジリアンスとのあいだのバランスをとり，立ち直った時

　私は，あなたが，以下の頁を読むことによって，誇りと自信の源を見つけられることを願っています。たとえ，それが，問題の多い家族の子どもとしてあなたが遭遇した難題において，ほとんど期待できそうになかったものだったとしても。

（訳注1）聖書「出エジプト記」20, 十戒を参照のこと。
「わたしは主，あなたの神，あなたをエジプトの国，奴隷の家から導き出した神である。あなたには，わたしをおいてほかに神があってはならない。あなたはいかなる像も造ってはならない。上は天にあり，下は地にあり，また地の下の水の中にある，いかなるものの形も造ってはならない。あなたはそれらに向かってひれ伏したり，それらに仕えたりしてはならない。わたしは主，あなたの神。わたしは熱情の神である。私を否む者には，祖父の罪を子孫に三代，四代までも問うが，わたしを愛し，わたしの戒めを守る者には，幾千代にも及ぶ慈しみを与える。……」（聖書，新共同訳）

第2章
ダメージに名前をつけることがそれを克服することになる

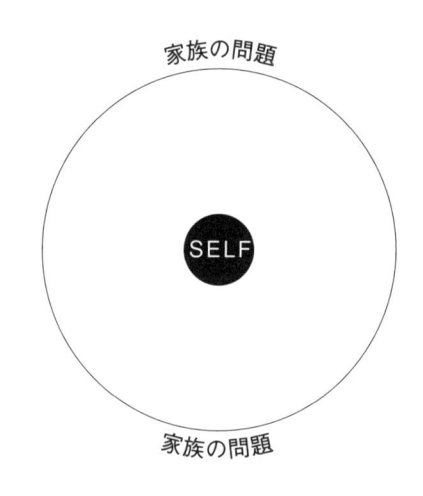

家族の力は，両親の手の中にあります。子どもとして，あなたは小さくて裸のまま無知でこの世にやってくるのです。あなたの身体的および情緒的健康を促進してくれるような環境を創造するには，両親に頼らねばなりません。問題の多い家族では，両親と子どものあいだの基本的な差が大きな痛みを引き起こします。この本のテーマはリジリアンスですが，あなたの痛みが本章の主題です。私の経験によれば，あなたの人生のはじまり，つまりリジリアンス・マンダラの中心から話をはじめるのが得策に思われるのです。あなたの苦悩を知り，それをひっくり返して，ある角度から，そして次にはまた別の角度から眺めてみると，あなたの心は，力強さの可能性に開かれることでしょう。

健康な家族では，力は共有されています。親の対応は，子どもの要求にマッチしているので，子どもたちは，自分たちの生まれもった弱さに完全に気づくことがありません[1]。しかし，問題の多い親の対応はミスマッチでしかありませんから，しばしば害を及ぼす予測不能な大人によって支配された世界の中で，子どもたちは自らの低い立場を直視せざるを得なくなります。

マッチ：僕は，暗闇がこわいよ。

　　　　　　私は平気だし度胸があるから，おまえにこわがることが何もない
　　　　　　ことを教えてあげよう。
　ミスマッチ：私はさみしい。親友が引っ越して行ってしまったから。
　　　　　　おまえはいつも泣いてばかりだ。甘えすぎだよ。世話を焼かせな
　　　　　　いで。そんなに泣きたいのかい？　それなら，ほら，こうしてや
　　　　　　るよ。(平手打ち!)
　マッチ：算数のテストがまたできなかったよ。
　　　　　　どこがわからないんだい？　勉強はしたの？　テストは変に難し
　　　　　　くはなかった？　どうしてほしい？
　ミスマッチ：通信簿にDがついちゃったよ。
　　　　　　おまえ，私を殺す気かい？　私の友だちがなんて思うだろうね？
　　　　　　恥ずかしいったらありゃしない。なんで，おまえはそんなに馬鹿
　　　　　　なのかね？　少なくとも私のせいじゃないからね。

　マッチングは，私が第1章で記した鏡像化過程を理解するもうひとつの方法です。親の顔に浮かぶ正しい表情（つまり，マッチ）は，子どもの中にしみ込み，「私は自分の本当に必要なものを手に入れることができる」という感覚に深く根を下ろすことになります。この感情は，健康な自己評価，つまり自分自身についての喜ばしい内的イメージの核となります。
　一方，ミスマッチ，ないしは親の顔に浮かんだ歪んだ表情は，傷をつけ傷跡を残します。こう言ったからと言って，有能な親は神のような能力を持っていて子どもに何物をも与えなければならないとか，子どもはいつまでもエデンの園にいなければならないなどと言うのではありません。私が言いたいのは，家族はメンバー全員にいきわたるだけのほどよい良さを持っていなければならないということです。親の内面的資源は，自分自身を元気にし，本質的に子どもたちのための愛ある環境を提供できるほどには，十分であるべきなのです。
　問題の多い家族においては，親は自分たちを元気づけることも，子どもたちのために愛ある環境を提供することもできません。サバイバーによっては，絶望感が，おむつが汚れたままベビーベッドの中で独り，いくら泣いても誰にも聞いてもらえなかった「記憶」として，残ることもあります。もちろん，この「記憶」が文字通り正しいわけではありません。自分の記憶がそれほど昔までさかのぼることはないわけですから。しかし，その情緒的内容は本物です。見

捨てられた幼児のイメージは,「私は自分の本当に必要なものを手に入れることができる」感情とは正に対照的に,サバイバーの無能力感と障害された自己評価を象徴しているのです。

　リジリアンス・マンダラにおいて,泣いても耳を傾けてもらえなかった幼児の自己は,下記のように表されます。

　リジリアンスが発達していない時期には,マンダラの円周と中心のあいだは

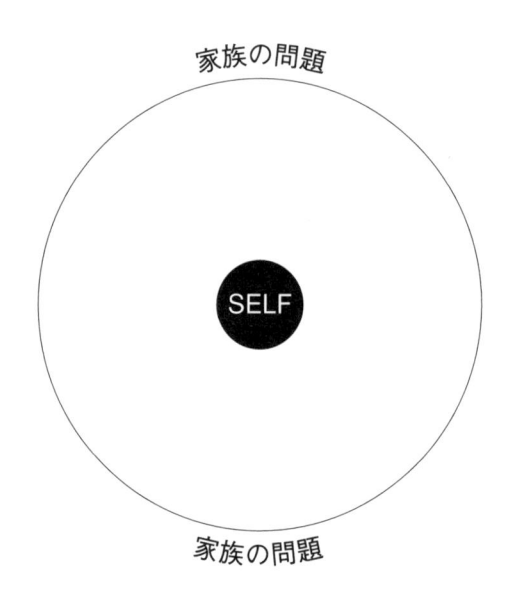

家族の問題

SELF

家族の問題

空白になっていますが,それは,家族のもつ多くの問題に取り囲まれた無防備な自己を示しています。マンダラのこの部分が空白である限り,そして,あなたが成長していく時期にあなたとあなたの家族の問題のあいだに何も介在するものがない限り,あなたはダメージを受けるのです。あなたは,白雪姫のお話にでてくる情緒的に満たされることのない女王様のように,魔法の鏡に向かって,私たちが誰でも親に発したような質問をするのです。

　　　鏡よ,鏡,鏡さん
　　　世界の中で一番きれいなのは,誰?[2]

鏡は，問題の多い親のように，女王様が聞きたがっている答，つまり「私は自分の本当に必要なものを手に入れることができる」感情を教えるような答を拒否することで，彼女を欲求不満にします。鏡は，「あなたが一番美しいお方です」と答える代わりに，それは白雪姫だと告げるのです。

　欲求不満にかられて，女王様は鏡を何度ものぞきこみ，望み通りの答を得ようとします。鏡が答を変えないとなると，彼女は強迫的になり，その呪いから逃れることができなくなります。怒りにかられて，彼女は，不合理で，文字通りに自己破壊的な計画を断行します。狩人に白雪姫の後を追わせて殺そうとするのです。計画は失敗に終わり，結局，女王は死ぬのですが，それは，自分の聞きたい言葉を拒否した鏡に対して強迫的にのめり込むことによって，周りの世界から遮断されたがゆえに起こることなのです。

　自分の欲しいものや必要なものを剥奪された幼い子どもの頃，あなたは，欲求不満によって親へのめり込んだかもしれません。ちょうど正に，女王が鏡に釘づけにされたように。満足を得ようとするあなたの不毛な試みは，傷の上に傷を重ね，病理の上に病理を重ねていったのです。あなたは，問題の多い親の強制的な呪いに自分が何回囚われたか，同じ質問を何回したか，そして，あなたの内面的自己に何回ミスマッチな答を組み込んだかを数えることによって，自分のダメージを測ることができます。一方，あなたは，何回自分が自由になり，代わりの考えを探し出したかを数えることによって，自分のリジリアンスを測ることができるのです。

　この本の第Ⅱ部の各章末には，あなたのリジリアンスを同定するための特別な質問が用意してあります。しかし，まずは，あなたの痛みの引力に先を譲りましょう。それが，力強さという視点からあなたの過去をリフレイミングする前に踏むべき第一のステップです。この本の末尾にある付録のダメージ・インベントリー[3]を使うことによって，私たちは，あなたがどのようにしてためつけられたかを知るでしょうし，あなたがどのようにして自分の怒りや欲求不満や絶望やさみしさを公にしたかも，あきらかになるでしょう。今，すこしごらんになって下さい。

　インベントリーは，心理的障害の特定のサインを評価できるように作成されています。あなたの親に，苦情のリストを送りつけたり非難するためのものではありません。治療的過程に踏み出すためのものなのです。あなたの困難の領域を同定することによって，形のない不安をあきらかにし，未知の恐怖をあな

たが理解しコントロールできるものへと転換できるのです。ダメージに名前をつけることが、それを克服することになるのです。

インベントリーに記入し、その結果を付録にある指示にしたがって評価したら、もう一度、ここへ戻ってきて下さい。それから、あなたの困難の苗床になった家族の環境を体系的に見ていくことにしましょう。

問題の多い家族

家族療法の著作ではしばしば、レオ・トルストイの小説『アンナ・カレーニナ』の有名な冒頭である「およそ幸福な家庭はみな似たりよったりのものであるが、不幸な家庭はみなそれぞれに不幸である」[4]という一節が引用されます。

私のトレーニングは、トルストイの言葉の精神にのっとっていましたので、おかげで私は、人々の不幸の原因にしっかり区別をつけるようになりました。重い精神疾患、物質依存、身体的暴力、ひどい喧嘩、無惨な離婚、数え上げればきりがありません。しかし、問題の多い家族のサバイバーを治療していくうちに、私たち専門家の行っているこのような素敵な区別が子どもの未熟な心の中には見つけられないことが、わかってきたのです。

問題の多い家族で育つことで、あなたはたぶん、愛情のある親がほしいという要求が満たされていないことに気づいていたでしょう。しかし、なぜあなたの要求が満たされにくいのかということは、ほとんど問題にはならなかったのです。子どもの視点からすれば、サバイバーの家族は、問題の特性にかかわらず、ほとんど変わらないようなのです。

問題の多い家庭の記念日や休日を話題にしたグループ面接において、あるサバイバーが、家族はクリスマスを祝わなかったと言いました。彼の母親は慢性のうつ病で、離婚でみじめな思いをしていました。彼の母親は、疲れ切っているか興奮しているか、ないしは悲しみに沈んでいるかのどれかでした。たいてい12月のはじめになると、彼女は自分の部屋へ引っこみ、新年が過ぎるまで引きこもっていたのです。ある年、彼は父親にそれを訴えたところ、父親は立腹しました。そして、こう言ったのです。「なんでお前はそんなにわがままなんだ？ おれにできることはみんなやってるんだぞ。邪魔するな！」

このサバイバーは二度と同じことを繰り返しませんでした。その代わり、12月になると、彼は図書館からクリスマス本を借りてきて、弟や妹たちにそれを

読んで聞かせてやったのです。彼は，1年間こづかいを貯めて，弟や妹に安いプレゼントをあげました。

　もうひとりのサバイバーは，家族が独立記念日を祝わなかったことを憶えていました。というのは，アル中の父親がここぞとばかりに醜態をさらす集まりごとを母親はものすごく嫌っていたからです。

> あのくそったれったら，酔っぱらうことしか知らないで，ピクニックをぶちこわしやがる。あいつが親戚全部を敵に回すことは誰でも知っているから，どうせ誰も来やしないけどね。

　3人目のサバイバーは，仕事中毒の重役の息子で，誕生日を異母兄弟やばあやと祝ったことを憶えていました。両親は出張で出かけていたのです。ふたりは電話もかけてこなかったし，プレゼントも送ってきませんでした。両親が帰ってきて，彼にくれたのは，現金でした。

　さまざまな社会階級，家族構造，宗教的背景，さらには診断にもかかわらず，サバイバーが体験を比べあって知ったのは，自分たちが同じ「学校」にいたということでした。

- めったに祝日をお祝いしない
- 親がサッカーの試合や校内演劇を見に来たり，地域のピクニックに参加することは，ほとんどない
- 食事はいつもばらばらである
- 親は子どもの誕生日を憶えていない
- 家は豚小屋状態
- 誰も子どもを褒めない。やることなすことすべて，間違いだとされる
- 両親はいつもけんかをしていて，互いに苦しめ合う。しかも，子どもがいる目の前で，まるで子どもがいないかのように，そんなことをする

　「サバイバー学校」のカリキュラムは，虐待とネグレクト，それに，自分のことは自分でできるようになることです。

　障害を受け，苦悩しながらも，問題の多い親は，毎日の仕事をこなすのに忙殺されています。彼らには，他の誰かあるいは他の何かのために残しておくエネルギーなどまったくないのです。それが，たとえ自分の子どもたちであった

としても。特に，それが自分自身の子どもである場合。子どもたちの要求にマッチするよりも，彼らは自分たちが子どもであるかのように振る舞います。家族の生活は，ここでは逆転しているのです。

　これから先の頁では，あなたが家族の問題を評価するための枠組みを提示していきましょう。あなた用の質問は，家族類型の差異を決定するための診断マニュアルからとられたものではありません。私の枠組みは，子どもの視点を前提とし，あなたの家族が下記の5つの領域[5]でどのように機能しているかを考えるものです。

　・安全な環境を確立する
　・愛情と支援を与え，肯定する
　・コミュニケーション
　・ポジティヴなアイデンティティの維持
　・問題の解決

　5つの枠組みは，当事者の視点に基づいて，あなたが子どもとして見たものを吟味します。それは，必ずしも，家族の外側から診断をする人々が観察するものと同じではありません。

　情をかけてはいけません！　この評価によって，まちがいなくいくつかの恐ろしい記憶がよみがえることでしょう。同時に，それをやり終えることによって，あなたは，自分の家族がどのように機能していたのか，自分がなぜしばしば自分自身を無力で傷ついた者と見なしていたのか，大きな理解を得ることでしょう。

安全な環境を確立する

　身体的安全と滋養を供給することが，若者に対する家族の第一の義務です。健康な家族では，子どもたちはこのような基本的事柄を問題にはしません。彼らは，明日も今日のようだろうと考え，衣食住は足りて，自分の世話をしてくれる信頼に足る親の存在を疑うことはないのです。しかし，サバイバーはそんな仮説に立ってはいません。あまりにしばしば，彼らは，身体的に危険であり，自分自身を弱いものと見なし，危険な世界に包囲されているのです。

あなたは身体的に虐待されましたか？

　もしもあなたが身体的に虐待されていたなら，あなたの親は，あなたが小さいことにつけこんで，あなたを支配し，からだまで傷つけたということです。

　問題の多い家族の中には，しつけと装って身体的虐待が行われる家族があります。あるサバイバーの話によると，彼の母親は，自分の「高貴な」基準に抵触したことを彼が言うと必ず，彼を家の外に閉め出していました。彼は中へ入れてくれるよう懇願しながら玄関先で何時間も立ち尽くしたのですが，その度に永遠に見捨てられたのだと信じ込んでいました。彼の子ども時代には，家で暮らす権利をいつ奪われても不思議ではないという恐怖がついてまわりました。

　他のサバイバーたちも，鍵をかけられたクロゼットの中での恐ろしい監禁状態やラケットや革ひもによる「レッスンを受けた」ことを憶えています。子どものからだへの身体的攻撃は，他にも宗教，礼儀作法ないしは安全のためという理由によって行われます。あるサバイバーの思い出を紹介しましょう。

　　　私の母親は極端なきれい好きでした。口臭を消すために十数リットルもの口腔洗浄液を使っていました。毎日何度も耳掃除をしていました。近くの薬局は，いくらキューチップ（訳注：米国の綿棒の商品名）を仕入れても絶対に彼女の要求には対応しきれませんでした！　一度に２つか３つのデオドラントを使ったりもしました。部屋の隅であれ壁の割れ目であれ汚れとなれば，彼女の注意を免れることはありませんでした。たとえ，それが私のからだの汚れであったとしても。彼女は，私の耳，鼻，歯，そして指の爪をチェックしました。彼女は私を洗剤の風呂に入れ，毎日腸の動きをモニターしました。便が出ないと，浣腸をしました。彼女の襲撃から自分の身を守る術など私にはありませんでした。

　問題の多い親の中には，わざわざ自己正当化の旗を揚げないものもいます。衝動コントロールが欠如しているため，彼らは，他の誰かに向けるべきことをあからさまに，子どもたちに八つ当たりをするのです。上司に腹を立てたり，パートナーに幻滅したり，あるいは隣人から鼻であしらわれると，こうした親は，家族の一番小さいメンバーか一番弱いメンバーに自分の感情をぶつけるのです。次の例をみてみましょう。

　　　金曜の夜が最悪だったのは，１週間の鬱憤が一度にぶちまかれるためでした。

父親は家に帰る前に，近くのバーで1杯ひっかけてきました。夕食の席では，彼はささいなことにひどく腹を立てました。気をつけていないと，げんこつが飛んでくるのです。

　問題の多い親は，自らの行為を子どもたちの要求にマッチさせることができません。子どもたちがまともな要求をしたり，泣いたり，ものをせがんだり，反抗するとき，彼らは盲目的にけんかを始めるのです。もしもあなたの親が定期的にけんかをあなたにふっかけたなら，どんな理由があろうとも，あなたは身体的虐待を受けていたということです。

あなたは性的に虐待されましたか？

　自分の不適切感が嵩じたり，判断力が欠如すると，問題の多い親の一部は，自分が他では得られない満足を子どもたちから引き出そうとすることになります。こうした親が，夜になると忍び寄ってきて，犠牲者にそのことを他言しないよう強要する性的虐待者なのです。あるサバイバー女性は，私にこんな話をしてくれました。

　　　父親は何か失敗したなと思うと，私に泣き言を言いました。私の部屋に入ってきて泣くんです。そして，私のベッドに横になって，大きな指を私の小さな陰部に這わせるのです。父親は，このことを誰かに言ったら，二度と口をきかないからなと言いました。

　「性的虐待」という用語には，このサバイバーによって語られたあきらかな愛撫の他に，性交，自分の性器をわざとみせること，ポルノ写真を子どもに無理矢理見せることが含まれます[6]。愛情として通っている，それほど目立たない性的暴行も，この範疇に入ります。

　　　父親は，私の胸が大きくなって月経が始まった後でも相変わらずずっと，私を抱いたり，キスしたり，近くに抱き寄せたりしました。

　もしもあなたが性的に虐待されていたならば，あからさまにであれ地味なやり方であれ，それは，あなたが物として扱われたということです。純潔を奪わ

れ，しかるべきときに適切なパートナーとのセクシャリティを発見する権利をだましとられたのです。

虐待された多くのサバイバーは，自分に何が起きたのか憶えていられません。あなたもそのうちのひとりかもしれません。あなたの無意識にそのような記憶が深く埋められた理由ないし結果は，ここで取り上げるにはあまりに複雑ですが，もしもあなたがその点をもっと突き詰めて考えたいのであれば，この本の最後にある注に紹介した文献や資源を活用されたらいいでしょう。

あなたは身体的にネグレクトされましたか？

問題の多い親のすることではなく，しないことが問題である場合もしばしばあります。彼らは，薬品や有害な洗浄液を子どもの手の届く場所に置きっぱなしにしたり，アルコール瓶の割れた破片を片付けずにおくのです。彼らは，子どもを歯医者や医者へ連れていくこともありません。彼らは，自分たちだけで外食に出かけ，子どもたちにはハロウィンのときに残ったキャンディやかび臭い薄切りチーズ，ないしはパンと砂糖だけを残しておくのです。また，他の子どもや，パートナー，ないしは恋人が礼儀を破るときには，口もききません。あるサバイバーの話によると，「父親は，母親があばれまわったときには，家を出ていきました。彼は，子どもの世話をすることは女の仕事だと考えていたのです」。別のサバイバーはこう言いました。「母親は私を父親から守ってはくれませんでした。なぜなら，父親と別れて生活費がなくなったら，貧しい家に住まなくてはならないからです」。

もしも親があなたをなんらかの害から守れないのであれば，あなたは身体的にネグレクトされていたということなのです。

愛情と支援を与え，肯定する

身体的安全の次に，子どもにとってもっとも基本的な要求は，情緒的なものです。愛情と支援を要求しない子どもはいません。親の喜びが，子どもに自分には価値があるのだという感覚や生きていこうとする力を吹き込むのです。

心理学者のエーリッヒ・フロムは『愛するということ』において，子ども時代の人間性に関する聖書上の説明を引用して，私たちの基本的な身体的および情緒的要求を描いています[8]。彼は創世記から引用しているのですが，神は彼

の民に対して根本的な安全保障，つまり乳と蜜の国を約束しました。フロムによれば，乳は，私たちの身体を滋養するものであり，蜜は愛情と肯定を意味しています。それらによって，人生に快さが与えられ，生きていることの幸福が教え込まれるのです。

　フロムの分析をさらに進めて，健康な親を，自らの創造物を見て「良かろう」と言う満足した神にたとえてみましょう。一方，問題の多い親は，自らの子どもを見下し「お前は私を喜ばせなかったから，敵を差し向けよう」と怒鳴る怒りにかられた神にたとえられるでしょう。

　あなたが何も間違ったことをしていなくとも，このメッセージを聞くことによって，あなたは自分が悪いという判断を受け入れることになるでしょう。

あなたは情緒的に虐待されましたか？

　もしもあなたの親が怒れる神の顔をしていたならば，あなたは情緒的に虐待されていたことになります。多くの成人したサバイバーは，「自分を愛してくれるはずの」親が，どうしてそんなに自分を傷つけられるのかと，今でもどぎまぎします。「なぜ母親は私をあんなにひどく扱ったのだろう？　母親というものは，子どもを愛するものなんじゃないんですか？」と大勢の人たちが問いかけました。

　精神分析家のアリス・ミラーは，こんな説明をしてくれています[9]。彼女によれば，愛情や支持を与えることのできる能力は，自らが他者とは分離していることがわかる人々の中に認められるとのことです。つまり，「あなた」が「私」を満足させる以上に大きな人生の目的を持っていることを深く理解したならば，人々は，自分と他者とのあいだの差異に耐えることができるのです。

　問題の多い親は，差異にたじろぐものです。不幸の壁が彼らの視野をさえぎり，彼らは，子どもたちがひとりひとり異なる要求や必要性，さらには自分自身の見方をもつ分離された個人であるとは考えられないのです。自己と他者のあいだの境界は気にとめられないため，親は子どもたちを自分自身の願望達成の代理人としかみなしません。彼らの正当化されていない期待は，情緒的虐待行動と言われる範囲のどこかに表現を見出すことになります。たとえば，言葉による暴力，プライバシーの侵害，一貫性をもたないこと，そして，気まぐれな要求などです。

あなたは言葉による暴力を受けましたか？

　問題の多い家族における情緒的虐待のもっともあきらかな様式は，言葉によるあからさまな暴力です。親はあまりにしばしば子どもたちにこのような暴力をふるいます。胸が小さいとか，お尻がでかすぎるとか，耳がばかでかいとか，吹き出物だらけだとか，髪の毛がまっすぐすぎるだの縮れているだのといってからかうわけです。あるいは，本の虫だとか，成績が悪いだとか，下っ端だとか，運動ができないとか，社交的すぎるとか，人気がないとか，真剣みに欠けるだのくそ真面目だのといって,子どもたちに毒舌を浴びせることもあります。問題の多い家族の子どもたちは，ちょうどうまくいくことなどあり得ないのです。何をしたところで，親は不満なのですから。

　あるサバイバーが，父親の失望についての苦い思い出を披露してくれました。

　　　僕は恥ずかしがりでやせっぽちで，背も低かったんです。なのに，父は僕にボーイスカウトのリーダーになってほしかったのです。父は，ボーイスカウトの隊長で，僕が父に恥をかかせていると言いました。父はミーティングでいつも僕を当てましたが，答えずにいると決まって，僕を笑いものにしました。家では，父は，僕が参加しないで脅えていたといって，僕を猛烈に非難しました。

　健康な家族では，父親と息子とのあいだに差異があれば，それは，家族の力強さの資源として敬意を表されたかもしれません。しかし，問題の多いこの家族では，父親が差異に傷つけられ，息子は，父親の願望を見事に裏切ったのです。

　もしもあなたの親が情け容赦ない，傷つけるようなことをあなたに言い，自分とは分離した一個人としてあなたに敬意を表さなかったのであれば，あなたは言葉の暴力を受けていたのです。

親はあなたを肯定してくれましたか？

　問題の多い親の中には，それほど言葉では傷つけないものの，子どもの達成や認めてもらいたいという気持ちを無視する人がいます。もしもあなたの親があなたへの賛歌を一度も歌ったことがないのならば，あなたは肯定されていなかったのです。

多くのサバイバーが記憶しているのは，テストだとかプロジェクトだとかトロフィーという何か社会的に勝利と見なされるものを家に持ち帰ったのに，怒った（あるいは，うつ状態の，ないしは取り乱した）親に迎えられ，何ら関心を示されなかったというものです。しばしば，親子の相互作用は親の問題へと話が移っていくので，子どもの方が，悩みを打ち明けられる側になるか慰め役として振る舞うことを期待されるのです。あるサバイバーの話を聞いてみましょう。

> 私は自作の詩を母に見てもらおうとしました。ところが母は，ちらりと見ただけで，泣き出してしまいました。母は，また父になぐられたから家を出ていくのだと私に言いました。母は，脚と腕の青あざを私に見せました。そして，完全に取り乱して，もうどうしたらいいのかわからないと言いました。彼女が頭をテーブルにぶつけたとき，私はつま先立ちでそこから逃げていきました。

しばしば，子どもが要求を無理に通そうとするとき（つまり，つま先立ちでそこから逃げないとき），親の自己憐憫は，非難ないしは憤怒の表現に変わります。「おまえがそんなに外出さえしなけりゃ，私はこんなに落ち込まなくてすむんだよ」とか「おまえにもっと思いやりがあったら，父さんは私を見捨てて出ていったりしなかったのに」とか。このような意見はある意味で核心にせまっているので，子どもは，その言葉が語られた後もずっと，無価値感と罪悪感をもちつづけるのです。

あなたのプライバシーは侵害されましたか？

子どもの内面的自己に敬意を表さないことは，上記のコメントにも表されているように，問題の多い家族にしばしばみられるプライバシーの軽視と表裏一体となっています。もしも親があなたの秘密を漏らすならば，彼らはあなたのプライバシーに敬意を表していないのです。あるサバイバーは思い出してこう言っています。

> 私は初潮がきたことを秘密にしてほしいと母親に言いました。ところが，その日，夕食の席に着くと，兄と父親が笑いながら，私にたずねました。「誰かがおまえのあそこを切ったから」血が出たのかと。母親も一緒になって笑っていました。

問題の多い家族では，子どもの物理的空間が侵害されることもあります。あるグループ面接で，ひとりのサバイバーが自分のどうしようもない怒りについて話してくれました。彼女によると，父親はいつもノックもせずに彼女の部屋に無理矢理入ってきて，「俺の靴下はどこだあ？ なんでおまえの母さんは俺の靴下をちゃんとしたところに入れといてくれないのかねえ？」と言いながら，彼女の下着をあっちこっちに放り投げたとのことです。

思春期を迎えると，このサバイバーは自室のドアに，ホテルによくある「入室しないで」という札を掛けましたが，その後の行動から判断するに，父親はたぶんそれを目にとめませんでした。それどころか，彼が目にしたのは，彼女の日記と手紙だったのです。彼は大きくて力があったので，娘が自分で買ったものであれ，彼女の物を使うのに許可を得ようとはしませんでした。しかも，彼女がシャワーを浴びているときにトイレを使うことも辞さなかったのです。

この父親のプライバシーの侵害は，家の中の共有スペースにも及びました。彼は，裸で居間に現れるのです。娘がそれに直面化したときの彼の鈍感で傍若無人な返事は，こうでした。「俺は自由な精神の持ち主なんだ。おまえには関係ないだろ？」

もしもあなたが他の家族には立ち入ることのできない空間や使うことのできない物を所有していなかったのならば，あなたのプライバシーは侵害されていたのです。もしもあなたの独りでいる権利（たとえば，バスルームで）が守られなかったのであれば，あなたのプライバシーは侵害されていたのです。

あなたは親の一貫性のなさに包囲されていましたか？

問題の多い親でも時には，子どもの必要な物を認知し，それを提供しようとさえします。しかし，自分自身の情緒がローラーコースター状態なのですから，子どもに対して首尾一貫した，明瞭な期待を示すことはできません。ある日，子どもに真夜中までには家に帰るよう要求したかと思うと，翌日には，ティーンエイジャーが朝帰りしてもまったく気にもとめないのです。

問題の多い親の中には，子どもに与える能力を維持することができない人たちがいます。彼らは気持ちをこらえてみたり，批判的になったりするかと思えば，目一杯甘やかしたり病的に悔恨したりします。もしもあなたが次に自分の親がどう出るか予期できなかったならば，あなたの親は一貫していなかったのです。

ここで，家庭の不確かさと，いかにして家庭を信頼しないことを学んだのか，ふたりのサバイバーの話を聞いてみましょう。

> ある日学校から帰ると，母親は父親から別居手当をもらって，上機嫌でした。母親は何か特別なものを買ってあげようと私を買い物に連れ出しました。ところが，お金を使った後で，彼女はパニックになり，私に矛先を向けました。母親は私にこう言いました。浅はかで自分勝手だと。甘えん坊で，彼女が父親に金を無心しなくちゃならないことを全然気にかけていないと。私は，母親の申し出は二度と受けないことを学びました。

> 父親は離婚後の子どもと会う権利のある日に，私に待ちぼうけをくわせました。私は，よそ行きのドレスを着て，父親を待っていましたが，一向に現れませんでした。電話もありませんでした。彼は2年続けてクリスマスを忘れたのです。そして，3年目に彼は私に電話をしてきて，電話口で泣き出しました。そして，家族一緒に揃えないのがいかにさみしいことかと言ったのです。私は，結局，父親を見限りました。

この母親と父親のような，自分たち自身の問題にとらわれている，親たちは，子どもたちの情緒的必要性を満たすことができません。もしもあなたの親がカメレオンだったら，もしも（論理的ルールではなく）親の気分変動があなたの行動についての暗黙の指針であったならば，そして，もしもあなたが始終混乱していたならば，あなたの親は首尾一貫した，安定した環境を提供していなかったのです。

コミュニケーション

コミュニケーションとは，人々がお互いを知っていく過程です。親が子どもとコミュニケートするのは，教育し，導き，コントロールし，援助し，慰め，親密性を達成し，楽しませ，計画を立て，そして，生活において実践上必要なことを達成するためです。

有能な親は，子どもの要求を満たすために，自分の発言や話し方を調整します。彼らの会話は，明瞭で，柔軟で，オープンで，さらに，的を射ています。自分の意図することを言い，子どもには遠慮なく発言し，「わからない」とい

うせりふを使うように励まします。健康な親は，子どもに反論する自由を与え，裏切り者のように感じさせないようにもします。親がコミュニケーションの技術に優れているとき，子どもたちは自らこう言います。「私が思うに」「私はこう感じているけど」「なぜ？」「よくわからないんですけど」そして「私はこうしてほしいんですけど」。家族の仕事は達成され，子どもたちは自分たちが意味のある役割を演じていると考えます。

親はあなたとコミュニケーションがとれましたか？

問題の多い家族では，子どもは沈黙しているか，うるさい反乱軍になっています。親は，ぶっきらぼうで引きこもっています。または，理解されたとか理解しようとしているというふうでもなく，かやの外にいます。家族の仕事は，混乱していて，まるで，子どもは街角で親が迎えにくるのを待っているのに，親は全然別の所を探しているような案配になります。もしも会話が混乱していたり，一方通行だったり，堅かったならば，あなたの家族のコミュニケーションは機能していなかったということです。もしも親の言い分や言い方によって，家族がばらばらになったりあなたが隅に押しやられてしまうのであれば，あなたの親のコミュニケーションは無効だったのです。

あなたの家族のコミュニケーションは，混乱していましたか？

もしもあなたの親が以下の父親のように，あきらかな目的もなしに（ただ余白を埋めるだけのように）話をするのであれば，あなたの家族のコミュニケーションは混乱していたということです。

> 私の父親はとりとめのない人でした。たとえば，車はどのように修理するかという話題で話を始めたかと思うと，すぐさま，自分の仕事に話題を変え，それについて微に入り細をうがつ話をするのです。そして，自分が10代の頃に住んでいたボルティモアの思い出話で話を切り上げるのです。父親が私に聞き役を期待していたのはわかっていましたが，どんなふうに応答したらいいのかは私にはまったくわかりませんでした。車をガソリンスタンドまでもっていくべきなのか？　父親の若者ぶりをうらやましがればいいのか？　自分自身のだらしないティーンエイジャーぶりをわびるべきなのか？　あるいは，仕事がうまくいきますようにと願えばいいのか？　たいてい，私は答を読み違えました。

もしもあなたの親が，自分自身の情緒的混沌によって突き動かされ，一つの文を完成させられなかったり，ふたつの考えをひとつの論理的道筋でまとめられなかったり，さらには，もしもあることを言って別のことを意味したりしていたならば，あなたの家族のコミュニケーションは混乱していたことになります。
　問題の多い親の中には，うわべだけのあてにならない丁寧な言葉の裏に隠れている人たちがいます。彼らは，あきらかに良いコメントないしは子どもを無防備にさせるような質問で会話を始めるのですが，うわべがはがされると，暴力が炸裂するのです。サバイバーが永遠に不信状態を確立するためには，たった二，三回それが繰り返されれば十分なのです。

　　父親は仕事から帰ってくると，一見害のない質問をします。たとえば，「今夜，倉庫を掃除するのを手伝う時間はあるかい？」私は，まんまとこれにひっかかります。父親が「時間はあるか？」と聞いたように思うからです。だから，こう言います。「今夜は駄目。明日，テストがあるから」すると，地獄が始まります。「なんだと，この野郎！　俺は病気で，そんなたわごとにはうんざりだ」。
　　そんなことが一晩中続き，誰も二の句が告げません。

　あることを言って別のことを意味する，もうひとつの様式に，家族のもみ消し工作があります。現実に直面する勇気がなかったり，子どもに真実を伝える技術がないために，問題の多い親のおおかたは，誤った情報の砦を築き上げます。問題の多い家族の多くに関する心理の中核は，誤った情報によって子どもたちが援助の道を断たれたように感じ，脅え，そして現実と非現実の区別が定かではなくなることです。
　ここで，私がサバイバーたちから聞いた，もみ消し工作のストーリーを提示してみましょう。歌詞は違っても，同じ曲ですから，あなたも，この歌にはなじみがあることでしょう。

　　父親が愛人と出かけると，母親は，父親がいかに一生懸命働いているかと私たちも一緒に嘆かせようとしました。
　　母親が自分の部屋に引きこもって大酒を飲みはじめると，私たちは，階下で母親の偏頭痛について話し合いました。

　　父親がうつ病で入院になると，母親は，父親が長期休暇でどこかへ出かけた

と言いました。

　もしもあなたの親がもみ消し工作をし，真実を話さなかったのであれば，あなたの家族のコミュニケーションは，混乱していたのです。

あなたの家族のコミュニケーションは一方通行でしたか？
　問題の多い家族の多くは，自分たちのコメントや痛烈な非難が子どもの耳にどのように届くのか，まったく感知しません。親は自分自身の目的にしたがって話すのであって，子どものために話すわけではないのです。親にとって，コミュニケーションは，相互的交換ではなく，完璧に一方通行なのです。
　もしもあなたの親が自分の力を誇示するために話をしたなら，あなたの家族のコミュニケーションは一方通行だったということです。たとえば，親が子どもに依頼するのではなく独裁者のように命令を出す場合とか，子どもの話を中断したり，まともに聞かなかったり，あざけったり，敬意のないコメントをする場合です。以下に，その例をいくつか紹介しましょう。

　　　母親はすべての会話を，怒りを表現する機会として利用しました。母親は，私が全然だめな学生だと言ったり，（母の日のプレゼントがさえないとかいう）私のちょっとしたミスを攻撃するのに遠慮会釈がありませんでした。

　　　父親は自分の美徳を披露するための演壇として夕食の席を利用しました。彼は，甲斐性のある主人で，ハンサムガイで，最高の父親でした。私たちは，そのエピソードにあいづちを打つためにいたのです。それができないと，彼は私たちをののしりはじめました。

　　　両親は，私たちに何かをしてくれるよう頼んだことは一度もありません。すべては，口答えのできない上からの命令だったのです。もしも他の種類の会話もあったなら，それほど悪いことでもなかったでしょう。しかし，両親が知っている話し方は，軍隊的指令だけだったのです。

　　　父親の私の言い分に対する標準的な返事は，こうでした。「おまえはなんでそんなにいかれてるんだ？」

互いに葛藤を抱いている問題の多い両親が，自分たちの与えている恐怖に気づいていない家族には，一方通行のコミュニケーションのひとつの形態が生じてきます。このような親は，子どもを保護したり保証を提供するのではなく，子どもをメッセンジャーに使い，弾道に身をさらして行ったり来たりさせるのです。しばしば，子どもたちは，片方への忠誠心を告白することによってもう片方を裏切るよう圧力をかけられます。あるサバイバーは，母親が彼女に「（父親に）今夜居間で寝るように言え」と言われるのがいかに苦痛だったか話してくれました。もうひとりのサバイバーもそれと正しく同じ感覚を語ってくれましたが，それは，彼女が，離婚間際の父親に，家の家賃を払うか家族を立ち退かせるのかたずねろと母親に命じられたときの感覚でした。

　子どもが，反目しあっている両親のあいだのメッセンジャーとして使われる場合，彼らにしばしば「どちらに進もうとひどい目にあう」という感覚が残ります。両親が子どもに葛藤を生じさせる指令をするときにも同じ感覚が生まれます。あるサバイバーの話を紹介しましょう。

　　父親が私にもう寝るように言ったとしましょう。すると，母親はキッチンをきれいにするように言うんです。ふたりとも怒鳴るわけですから，私には自分をその罠から引き出してくれるようなことは何も言えません。本当は，家から出て行きたかったのです。

　もしもあなたの両親があなたをメッセンジャーに使うか，あなたをつじつまの合わない指令によって引き裂いていたとしたら，あなたの家族のコミュニケーションは一方通行だったということです。

　なかでも最悪なのは，もしもあなたの親があまりしゃべらず，めったに情報を提供せず質問もしなかったとしたら，あなたの家族のコミュニケーションは，一方通行だったということです。寡黙な親は，自分自身についての情報をほとんど提供しないので，子どもにとって見知らぬ人であり続けます。彼らは見事なまでに，教師，援助者，そして仲間の役割を果たし損ないます。彼らの沈黙が子どもたちに告げているのは，子どもたちは話す価値はなく評価もされていないということなのです。

　時に，問題の多い親は沈黙を武器として使います。腹が立つと，彼らは口をきかないことで子どもたちを罰するのです。沈黙措置によって，このような親は「私の不快さに話し合いの余地はない」と伝えるのです。問題の多い家庭の

中には，沈黙措置が数週間も続くことがあります。親がこのように沈黙した経験をもつサバイバーによると，それはまるで「格下げされた」「挫折させられた」ないしは「全滅させられた」ような感覚だったということです。

「まるで私が存在しないかのようでした」とあるサバイバーが言いました。

私はこう言いました。「鏡をのぞいても，何も映らないみたいな感じだったんでしょうね」。

あなたの家族のコミュニケーションは堅いものでしたか？

堅いコミュニケーション・スタイルをもつ問題の多い家族は，話題にすべきでないテーマについて厳しいルールをもっています。時に，このようなルールはオープンに言葉にされていますが，時にはそうでない場合もあります。

問題の多い家族の中には，感情表現が禁じられている家族があります。彼らは，愛情や傷心，それに病いやからだの痛みを弱さの徴候と見なしているのです。また，やさしさの表現は許されるものの怒りはタブー視される家族もあります。さらには，死や病いやセックスという「下品な」話題を意見の不一致と同じように排除する礼儀作法を達成している家族もあります。もしもあなたの親が会話の内容を制限していたとしたら，あなたの家族のコミュニケーションは堅かったということです。

堅いコミュニケーションは，家族の語らいのスタイルを決定します。ある家族は，間接的な話から会話をはじめます。あるサバイバーの抜け目のない観察を紹介しましょう。

> 母親は自分の望みを口にすることなく成長しました。私たちの夕食風景は毎度毎度いつも同じでした。母親は三人称でお決まりの言葉をつぶやくのです。「もしも誰かが……ならばいいでしょうね」とか「もしもお父さんが……ならばお母さんは喜ぶでしょうね」。父親は母親をこわがっていましたので，ふたりは何年もお互いに大切なこととか現実的な話を一言も口にしませんでした。ふたりは，離婚専門の弁護士事務所のすぐ近くで一緒にダンスをしていたようなものでした。

これとは正に対照的に，叫んだり，ののしりあう家族があります。そして，それらの中間には，私が交換台症候群と呼ぶ家族があります。それは，子どもたちが一致団結して親に反抗することを恐れている問題の多い親のうち，誰が

誰に話すのかということについて電話交換手のように厳しくコントロールを行う人々のことです。そのような親は，家族メンバーが互いに話し合うのを阻止し，いったん始まった会話を分断し，自分に不都合なときは誰か別の人に話をさせるわけです。交換台症候群についてサバイバーに語ってもらいましょう。

> 私の家では，それは忠誠の問題でした。もしも弟と私がふたりで話していたとすると，母親の目の中には私たちが裏切り者と映っていました。もしも私が父親と話をしようとすると，母親は，前回の夫婦喧嘩で私が父親の味方をしたことを思い出すのです。彼女の監視なしでは，どんな会話もできませんし，どんな情報も伝達されません。このことを振り返ってみて，驚くべき部分は，私たちがそれに従っていたということです。

もしも会話の話題が制限されていたり，怒鳴り合いだとか間接的表現，ないしは交換台による操作のどれかが支配的な語らいのスタイルであったならば，あなたの家族のコミュニケーションは堅かったということです。表面的にはずいぶん異なるものの，このような誤っているか，中断されるようなコミュニケーション技術によって，子どもには取り違えようのないメッセージが伝達されます。つまり，「おまえはあてにならない」というメッセージです。このメッセージは，自己イメージにしみ込み，問題の多い家族の子どもは一生それを捨てたりしないのです。

ポジティヴなアイデンティティを維持する

歴史的にみると，若者を教育することは家族機能のひとつでした。幼い頃から，子どもは親のそばで，生き残りに必要な基本的技術を身につけるのです。同時に，子どもは家族の歴史，習慣，宗教，価値観，倫理観，それにコミュニティでの家族の位置を学んでいきます。このような知識の全体が，私が家族アイデンティティと呼んでいるもので，それが，「私たちは誰なのか？」という問いへの答なのです[10]。

健康な家族アイデンティティの基礎は，誇りと親戚関係が共有された感覚です。つまり，親と子どもは以下のことがらを信じるわけです。

・私たちは良い家族である。

・家庭は安全で，いつでも歓迎されるべき場所である。
・力強さの源である過去を持ち，未来に私たちを導く，良き，確かな価値観を持っている。
・私たちはコミュニティにおいて知られ，敬意を表されている。
・私たちはお互いを好ましく思っている。
・私たちはお互いの楽しみを豊かにし，悲しいときには，お互いに支え合う。
・私たちには，濃い血のつながりがある。つまり，いつでも私たちはお互いのためにそばにいることができる。

　問題の多い家族は，このように結ばれてはいません。家族メンバーが集まると，お互いの惨めさを，冷たく実のないやりとり，ないしはけんかによって増幅し合うのです。親戚同士でお互いに話すことを拒否するので，家族の反目はありふれていて，もともとの摩擦の原因が何であったか忘れられてから何年もたっても，そのまま続いています。時に，憤怒は死んでも葬り去られないことがあります。問題の多い家族の中には，いとこや叔母の葬式どころか親の葬式にも出ないことによって，栄誉を与えられたり面目を保つ家族もあります。
　ある同僚が，敵意によって引き裂かれた家族との治療面接における問題を手際よく要約しているので，それをここで紹介しておきましょう。彼はくる週もまたくる週も，家族の各メンバーに，お互いの気もちと考えを聞き入れるよう励ましていました。しかし，誰も実行する者はなく，苦々しさと仕返しだけが情け容赦なく続いていました。ある日，家族が面接室を出ようとしたときです。一番小さい子どもが帰りたがらず，こうたずねました。「結局，あなた，どっちの味方なの？」
　そこで，彼はこう答えたそうです。「君たちみんなの敵ですよ。だって，家族の味方は僕だけなんだから」。
　家族自体の「味方」である家族であれば，ポジティヴなアイデンティティを養い，それを子どもたちに伝えるべく慎重なステップを踏んでいくことでしょう。家族は伝統を守り，かたみを残し，家族の英雄についてのストーリーを語りつぎます。このような活動によって，誇るべき遺産が凝縮され，それによって，家族は過去に結びつき，それだけでなく現在に合うような成長と変化を遂げるのです。そのような家族の子どもは，自分自身を自分よりも大きなユニッ

トの一部と見なし，そこに属していることに喜びを見出します。しかし，問題の多い家族の子どもたちは，自分を孤立無援だと見なしているのです。

家族の遺産は，あなたの家族における葛藤の源になっていましたか？

問題の多い家族の中には，柔軟性がなく，過去を現在に合わせて考え直すことができない家族があります。この場合，遺産は人々の絆にはなりませんし，彼らの誇りとするところにもなりません。それは別々のロープで彼らの首を締め付けるのです。問題の多いある親は，自分も自分の父親もそのまた父親もが，ある寄宿学校を卒業したというだけの理由で，本人が拒否したにもかかわらず自分の息子をその学校に進学させました。そのためには家屋を借金の抵当にいれなければならないにもかかわらず，彼はその計画に固執しました。他にも，「この家族の女性はすべて高校を卒業したら結婚することになっているという理由によって」聡明な娘を大学へ進学させる許可を与えなかった親がいました。さらに第三の例としては，「日曜にはどこかのレストランで食事をすることになっているという理由によって」目も開けられないほどの吹雪の中，家族全員を家の外へたたき出した親もいます。

もしもあなたの親が頑固に伝統に固執することによって過去に憎しみを向けていたとしたら，遺産は，あなたの家族においてポジティヴな力にはなっていなかったということです。

一方，その反対の問題，つまり，過去を軽んじることも，問題の多い家族に認められ，同じくらい破壊的なものです。もしもあなたの親が自分の出自を恥じていて，その歴史から自分自身を隔離していたとしたら，あなたの家族は過去を軽んじているということです。

問題の多い家族の中には，過去について一切話さなかったり，親戚に対して軽蔑を浴びせかける家族もあります。不適応者，落伍者，そしてごろつきについてのストーリーを語ることによって，彼らは遺産を誇りの源としてではなく攻撃手段として利用するわけです。このポイントは，あるサバイバーから聞いた思い出にあざやかに描かれています。

> 5年生のとき，私たちは家族の歴史についてプロジェクトを組みました。私は両親をインタビューしたのですが，ふたりとも，誰ひとり誉めたりしませんでした。ふたりによれば，私の親戚は社会階級の低い無作法者で，「移住してき

たばかり」のように振る舞う人々だということでした。私はプロジェクトができなくて，0点をとりました。結局，社会科学の通信簿にはDがつきました。

あなたの家族は休日や記念日，それに長期休暇を滅茶苦茶にしましたか？

休日や記念日，それに長期休暇ほど，ネガティヴな家族アイデンティティの問題が劇的に顕在化するときはありません[11]。多くのサバイバーは，このような時を人生でも最悪の出来事として記憶しています。そのような時には皆で集まり家族で楽しむものだと文化的に期待されているにもかかわらず，親がお祝いをぶち壊すので，問題の多い家族の子どもたちは孤立し痛めつけられます。毎年ホリデイシーズンはやってくるわけですから，サバイバーの心からこの主題が消えることはないわけです。多くの人々はそれについて語らずにはいられません。ここで，サバイバーの説明を聞いてみることにしましょう。そして，あなたの家族はどのくらいひどい具合に祝い事を無茶苦茶にしたのか考えてみましょう。

私がサバイバーから聞いた祝い事のストーリーは，大きく3つのカテゴリーに分けることができます。

・冷たく，無意味で，実のないもの
・怒りに満ちて，混乱しているもの
・見落とされるか，ないがしろにされるもの

あなたの家族の祝い事が冷たく，無意味で，実のないものだというのは，その際，以下のようなことが認められる場合です。

・家族の絆が強化されない
・「私たちはどうすれば休日をうまく過ごせるか充分知っていて，来年もこうやって過ごすのが楽しみだ」という感覚が，皆の中に生まれない
・儀式の参加者は，新しい料理を出したり，ハヌカー祭（訳注：ユダヤ教の12月頃の神殿清めの祭）のストーリーやクリスマスキャロルを去年とは違う新しいものにするといった貢献で，儀式に新たな活力を与えたりしない

ここで，冷たく，無意味であった休暇と祝い事の例を2つ紹介しましょう。

私たちは皆，義務的な家族休暇をおそれていましたが，誰ひとり，それを口にするほどのガッツのある者はいませんでした。私たちはフィラデルフィアに住んでいたので，伝統的に，西に向かってドライブし，どこかの国立公園へ行くのが常でした。車の中では，何日も黙って過ごすか，さもなくば天気のことか，あとどのくらいで着くのかと話すのが関の山でした。ようやく目的地に着いたかと思うと，キャビンの中にもぐりこみました。母親はハイキングに出かけ，父親は馬に乗るか釣りに出かけるのですが，兄と私は，いくらかこづかいをわたされて，好きなところへ行けと言われるのです。両親の側で，自分たちのしたいことを調整したり，家族としてひとつにまとまろうとしたことなど一度もないと思います。私たちの休暇は実のないものでした。

　イースターのたびに，親戚一同が祖母の家に集まってきました。お互いに会うのは，それが唯一の機会でした。食卓での会話は，「まあ，このハムはとてもおいしいわね」みたいに大げさなものか，競争的なものでした。たとえば，誰の仕事が一番すごいか，誰の子どもが一番できがいいか，誰が一番いいところに引っ越したのか，という話題で占められていたのです。デザートが終わると，誰もが出口に列をつくりました。

あなたの家族の休日や記念日，それに長期休暇が怒りに満ちていて，混乱しているというのは，以下のような場合のことです。

・人々が昔の不満やけんかを蒸し返す機会になるとき
・親にお祝いをするだけの能力がないとき。たとえば，クリスマスツリーを買うとか過ぎ越しの祭り祝宴（訳注：ユダヤ教でユダヤ人のエジプト脱出を記念するもの）を開くとか，ピクニックをするなど
・どのようにして祝うかというアイデアがまったく共有されておらず，意見が葛藤を生むとき

サバイバーたちの話に耳を傾けてみましょう。

　休暇はいつでもホラーショーに変わりました。キャビンに缶詰めになるか，キャンプに出かけるんです。家族はずっとけんかしていました。家にいるより悪いのは，近くに逃げ込める友だちの家がなかったことです。

母親は休日にはいつでも飲んだくれていました。あるクリスマスに私と妹が一日中かかってクリスマスツリーに飾りをつけました。母親は部屋に入ってくるなり、つっけんどんに言いました。「クリスマスの何がそんなに特別なんだい？」そして、ツリーを倒そうとしたんです。私は母親をひっつかんで、ツリーから引き離しました。休日はいつもそんな案配でした。たいてい母親は、自分がなんて不幸なんだと言って、テーブルに突っ伏して泣いていました。私たちのことは頭にありませんでしたし、父親も無力でした。

　父親は、母方の家族の行事には一切出かけませんでした。父親は、母親の弟に恨みを抱いていましたから、「あの胸糞悪い奴」から私たちを遠ざけておくことで我が家の名誉を守れると考えていたのです。それで、母親はひとりで出かけていき、父親は母親が裏切ったとぶつくさ言いながら家のまわりをウロウロしたものです。母親が帰ってくると、延々とけんかが続きました。実際、私が母方の叔母や叔父、それにいとこを知ったのは、私が大人になってからのことでした。

　祝い事をないがしろにしたり見落としたりすることは、問題の多い親にとって、怒りを表現する一つの方法です。一方、中には、それを覚えていられなかったり、あまりに消耗していて準備ができない親もいます。ここにいくつか例を紹介しましょう。

　　私はめったにバースデイパーティをしてもらえませんでした。母親がいつでもあまりに気が動転していたか、疲れ果てていたか、あるいは私に腹を立てていたからです。

　　父親は公衆の面前に出ることや人ごみがきらいでした。私の卒業式にさえ出ませんでした。

　　両親は離婚しました。休日になると、父親のところへ行くことになっていましたが、父親は誰も呼びによこしませんでした。母親は父親に腹を立てていました。母親はむっつりしていました。私は感謝祭のことを憶えています。母親は私に５ドルくれて、ひとりで夕食を食べなさいと言いました。彼女はというと、自分の部屋に上がり、ソリテール（ひとりトランプ）をしました。

　家族のライフスタイルにかかわらず、サバイバーは、休日や実家でのお祝い

事の惨めさをめったに忘れません。彼らの思い出は，そのあとずっと続くネガティヴな家族アイデンティティの核となるのです。

問題の解決

　人生は，健康な家族にも問題の多い家族にも等しく困難を課してきます。両者のあいだの重要な違いは，各家族が問題をどのように扱うかということです。健康な家族は，問題解決に建設的な戦略を用います。しかし，問題の多い家族は，資源が限られているため，問題に打ちのめされ，人生が家族を容易に敗北させるという考えを子どもに植え付けます。

　カナダのオンタリオ州ハミルトン市にあるマクマスター大学の研究者たちは，すべての家族に自然に起こる問題を3つに分類しました[12]。それによると，もっとも基本的なレベルとして，家族は基本的課題に直面します。そこでは，食料，金銭，交通手段，それに住まいを供給することに関連する問題を解決しなければなりません。次のレベルとして，発達課題があり，そこには，妊娠，子どもの結婚，老化と死のように，家族が正常発達すると，時間がたつとともに出現する問題が含まれています。最後に，危険課題として，重篤な病いや転職，それに突然ないしは予期しない喪失からくる危機を管理することが含まれてきます。

　以上の3つのレベルにおいて，有能な家族は，次のことを行います。

・困難を定義すること
・問題をスティグマ，懲罰，ないしは弱い印としてではなく，人生の正常な一部として受け入れること
・解決法を見つけるために団結すること
・親がリーダーシップを取るものの，他のメンバーも自分の意見を発表できるような状態を作ること

　問題の多い家族の多くは，首尾良くこれらのステップを踏み出すことができません。彼らは，問題解決の方法をもたず，ストレスに対しても無防備なのです。

あなたの家族は問題を認めることができますか？

　もしもあなたの親が困難の存在を認めることができなかったのであれば，あなたの家族は問題解決の道を断たれていたということです。たとえば，おおかたの問題の多い家族は，問題について話すことは事態をこじらせるだけであるとか，問題についてオープンに話し合うことは家族の誇りを傷つけたり地域での評判を落とすことになると信じています。このような考えがあると，秘密と沈黙のルールが導かれ，家族がお互いに援助を求めたり，外部の人々に助けを求めることができなくなってしまいます。秘密のルールについて，サバイバーたちの話を聴き，あなたの家族も同じような状態にあったのではないか検討してみましょう。

　　祖父は肝硬変で亡くなりましたが，私たちは心臓病だったと聞かされていました。父親が酒の飲みすぎで死んだとき，誰も何も言いませんでした。母親が代わりに弁解しました。今，兄もアル中です。

　　姉は腎臓の病気を患っていました。そのことを話すのは，彼女をはずかしめることになるだろうと両親は考えていました。ですから，誰も彼女の病いについて私に説明してくれませんでしたし，彼女を助けるために何ができるか教えてくれませんでした。誰も彼女にそういう話をしなかったと記憶しています。彼女は，神経のまいった人になりました。

　　父親は実家と縁を切っていました。父親は両親の葬式にも出ませんでした。緊張した人間関係について私が話題を持ち出すと，父親は，私と何日も口をきいてくれませんでした。

　問題の多い家族の中には，秘密のルールを極端に遂行し，完全な否認様式をとる家族もあります。もしもあなたの親が否認する人々であれば，現実を目の前にしても，家族は幸福であるとか，家族の問題はどこか外部にある（たとえば，近所だとか親戚だとか学校にある）という神話を創造するわけです。

　否認による嘘は，問題の多い親の傷ついたエゴを癒すように意図されていますが，真実を聞き真実を語りたいという子どもの要求にはまったく配慮されていません。親が家族の問題を否認することによって子どもに生じる混乱は，致命的なものです。子どもたちは，変化の希望なしで家族に耐えるように無理強いされるばかりか，自分たちの絶望を飲み干し，感情を放棄し，親の神話に巻

き込まれるように圧力をかけられるわけです。あるサバイバーが私にこう語りました。

> 両親は外面は良かったんです。母親はPTAにも出ていましたし，父親の仕事も上々でした。しかし，家では，彼らは子どもを野蛮に扱い，しかも，自分たちのパブリックイメージを信じ込ませたのです。親は，自分たちが素晴しい人物で，面倒見のいい親だと言いました。親は，私たちに感謝するように言いましたし，友達や先生，それに近所の人たちにも親を自慢してほしがりました。私は自分の感覚を疑うようになり，何を信じたらいいのかわかりませんでした。

あなたの家族は，問題の解決法を見つけることができましたか？

もしもあなたの親が無能なリーダーならば，家族はたぶん問題を解決できないでしょう。共通の目的をもって家族全員をまとめる代わりに，問題の多い親は，独断的に自分の意志を課そうとするのです。独断的スタイルの解決法は，共同作業を得ることができません。その代わりに，一方的な決定によって，話を聞いてもらえなかった感覚ややり込められた感覚，それに反抗的感覚が子どもや配偶者に残されるのです。

> 父親は家計を１人で決めていました。母親は，父親に内緒でお金を使って，借金をしていたのです。私の大学進学資金はありませんでした。私は，もしも父親が母親にも家計のことを考えさせたならば，母親はそんなことをしなかっただろうと感じていました。

問題の多い家族の中には，親がリーダーシップを取る責任を放棄する場合もあります。親戚や地域の人々から切り離され孤立することで，親は家族に必要な資源を利用させられなくなります。あるサバイバーは，こんなメタファーを使って，その孤立とその影響を表現しています。

> 私は窓のない家で育ったみたいです。家族の外でどんな援助が得られるのか，まったく知りませんでした。

もしもあなたの親が状況を分析し，人の話を聴き，協議し，あるいは質疑応

答する技術を欠いていたならば，あなたの家族の問題解決は不適切だったことになります。このような技術のない家族が集まっても，お互いの気持ちへの軽視が猛威をふるうだけです。問題解決のための努力はすぐさま，氷のような沈黙と化すか，なんでもありの騒動に変わるでしょう。彼らがお互いを非難し批判するときの仕上げは，叫び声に皿割り，ドアをバタンと閉めること，それに足を踏み鳴らすことです。

　その他には，家族の注意が葛藤によって拡散してしまい，人々が，解決されるべき問題の跡をたどることができなくなることがあります。あるサバイバーの思い出を紹介しましょう。

　　　私たちは，新車を購入するかどうかという話を始めました。すぐに誰もが互いに叫び声を上げ始めました。私は何がきっかけになったのかも思い出せません。私が覚えているのは，枕を耳に圧しあてて，彼らの声を聞こえないようにしたかったことだけです。

　時には，家族の注意があまりに視野狭窄的になっていることもあります。おまけに，それは間違ったところに焦点があたっているのです。そのような家族では，問題解決が昔の同じ不満を蒸し返す機会になることは必至です。別のサバイバーの思い出を提示しましょう。

　　　問題が家族に持ち上がるたびに，私は大昔の歴史を振り返ることになりました。母親は，父親が自分と結婚したのは妊娠以外に何も理由はなかったことを父親に思い起こさせたのです。

　もしもあなたの親が注意を適切に焦点化できなかったのならば，あなたの家族はたぶん，問題を解決できなかったということです。
　いかなる理由であれ，家族の問題解決失敗の最終結果は同じです。憤怒がうずき，緊張が高まり，そして，そのあいだに，未解決の問題はどんどん大きくなっていくのです。

問題の多い家族による影響の総和

　親があたかも自分たちが子どもであるかのように振る舞うとき，親が安定し

た安全で支持的な環境を提供できないとき，親が虐待したりネグレクトしたり強要したり批判するとき，親が役割モデルとして機能しなかったり行動指針を提供できないとき，そして，親と子どもがミスマッチなとき，子どもは子どもになれません。その代わりに，子どもは，自分たちの目に，醜く，邪悪で，受け入れられない存在として映るのです。

あなたの親とあなた自身とのあいだのミスマッチについて，リジリアンス・マンダラの外縁と，家族の問題を表す空間を見ながら，考えてみましょう。

これまでの議論とあなた自身の辞書の中から，問題の多いあなたの親を記述するのにもっとも適した言葉を選んで下さい。心の中でも鉛筆を使ってでも構いませんが，マンダラの周囲に沿って，それを挿入してみて下さい。あなたが育った痛みの多い環境の絵を仕上げるのに，必要なだけ使ったらいいでしょう。言葉には治療的な価値があります。それによって，あなたの家族の問題の形のない混沌が，理解可能で克服するために作業していけるような何かに変化するでしょう。

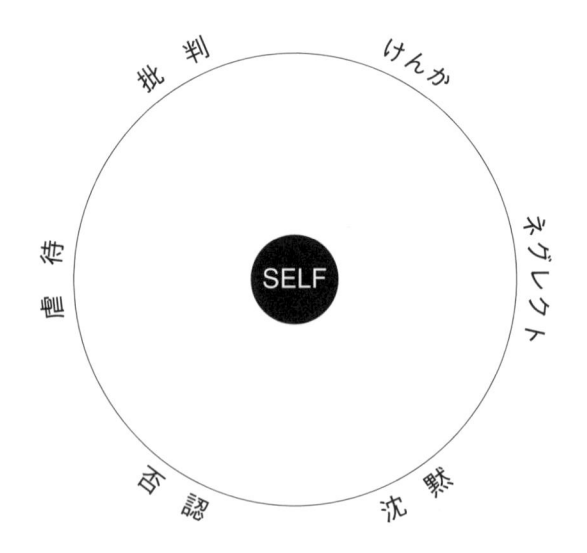

第3章
リフレイミング：
いかにして犠牲者の罠から逃れるか

　前の章では，あなたの問題の多い家族と子どものときにあなたが苦しんだダメージについての体系的な構図を構成することができたはずです。問題の多い家族のサバイバーを対象としたワークショップでは，このエクササイズがパワフルな情緒的混沌を引き起こすことがわかっています。おおかたのサバイバーが，話を聞いてもらったと感じ（中には，初めてという人もいます），誰もが予測できるように「安堵感」を経験します。あなたは，次の感情のうちのいくつかを共有していることでしょう。

　慰め：家族の秘密がオープンになり，もはやあなたはひとりでそれを隠し続けなくていいからです。
　誇り：このエクササイズを誠実にやり通すことは，あなたの親にはできなかったことだからです。
　勇気：あなたの家族の問題がどの程度のものであったかを同定することで，ある意味であなたの人生が既に過去よりも改善していることを知るからです。
　承認：あなたの家族には実際にどこか間違ったところがあったこと，それに，あなたが自分の身に降りかかったことを想像したり大げさに言いふらしているわけでもないことが，第三者によって認められたからです。
　明晰さ：健康で，機能的なあなた自身の現在の人生を築くために変化させな

ければならない過去の要素について知ることができたからです。

　しかし、おおかたのサバイバーが家族の歴史を振り返るとき、このようなポジティヴな感情が支配的になるものではありません。むしろ、多くの人々は、自分たちがなんとか忘れようとしてきた出来事を思い出すことによって痛みの極みを味わい、それを傍に置き続けてしまうのです。そのとき、あなたは以下の感情をいくつか抱えていることになります。

　悲哀：あなたが子ども時代を失っているからです。
　怒り：あなたが侮辱されて苦しんだからです。
　喪失：あなたは愛情と肯定を得られなかったからです。
　恐怖：あなたがいかに離れようとも、遅かれ早かれ、あなたは親のパターンにはまるだろうからです。
　恥：あなたの出自は変えられないからです。

　私は、以上のような感情が永久に完全に消えてなくなることをあなたに約束するつもりはありません。問題の多い親が与えた傷は、子どもの魂に傷跡を残し、多くのサバイバーたちは、満たされなかった願いや自分自身に関する疑いと恐怖から完全に自由になることは決してないのです。チャレンジ・モデルが示唆するように、すべてのサバイバーのリジリアンス・マンダラは、影のある部分とない部分をもつのです。
　サバイバーの中には、過去が不安の頑丈な底流を築いている人がいます。また、圧痛点が突然鋭く圧されたときに痛みが沸き上がる人もいます。たとえば、新しい関係ができたときとか、休日、そしてサバイバーに子どもができて、気がついてみると親業のモデルもなく、一度も受けたことのないものを子どもに与えるエネルギーなどない状態に陥った場合などです。それがどんな形であれ、サバイバーの不安は固定する傾向にあり、時にはパニックを来す地点にまで至るのです。
　あなたの過去をやり直したりあなたの痛みを完全に消す方法が私にあるわけではありませんが、その力があなたに対して働くのを限定する方法を教えることくらいならできます。

第3章 リフレイミング：いかにして犠牲者の罠から逃れるか

・家族の問題が世代間伝達されることは避けられないという実証されていない神話に脅えないこと。これは真実ではありません。
・犠牲者の罠に誘い込まれないこと。自分の苦しんだダメージを何度も繰り返して吟味することによって気分が良くなると信じたりしないこと。そうする限り，過去は生き生きとし，痛みが増強するだけのことです。
・自分を傷つけたからといってあなたの親を非難し続けることによって，自分自身を枯渇させないこと。これは，あなたの怒りの火に油を注ぎ，問題の多いあなたの家族との絆をきつく結びつけるだけのことです。

あなたの痛みを永遠に手当するオルタナティヴな手段は，あなたの脆弱性とリジリアンスのあいだの相互作用をあきらかにすることによって，痛みの重要性を下げることです。リジリアンスと脆弱性のあいだの相互作用は，ウェルナーとスミスがカウアイ島で研究した，困難を経験した子どもたちの中に見つけた特質です[1]。まずあなた自身から十分後ろに下がってみることです。あなたの傷が大きな絵の中で小さく見えるほど下がれば，絵に含まれるあなたの力強さも見えることになります。あなたは既に第1章において，このアプローチが行われたのを知っています。たとえば，バーバラが，自分の勝利を真ん中に据えて，復讐の指が見えなくなるように，お気に入りの写真をこしらえたとき，あるいは，フェイが自らを慰め，母親の言葉の暴力に対してユーモラスな返事を返して笑ったとき，さらには，ジャネットが私に手紙を書いて，母親の精神病によって無意味なものにされた人生に対する創造的解決法を自分の手柄にしたときなどに，そのアプローチは利用されていました。

あなたも，ダメージにこだわるのをやめて，自分の克服した難題や家族の問題から立ち直ったときを認識することへ，精神的に転換することができます。次の頁のマンダラは，リジリアンスを図示したものですが，あなたのまだ認識されていない自分自身の中の力強さをどのようにして探すのかということを語るでしょうから，本書を通じてガイドの役目を果たすでしょう。

サバイバーたちをみてきた私の経験からすると，私の推薦している移行，つまり，あなた自身をダメージを受けた犠牲者と考えることから，リジリアントなサバイバーと考えることへの移行は，決して単純なものではありません。鋭く，深く，そして長く続いている，あなたの痛みは，あなたへの支配力をそう簡単には手放さないことでしょう。今なら，あなたはダメージ・モデルの角度

からあなたのリジリアンスを眺める方が心地よいでしょうし，馴染んでもいることでしょう。それはたとえば，次のように考えることです。

・洞察を，自己耽溺および知的処理と考える
・独立を，親密になることに対する恐怖ないしは親密性の障害と考える
・関係性を，過剰な依存ないしは他者を必要とすることへのとらわれと考える
・イニシアティヴを，過剰な達成と考える
・創造性を，役に立たないファンタジーと考える
・ユーモアを，衝動的な道化と考える
・モラルを，罪悪感や責任の取りすぎと考える

　家族から打ちのめされるのに馴れてしまったせいか，あなたは，自分の達成を素直に見ることができなくなってしまい，それを失敗と見なすようになります。過去の恐怖と苦難の記憶は，現時点では，自分の力強さを考えることよりも，あなたにとっては何物にも代え難い楽しみになってしまっているのです。
　次のことをメモして下さい。犠牲者の罠は，弾力のない固いバネをもってい

ます。例を上げることは，あなたがそのバネをゆるめて，弾力をもたせ，罠から抜け出すための助けとなるでしょう。そこで，ノリーンのストーリーを語ることにしたいと思います。彼女は，リジリアントなサバイバーですが，犠牲者の罠にはまり，それでも，そこからはい上がってきました。ノリーンのストーリーの細部，つまり，彼女の人生に起こった出来事ひとつひとつ，両親がどんな人なのかということ，そして両親に対する彼女の反応は，あなた自身の人生とはずいぶん異なることでしょう。しかし，ダメージを受けた犠牲者からリジリアントなサバイバーへ自己イメージを変容させることのメリットは，あなたにとっても同じです。私は，あなたがノリーンのストーリーの細部の根底にあって進行していることに気づき，彼女の例によってあなたが同じ旅をする勇気を与えられるのを期待しています。

ノリーン

　私がはじめてノリーンに会ったとき，彼女は24歳で，医学部の2年生でした。彼女が私をたずねてきたのは，恋愛感情自体が危機に瀕していたからです。ボーイフレンドであるスチュワートとの関係は，既に終わっていました。
　ノリーンとスチュワートは，1年以上の交際を続けた後，同棲を始め，何カ月かたったところで，結婚について考えはじめていました。ただし，ふたりは最初からけんかが絶えませんでした。スチュワートは，ノリーンが頑固で短気だとぼやいていました。ノリーンの方は，スチュワートがやることなすことすべてに口出しするし，彼女の人生をコントロールしようとするし，時には，彼女を所有しようとさえすると感じていました。ふたりは始終意見が食い違っていましたが，それにもかかわらず，ノリーンは，ふたりが互いに愛し合っていると感じていました。
　ノリーンとスチュワートが同居をはじめると，小さないさかいが大喧嘩にまでエスカレートするようになりました。ノリーンは気がつくといきり立っていて，スチュワートに少しでも配慮に欠けた行為があると，腹が立ってたまりませんでした。自分でもやりすぎだとはわかっていましたが，彼女には自分自身をコントロールすることはできなかったのです。
　破綻の1週間前，スチュワートはノリーンの車を借りましたが，返すときに，ガソリンを満タンにしませんでした。彼はそれを詫びましたが，彼女は引き下

がれませんでした。腹を立てて，2日間彼と口をききませんでした。そして，彼女が気を取り直した頃には，手遅れでした。スチュワートは「喧嘩疲れ」だと称して，家を出て行きました。ノリーンは彼を思いとどまらせることができませんでした。彼が去ると，彼女はパニックになりました。罪悪感と自己憐憫でいっぱいになり，彼女はもう二度と男性は自分を愛さないだろうと確信しました。

　ノリーンの語りには，絶望と拒絶が多くの痛みどころを持っていることが示唆されています。彼女は，実際には強い人ですが，不安に圧倒されると，自分自身がよく見えなくなってしまうのです。貧しい自己イメージを理解してもらおうと，彼女は，自分が拒絶された一連の恋愛体験を話しました。彼女の話は，どれもこれも自分の価値を引き下げるようなエピソードで終わっていました。彼女のリジリアンスは，彼女の気づきの後ろに押しやられ，間接的に表現されるだけでした。

　暗い過去が生んだのは，なんでもよくできる若い女性でした。「関係が煮詰まる」とトラブルを起こしましたが，ノリーンはいくつかの意味のある友人関係を築き，維持できていたのです。彼女は，イニシアティヴの力で大学を卒業し，医学部でも同じ調子でやってきていました。また，猛勉強の合間には，生活を楽しむ余裕もありました。リュックをかついで旅行に出かけたり，テニスをしたり，お金のある限り，町での文化的生活の恩恵を被ることもできていたのです。

　過去には，実家でも，同じような根性を発揮していました。幼い頃から，彼女には，両親から愛情を得ることや生活必需品を得ることが「壁に頭をぶつける」ほどのことであることがわかっていました。ですから，頑固になったのです。両親に頼ることは諦め，自分自身の手でなんとかしようとしたのです。母親のしない家事をこなし，料理を習い，家を掃除し，弟や妹のお目付役にもなりました。小学校中学年になると，彼女は，両親からは情緒的に分離し，独立のリジリアンスを地固めするための道を歩きだしていました。

　ノリーンは，学校の成績も良く，教師から賞賛を浴び，注目されました。放課後や週末にはバイトをすることによって，家から出ること，自分自身のお金を得ること，そして，世の中でもやっていけるという自信を得ることができました。家族は町から町へと転々としましたが，ブラウニーやガールスカウトに入ることで安定したコミュニティ感覚を得ることもできました。ガールスカウ

トでは，彼女は（料理，家の修繕，子どもの世話などの）家事の技術を磨き，さらに救急処置，キャンプ，そして触診などの新しい技術も獲得しました。

ノリーンはこれらすべてを話すときに，自分の情緒や親密さの能力に対するダメージを強調しました。現実逃避という意味でのスカウトの価値や，子ども時代に感じた重荷（家庭での暴力と虐待）について長々と話したのです。彼女は自分が「完璧な小娘」だと卑下し，自分の遂行能力，勇気，そして直面して克服した難題に値する手柄を自分のものにしませんでした。彼女の描いた絵は，歪んでいて，彼女自身にとっては不正であったのです。

セラピー

ノリーンのセラピーについては，彼女が自分自身をありのままに見ることができるよう援助することが考えられました。しかし，この課題は容易ではありませんでした。彼女は，自分の痛みに頑なに固執し，自分自身を過去の犠牲者と考えていたからです。リジリアンスには目を向けられなかったので，彼女は，幼い弟や妹たちに愛されたのが，家族の中で自分だけだったことや，母親にはどんなに頑張ってもできないほど家をうまく切り回したことを話すときに，無意識のうちにそこここで漏れだしているサバイバーのプライドを聞き取ることができませんでした。

ノリーンの治療は，患者のストーリーにおいて包み隠されていた貴重な主題をあきらかにする治療的技法，つまりリフレイミングによって転機を迎えました。リフレイミングとは，バーバラが卒業写真を額に入れるときに復讐の指の部分を切り落として成功の瞬間を真ん中にもってきたときに直感的に使った方法です。リフレイミングは，自分自身についての見方を，過去の敗北した犠牲者から，あなたの経験に見合う特別な力強さをもった不屈のサバイバーへ変換するときにあなたが使う方法でもあります。

セラピーのダメージ・モデル相

私たちはセラピーをダメージ・モデルで始めました。つまり，ノリーンの子ども時代を，拒絶されたと感じたり，かっとなったり，自分が気にかける人々を遠ざけてしまうことへの準備状態と考えたわけです。自らの洞察に導かれ，彼女は，自分の人間関係がなぜかくもしばしばむごいものに終わるのかという

困難な問いを自分に課すことができました。
　「争いは愛することよりも心地よいのです」と彼女は言いました。ノリーンは，自分にとっては，絶望について言い争うことのほうが，お互いの違いを協議することよりも安全なのだと気づきました。「ものごとが煮詰まった」ときには離れることの方がそこにとどまることよりも安全に感じられたわけです。その理由は，ノリーンの生育歴がわかってくると，理解し難いものではありませんでした。
　ノリーンは，アルコールがあふれ愛情が乏しい家族に生まれました。両親は，私が前章で述べたような家族生活の課題のほとんどをこなす能力に欠けていました。父方の祖父は肝硬変で亡くなっていましたし，父親も母親もかなりの飲酒をする人たちでした。家族の生活は，身体的暴力，言葉による暴力，そしてネグレクトに満ちていました。コミュニティや親戚との結びつきは，父親が転勤の多い仕事に就いていたため，不可能でした。彼女の家庭生活の雰囲気を伝える，ある鮮明な描写を次に紹介しましょう。

　　父親は野蛮な人でした。多くの暴力は，父親の決めた食事に関する厳しい戒律に関連していました。テーブルについたとして，あなたがマッシュポテトにグリーンピースをのせ，かきまぜたとしましょう。すると，父親は，立ち上がって，あなたの顔にびんたをくらわせるでしょう。時には，あなたが椅子から転げ落ちることもあるでしょうし，そうはならないかもしれません。それは，あなたのからだがそのときどれくらい大きくなっていたかによるわけです。あなたが倒れれば，父親は蹴り，その間中，あなたは悲鳴をあげることになります。家のまわりでうるさい音をたてると，誰であれ，同じ目に合いました。あなたが泣けば，もう一発くらうことになります。ポテトとグリーンピースは別々に食べなければならなかったのです。もしもあなたがほうれん草を食べなかったなら，父親はすぐそばにやってきて，あなたの髪の毛をつかんで，頭を後ろに倒します。そして，ほうれん草をあなたの口の中にむりやり詰め込み，口を閉じさせます。後は，あなたが飲み込むまで，鼻をつまんでいるわけです。母親は父親をそそのかしていました。彼女は，誰が食べていないかを指摘したのです。

　第一に，ノリーンが過去の記憶の扉を開くことは，彼女がダメージを把握するのにとても役に立ちました。彼女は，それに対処する主たる方法として，頑固であることを子どもながらに採用したことを理解したのです。それは，然る

べき理由だったと言えるでしょう。彼女の外側の固い殻は，両親に対する有効なバリアであったばかりか，ノリーンに，自分自身を保護する自分自身の力を自覚させてくれました。同様に，ノリーンは，殻をかぶることによって不可避の代償を抱えました。彼女は，親密な人間関係を受ける側に立つことも与える側に立つことにも苦しまねばならなくなったのです。ノリーンのリジリアンス・マンダラでは，関係性のくさびは主に暗く，彼女のダメージの程度を表しています。

　人間関係を受け入れる側に関して言うと，ノリーンは，自分自身の依存を見るに耐えられませんでした。コントロールを放棄するのにも耐えられませんでした。他の人々を危険で予測不可能だと考えていたので，彼女は実用的な技能を獲得することに力を注ぎ込みました。リジリアンス・マンダラが関係性において明るいような，もっと社交的なサバイバーとは異なり，ノリーンは，代わりの親ないしは仲間をたよって肯定を求めたりしませんでした。その代わり，スカウトや学校，そして家事の技術が，自分は有能であるというイメージを映して見ることができる鏡だったのです。

　人間関係を与える側に関して言うと，ノリーンは，やさしさ，妥協，許容の仕方をみがきませんでした。与える行為は，自分がコントロール可能な弟や妹との関係を除いては，脅威でした。彼女の子どもの目から見て，ソフトであることは脆弱であるということだったのです。この等式によって導かれたのは，けんか早いスタンスで，それによってノリーンのスチュワートとのトラブルが導かれたわけです。

　スチュワートとの問題は不運ではあったけれど彼女の生育歴からすれば予期しうる結果であったことを理解することによって，ノリーンが，最初セラピーにやってきたときに感じていた罪悪感や自己嫌悪のいくらかは軽減されました。彼女は，自分が「生まれつきの欠損」のある「悪人」ではなく，なんらかに苦しみ，それに値する傷をもつ者として自分を考えることを学習し，気分を和らげたのです。

　しかし，最初の進歩の後，ノリーンは，袋小路に陥りました。痛ましい記憶を振り払うことができなかったのです。面接に続く面接の後，彼女は，子ども時代の恐ろしい出来事を細部にわたって紡ぎだしました。まるで，それを語るなかで，彼女が過去を取り消すことができるかのように。終わりのない反復は，反対の効果を持ちます。過去を思い出すことは彼女の痛みを和らげはしません

でした。それどころか，彼女の惨めさを増強したのです。彼女に必要なものは，現在において愛情ある人間関係を築くための青写真でした。しかし，犠牲者の罠に陥っている限り，彼女は，愛情のない家庭で育った記憶を語り，また語り直すことしかできなかったのです。

セラピーのチャレンジ・モデル相

私にわかっていたのは，ノリーンがそこから脱出する唯一の方法が，彼女の痛みを一時的に止め，過去を障害としてのみではなくひとつの挑戦としても考えること，そして彼女自身のリジリアンスを認識することだということでした。しかし，彼女がそれに抵抗するだろうこともわかっていました。私が彼女にはじめてこのアイデアを提示したときのことはよく憶えています。彼女は母親について語っていました。

> 母親は子ども全員にラベルをつけていました。妹は胸が大きかったので，「スケベ女」でした。双児の赤ん坊は「不細工」でした。母親はふたりの顔にベールをかけたいと言ったものです。私は目が悪く，眼帯をつけなければならなかったので，「欠陥車」と呼ばれました。目が悪くて，よく転んだり物にぶつかったりしましたので，母親は私が不器用でコントロール力がないとガミガミ言いました。私は絶対泣かないことに決めました。母親をじっとにらんで，別のことを考えるようにしたのです。たとえば，「私は，どうしたら良い母親になれるか知ってるわ。母親のすることなすこと，全部反対にすれば，私の子どもたちは私を愛してくれるでしょう。そして，たぶん，そこでようやく家族がもてることになるの」。

ノリーンがこのエピソードを話してくれたのは，過去の他の同じようなストーリーを語ってくれたのと同じ理由からでした。つまり，母親による言葉の暴力，家庭における愛情と支援の完全な欠如，そして彼女自身の苦悩について私に教えたかったのです。確かに，彼女のストーリーにはそれらすべてが盛り込まれていました。私には，彼女の痛みはわかっていましたから，それを見逃したり過少評価したくはありませんでした。しかし，私という外部の者から見ると，彼女のストーリーからは，肯定をすくいあげられることに気づいていましたし，彼女のストーリーのそちら側を見ることが彼女の利益になるだろうことにも気がつきました。私は，会話を加速させ，その隠された主題が浮上するよ

うにストーリーをリフレイミングしました。
　「それって，すごいわね」と私は水を向けました。「耐えられそうにないストレス下で，あなたはすごい自己コントロールができたし，妹や弟の世話もできて，自分自身を元気にする希望も捨てなかったんでしょ」。
　ノリーンは，からだの動きを止めました。痛みのかぎをはずし，自分自身を新しく異なる視点から眺めるには，まだ時間が必要だったのです。軽蔑した微笑みが彼女の唇に浮かびました。「そう言ってもらえて嬉しいわ」と彼女は私に言い返しました。「あなたのお母さんは，あなたを愛してくれたんでしょうね」。
　ノリーンの経験をリフレイミングする試みが何回か試みられましたが，彼女の耳には届きませんでした。しかし，ようやく最後に，ある刺激が活路を見出しました。ノリーンが父親について，こう語っていたときのことです。

　　　父親は何にでも腹を立てました。一緒にゲームをするときは，父親に勝たせないといけません。自分をいくじなしのように見せかけて，父親には自分がボスだと思わせるのです。

　またしても，私たちは痛みに突入しました。父親の野蛮さ，いかにして彼女がいつも自分をガードしたか，そして彼女がいつも親の役割を果たしていて決して子どもにはなれなかったさまを聞かされたのです。そこで，私は，父親を理解し，自分自身をコントロールし，そして父親を鮮やかに操縦して裏をかくノリーンのこつを強調するストーリーにリフレイミングしました。
　「あなたはお父さんにはとても鋭いのね」と何気なくもちかけました。「あなたはどうやってお父さんを理解したの？」
　ノリーンは私をしばらくじっと見ました。私は彼女が私の発見をまたしても却下するのを待ちました。しかし，今回はそうではありませんでした。
　「私は父親を注意深く観察したの」と彼女は答えました。「そして，父親がなぜそうするのか動機を見つけたの。父親の表情が読めるようになったわけ。父親がどんなムードでいるのか歩き方でわかるようにもなったの。酔ってるか素面かもわかるようになりました。一度も間違えませんでした」。
　これまで一度も顔を出さなかった，彼女自身のよく発達した保護的部分が，ようやく話題になったのです。

「お父さんを管理する戦略だけじゃなくて,お父さんについての洞察をずいぶん持っていたみたいね」と私は言いました。
「そうよ」と彼女は答えました。「何が起こっているかわかっていたし,生き残るにはどうすればいいかもわかっていたの」。
この言葉を契機に,ノリーンは何度も舞い戻ってきた子ども時代のファンタジーを披露してくれました。

> 母親が攻撃してきた後は,時々,私は部屋を暗くしてベッドに寝っころがりました。そして,自分が,敵である白人の世界で生きていかなければならないインディアンだと想像したんです。この大虐殺の中で,私は最後のサバイバーでした。私は拷問にかけられて,辱めを受けました。でも,すべての良きインディアンのように,私はストイックでした。結局,独力で生活しながら荒野をひとりさまよい,心静かにしたんです。

このファンタジーは,私の考えに橋渡しをするのには完璧でした。というのは,このファンタジーが,ノリーンのサバイバーのストーリーの両面,つまり,彼女の痛みと,逆境を乗り越えるためのものすごい意志を映し出していたからです。その深層にある真実から力を得て,ファンタジーはノリーンの記憶を呼び戻し,彼女が自らの頑固さの価値に目を向けるだけでなく,生活の中ではトラブルの元にもなりかねないことに気づくのに役立ったのです。彼女はようやく,自分が子ども時代どのようにして武装したのか,家族からどのようにして離れたのか,そしてどのようにして多くの勝利を勝ち得たのかを思い出すことになりました。学業成績,スカウトにおける達成とコミュニティ感覚,大人の世界における自己信頼,それに家事をこなす遂行能力などです。

ノリーンの焦点が,打ち負かされて苦しんだことだけでなく,自分が克服した難題にまで及ぶと,彼女のアイデンティティにも重大な転換が起こりました。つまり,自分自身を被害者とラベルすることから,自分自身を,苦悩したが人生に翻弄されることなく首尾良く立ち直ったひとりの強い人間と見なすようになったのです。値すべき手柄を自分のものにすることによって,つまり,サバイバーのプライドの所有権を主張することによって,彼女は,なにか新しく怖いことをするリスクを冒す勇気を得ました。それはちょうど彼女が,過去に首をつっこんでみる気になったのと同じ感じでした。一時的な小さなステップを踏み出すことによって,彼女は,子ども時代には閉ざされていた,やさしさと

健康な依存の方法を試してみました。そして，そんな小さなステップのいくつかによって，彼女は愛するということを学んでいきました。

リフレイミング

　私たちの人生は，ストーリーです[2]。人生と同じ数だけ多くのストーリーがあるわけですが，私たちのストーリーの各々が多くのストーリーでもあります。というのは，作家として，私たちは，自分の思うままに台本と登場人物を決めることができるからです。さまざまな込み入った経験から，私たちはひとりひとり，自分たちに意味のある出来事を選択し，それらを自分が何者であるかという内的イメージに合うように解釈していきます。そして，私たちを定義するプロットの細部を調整するわけです。私たちの問題，力強さ，そして可能性などです。一方，私たちが書くストーリーは，私たちがどのように感じ，振る舞うかということに対して大きな影響力を持っています。私たちはストーリーを構成すると同時に，ストーリーが私たちを構成していくわけです。

　ノリーンのストーリーの場合，彼女が自分自身を過去の無力な犠牲者と考えていたあいだは，現在においても彼女が無力であったことはおわかりでしょう。しかし，彼女が，自分のストーリーを「間違い」だけではなくリジリアンスをも含めてリフレイミングしたとき，自分自身の中に変化する力を発見することができたのです。

　ノリーンのストーリーにおける有効なリフレイミングにはふたつの例があることはおわかりでしょうか。どちらの場合も，彼女は苦悩を伝えるために子ども時代のエピソードを使いましたが，そこには，彼女の力強さを証明するものが盛り込まれていました。まず第一に，ノリーンは，母親の言葉の暴力について語ります。ストーリーの強調を転換することによって，私たちは，攻撃に立ち向かうノリーンの勇気と，暴力の中にあっても妹や弟には絶やすことのなかったモラルや感受性を見ることができました。そして，第二の例として，ノリーンは父親の野蛮さを思い出しています。しかし，リフレイミングされたバージョンでは，私たちは，彼女の洞察，鋭さ，そして注意する能力をあきらかにできたのです。

　リフレイミングの技法，そして力を描くために，私はここで，ハルとジュリーのストーリーを紹介したいと思います。

ハル

　ハルは，父親と母親が大喧嘩をし，お互いに罵り合い，皿が飛び交う中，毎晩自分が部屋の隅でどんなふうにちぢこまっていたかを語りました。彼によると，ほとんど毎晩，恐怖で家から飛び出していたそうです。
　リフレイミングは，ひとつの質問で始まりました。「それで，どこへ行ったの？」と私はたずねました。
　「友だちの家へ行きました」と彼は答えました。
　「毎晩，同じ友だちの家へ行くの？」
　「ええ」
　「夜遅くではなかったの？　よく入れてくれたわね？」
　「僕は，友だちの父さんのお気に入りだったんですよ」。
　そして今や彼の社会的機敏さとなっている，人々と一緒にいる方法が会話の中に出てきました。それは，彼が最初ストーリーを語ったときには無視されていたものです。家から逃げる必要性を充分知っていたので，ハルは，居場所を確保したのです。つまり，友だちの父親との関係を築いたわけです。その父親というのは，学校の役員でもありました。ハルは毎朝新聞を読み，学校の記事を探し，友だちの父親との会話で気のきいた話題を提供できるよう準備したのです。その戦略によって，信頼に足る味方，彼の状況に対する同情，そしていつでも訪問してよいという許可を得たわけです。
　ハルのリジリアンス・マンダラは，関係性のくさびで優位を示しているのです。

ジュリー

　ジュリーの親も喧嘩が絶えませんでしたが，彼女の自己保護戦略は，ハルのものとは異なっています。彼女のリジリアンス・マンダラでは，モラルが優位なくさびのひとつになっています。
　両親が喧嘩したときにはジュリーは何をしたのかとたずねられると，彼女は，犠牲者に典型的な反応を示しました。「ふたりの行動にはつくづくうんざりでした。私は惨めでした。逃げるためには何でもしました。どんなことでも」。

「具体的には何をしたの？」と私はたずねました。

「取り立てて言うほどのことはありません。ティーンエイジャーなら誰でもやることですから。大したことじゃありません。私には，両親の生活という現実を直視できなかったし，ふたりが私にやってくることからも目をそらしていたのです。否認するか，逃走するかして，親のことは忘れることにしていたのです」。

「ティーンエイジャーのよくやることって？　逃走するってどういうこと？」私は，彼女が朝帰りするところを想像しながらたずねました。「トラブルに巻き込まれなかった？　セックスとかドラッグとか大丈夫だったの？」

彼女は驚いて，口を押さえました。笑いをこらえていたのです。

「私が？　絶対ないわよ！」

彼女の気分の変換は，あっという間に起こり，それがはじまりになりました。私はジュリーの「ティーンエイジャーのよくやること」の定義に食い下がりました。「余計な判断はしないでよ」と私は言いました。「場面を再現してくれればいいのよ。逃走することがどういうことか，正確に教えてほしいの」。

私の質問は，ジュリーの自己像を，目的もなく徘徊を繰り返す，肩で風切るティーンエイジャーとしてリフレイミングすることになりました。つまり，彼女のストーリーによって，彼女の意識（人生に方向性を与えるモラル）と自己是認があきらかになったのです。そして，それは，両親からは得られなかった導きや肯定として機能することになりました。

「私は週に一度，血液銀行で働いていました」と彼女は言いました。「それに，午後，目の見えない女性に本を読んで聞かせてあげていました。クルーと一緒に，ボランティアで，公園の道の清掃もやっていました」。

彼女はこんな話を始めるとすぐに，また，自分自身を卑下しだしました。「私は，誰も何も聞いてこない場所にいるのが好きだったんです。動きつづけていれば，ずっと否認できるんです。それが私なんです」。

「動き続けることと否認は，あなたの活動を枠組みするひとつの方法ね」と私は同意しました。「でも，違う見方もあるのよ。私としては，あなたが他の人たちとか世界にとって救援部隊だったんだと言う方が好みだわ。あなたの選択は，モラルややさしさ，それに礼儀正しさの強い感覚に基づいているようにみえるけど」。

ジュリーの両親の喧嘩に対する彼女の反応に耳をすますことによって，彼女

の素敵な価値があきらかになりました。身勝手とは程遠い，正当な理由に基づく彼女の献身は，両親の堕落から彼女をぐいと引っ張り上げました。彼女の選んだプロジェクト，つまり，彼女が「逃げた」場所では，彼女は，自分の目で見ても，ものごとをより良きものへ変化させられるひとかどの人物になっていました。他人を救援することによって，彼女は自分自身をも救援していたのです。

　前章では，私たちは，あなたの家族の問題を表すのに，リジリアンス・マンダラの外縁を利用しました。本章のポイントは，あなたを表す部分である，マンダラの中心に焦点を移すことでした。そこは，リフレイミングが始まるところです。ノリーンやハル，それにジュリーの例を基に，あなたはこの技術を自分に利用してみるのもいいでしょう。

　あなたが傷ついたときの家庭生活での出来事を思い出すことから始めましょう。あなたがしたこと，つまり，あなたの取った行為について考えましょう。あなたがどのくらい惨めに感じたかではありません。また，一般的なことがらではなく具体的なことに焦点をあてましょう。あなたは具体的に何をしたのですか？　あなたは誰と話したのですか？　あなたはどこへ行ったのですか？　あなたは自分が行ったことについてのアイデアをどこから手に入れたのですか？

　このような細かい部分を思い出すことによって，あなたは昔の場面を新しい角度から見ることができますし，以前は目にとめることのなかった意味を理解することもできるのです。出来事を解釈するにあたっては，あなたの観察したことを利用して下さい。あなたがどのくらい惨めに傷つけられたかではなく，あなたが自分をどのように首尾良く援助したのかが，強調されるようなやり方で！

あなたのリジリアンス・マンダラ

　次の頁のリジリアンス・マンダラを御覧下さい。暗い輪は，あなたが逆境に屈していたときを表しています。明るい輪は，あなたが痛みから回復したときを表しています。この対照性によって，誰ひとりとしていつも強い人間などはいないことをあなたに思い出してもらえればと思います。リジリアンスは満ちたり引いたりします。サバイバーは誰でも，脆弱なときがあり，誰ひとりとし

第3章 リフレイミング：いかにして犠牲者の罠から逃れるか　81

（図：同心円状に中心から「病理」「子ども」「青年」「大人」、そして外側に「リジリアンス」「リジリアンス」「リジリアンス」と書かれたマンダラ図）

て完全に無傷では過去から逃げられないのです。

　マンダラ上にあなたのダメージとリジリアンスを入れると，明暗の同様なパターンが浮上するのが見えることでしょう。暗い部分に焦点をあてたり，それにうち負かされるところを想像してはいけません。その代わりに，それとは反対の輪をあなたの内的生活の象徴的な絵だと考えて下さい。それは，バランスがとれていて現実的でもありますし，あなたの悩みと同じくあなたの打ち勝つ決意を含んでいるのです。

　この本の第Ⅱ部では，あなたのマンダラの明るい部分，つまりあなたのリジリアンスを埋めていくことにしましょう。リサーチを紹介したり，成功したサバイバーの例を提示することによって，どのように七つのリジリアンス（洞察，独立，関係性，イニシアティヴ，創造性，ユーモア，そしてモラル）が時間をかけて，子どもから思春期，そして成人へと発展するのか提示しましょう。この情報とリフレイミングの技術を利用することによって，あなたは，自分自身のリジリアンスの発達を理解し，痛みの周りに防壁を築くことができるかもしれません。

　それぞれのリジリアンスはグループにまとまりがちであること，そして，あ

なたの各くさびには主として明るいところもあれば暗いところもあることを忘れないで下さい。たとえば，ノリーンのような，イニシアティヴのあるサバイバーは，たとえば，ハルのように，人間関係を築く才能のある人とは異なる明暗パターンをもっているものです。この本の目的は，あなたが自分自身のマンダラ（サバイバーとして在ることの重荷を軽減するような象徴）を発見できるよう援助し，あなた自身の中にある大いなる平和と調和に導くことです。

第Ⅱ部
七つのリジリアンス

　人は，運命の指揮をとれるのだということ，つまり，子どもの頃の感性に最初に刷り込まれたことに縛られていなくてもよいことを発見するのです。物事の形を変えてしまう鏡がいったん粉々に壊れると，そこには全体が見えてきます。喜びが見えてきます。　　──アナイス・ニン

第4章
洞察：警戒は警備なり

　定義：**洞察**とは，鋭い質問を投げかけては，それに正直に答える精神的習慣のことです。洞察は，家族生活が奇妙で信用ならないと感じること (sensing)，あるいはその直感から，発達が始まります。リジリアントな子どもは，危険に目を光らせることで，親の歩き方，服装，呼吸，あるいは声の調子におのずと現れる変化の意味をわかるようになります。青年期の知的な成長に伴い，感じることは，家族の問題を，その個人的な意味も含めて十分に知る (knowing) ところにまで深まります。そして，成人期に，リジリアントなサバイバーたちの心理的な気づきは，洞察力のある自他の理解 (understanding) となって実るのです。

　精神分析家のE・J・アンソニー博士が，重度の情緒障害をもつ親のもとで成長することの結果について研究するプロジェクトを立ち上げ，その一部として，ある3人の子どもがいる家族にインタビューをしました[1]。母親は，妄想型分裂病で，誰かが家の食べ物に毒を混ぜていると確信していたので，いつもレストランで食事をしていました。12歳の長女は，母親の妄想を受け入れ，いつも一緒に外食していました。10歳の次女は，父親がいるときには家で食事をしましたが，それ以外は彼女も母親と連れ立ってレストランへ出かけました。末っ子の7歳の男の子は，母親の奇妙な恐れにひるみませんでした。彼は，いつも家で食べることにしていました。どうして家で食べても大丈夫だという自信があるのかとたずねられると，彼は肩をすくめてこう答えたのです。「だ

って，僕まだ死んでないでしょ」。

　アンソニー博士のケースは，問題の多い家族が，どんなに子どもを脅かし，そしてどんなに子どもに挑戦的であるかを示しています。また，洞察が，家族の大混乱からサバイバーを救出する生命線であることもわかります。服従を拒否し，親の奇怪な考えという難題を懐疑主義でもって克服することによって，サバイバーたちは問題の多い家族から自らを分化し，自分自身の健康な成長と発達を確信するのです。

　アンソニー博士のケースの母親は，分裂病に歪められて思考がいびつになっており，子どもたちにどうやってうまく生きていくかを教えることができませんでした。その代わりに，彼女は「不合理の中でのトレーニング」[2]を提供したのです。彼女は，自分の情緒的要求に合うように事実を変え，まるで歪んだ鏡のように，周りの人々を動揺させる幻想を映し出しました。彼女の描く世界は危険なほど不調和なものだったので，本人は異常なまでに安全に気を遣わなければなりませんでした。彼女は，子どもたちも自分と同様に邪悪なたくらみの標的にされていると思い込み，愛情ある保護的行為の証として，家ではなくレストランで食事せざるを得なかったのです。

　長女は，まったくリジリアントではありませんでした。洞察を持っていなかったので，何の疑問もなく母親の妄想を受け入れ，家での食事を拒みました。研究では，この長女が，かなり例外的であることが示されていました。分裂病の親をもつ子どもは，たいてい歪んだ思考を発達させることはなく，自ら分裂病的になることもありません。実際，そうなる割合は，わずか10％程度です。

　次女は，長女よりははるかに典型的で，リジリアンスと脆弱性のバランスをとりながら生活していました。父親の支えがあれば，たいてい母親の圧力に耐えることができました。次女は，父親がいれば，安全を信じて，安心して家で食事をしました。しかしながら，父親がいなければ，彼女も母親の妄想の魅惑に引き込まれ，恐れに負けてしまいました。大人になっても，この娘は分裂病的にはならず，しかもはっきりとした力強さを発達させました。リジリアンス・マンダラでは，ダメージと自己修復（影の部分とそうでない部分）は，隣り合わせです。彼女は，家族と離れて大学へ行き，うまく生活していました。対人関係においては，変わらず，依存的な役割を取りがちでした。多くのサバイバーたちと同様，彼女は本質的には母親の病いの影響から立ち直りましたが，経験に刻まれたいくつかの傷跡も残していました。

末っ子の，いつも家で食事をしていた少年は，もっともリジリアントでした。彼は，自分自身を支えるために，父親という外的な支えを必要としませんでした。自分自身の洞察に頼り，母親の不合理さを見抜き，奇怪な考えを払い除けました。正確で，洗練された判断が，盾のようになって彼を保護したのです。成長するにつれて，彼のリジリアンス・マンダラには，コンピテンスが幾層にも重ねられていきました。アンソニー博士によると，その少年は，自分をむしばんでいくような母親の病いの存在を明らかに征服し，思索の才能にあふれた人に発達したそうです。畏れ多いことに，彼のようなリジリアンスは珍しいことではありません。

実際，スイスの有名な心理学者であるマンフレッド・ブロイラー博士は，208人の精神分裂病患者とその家族を30年に渡って研究し，「異常」あるいは「社会的に不能」である子どもは少数にすぎないことを発見したのです。大多数は悲惨な子ども時代にもかかわらず健康でした。彼は次のように言っています。

> 何年も厳しい逆境に苦しんできた子どもたちでさえ，その精神が壊れないのは驚くべきことです。いくつもの家族史を見てきて，痛みと苦しみは，ある子どもたちにとってはパーソナリティを頑丈にし，鍛える効果があるのではないか，障害物をものともせず人生を征服し，恵まれなさに打ち勝っていくことを可能にさせているのではないか，という印象さえもちました[3]。

ブロイラー博士の研究対象だった子どもたちは，どのようにして日々の困難を乗り越えたのでしょうか？　洞察はどのようにして，アンソニー博士の例にある少年がひどい目にあったり，母親の病いが世代を超えて繰り返されるというダメージ・モデルの予測通りになることを防いだのでしょうか？　少年の頭の中では，どんなチャレンジ・モデルのドラマが演じられたのでしょうか？　さあ，これから，彼の考え方を再構成してみましょう。

アンソニー博士の観察から始めましょう。彼によると，その少年は，すべての子どもたちと同様，仲間と同じように感じたい，振る舞いたいと心から思っています。少年は好奇心も旺盛です。そこで，彼は周りを見て，同じアパートの他の家族には恐れがないことを観察します。彼らは家で食事をしており，しかもまったく問題はなさそうです。テレビのコマーシャルでは，彼と同じような子どもたちが，キッチンの食器棚からお菓子をつまんでいますが，床に倒れ

死ぬこともありません。おそらく，彼は友達の家を訪ねたりしますが，そこには恐怖の兆しはなく，みんなが食卓を囲んでいるのです。

　どこを向いても，生活に関する母親のゆがんだ妄想的見解は否定されます。観察結果をもとに，彼の頭の中の警報装置が起動します。母親の奇妙さが，まるで牢壁のように彼を取り囲んでしまうのです。彼は，みんなとなじみ，普通の子どもでありたいのに，母親は彼を目立たせ，変わった子にしようとしています。彼にとっての難題は，母親がしていることを認識し，彼女の引力に抵抗することです。彼は，痛みに急かされ，母親の歪んだ鏡の呪縛を振り切って，内面へ向かいます。そこで彼は，ジレンマを解決する完璧な装置，つまり自己を発見するのです。

　この少年の自己の，ユニークで貴重な特徴は，観察すると同時に観察される能力です[4]。チャレンジ・モデルでは，自己というものは，帽子をいろいろと試すように,映る像を自由に変えることができる鏡のように考えられています。母親の歪んだ鏡の代わりとして，少年のメタフォリックな内面の鏡は，自分自身をじっくりと見つめるための，限り無く，心地よい可能性を与えてくれます。彼はそのチャンスに胸を躍らせ，自分がどう見えるかを試したり，自分の起こす変化の一つ一つにどう感じるか評価するのです。

　まず少年は，レストランで，母親と向かい合って座っているシーンを思い出します。友達は家で食べていることを意識すると，抗議しながらも家から引っ張り出されている自分がよみがえってきます。彼の心は沈みます。次に，友達がレストランを通り過ぎ，窓から覗き込み，奇妙な母親と一緒にいる自分を見つけるという光景を思い浮かべます。少年は，縮み上がり，椅子にどすんと座り，ナプキンで顔を覆って，こっそりとつぶやくのです。「あの子，僕もお母さんみたいだ，と思ってる。これで顔を隠しちゃおう」。

　一連のシーンが少年を怖がらせます。不快感が，より受け入れやすいシーンを試すよう要求します。彼のリジリアンスは，決まり悪さと失望に屈するより母親の挑戦を受けて立とう，という意志なのです。

　最初はおそるおそるですが，彼は母親と役割を交替する自分のイメージを映し出します。父親にお金をもらい，買い物に出かけ，帰宅すると簡単な食事をつくり，キッチンのテーブルにつくのです。すべてうまくいったと思うまもなく，母親のお決まりの狂った命令が聞こえます。「やめなさい」という母親の叫び。少年は凍り付きます。腕は宙に浮いたまま，ひじは曲がり，フォークい

っぱいのスパゲッティが待ち遠しく開かれた口の直前で静止するのです。

　少年は，このシーンを受け入れることができません。そのイメージは，彼にとってはあまりにもきつく，不合理なのです。むくむくと大きくなるためらいを打ち負かすため，彼は，テレビで見たことのある食べ物のコマーシャルや，家で食事している友達やその家族，そしてほとんどレストランへ行かない，恐れ知らずの隣人に場面を切り替えます。これらの場面から得る支えが，彼を勇気づけ，行為に移させるのです。

　少年は実際に，自分の食事を自分で作り始め，予想通り，孤独で死ぬことも，毒で死ぬこともないとわかります。彼の自己評価は跳ね上がります。次に彼が鏡に映った自己を見るとき，彼は誇り高く，勇敢です。彼の見るイメージは，サバイバーのプライドに満ち溢れ，ほっとしてこう叫ぶのです。「やればできるんだ。自分のことは自分でできるし，お母さんの妄想世界の毒なんかへっちゃらだ。僕は，お母さんの言うことを拒めるんだよ」。成功の経験を積み重ねた後に，とうとう少年はこういった結論を自己に取り入れます。自己は，そのような結論が永続的なリジリアンスとなる場所なのです。

　洞察，つまり自己に困難な問いを突きつけることは，問題の多い家族のサバイバーとすべての子どもたちを害から守ります。心理学者であるジェローム・ケーガン博士によると，この考えは，サイエンス・アンド・ダメージ・モデルの考え方では，長い間空白にされていた，子どもについての私たちの理解のすき間を埋めてくれるものです。

　ケーガン博士は，彼の著書である『子どもの本質』において，こう指摘しています。科学者たちは，主観的な思考力を見落としていたため，子どもの特徴と親の客観的行為を結びつける一連の原理を明らかにするのに，長年に渡る試行錯誤を繰り返してきました，と[5]。親が，子どもに対してほとんど，あるいはまったく影響がない，と言うわけではありません。子どもに対する親の影響の正確な本質が，私たちに理解できなかったのです。さまざまな環境にある子どもたちが将来どのようにやっていくのかわかると思えるような理由は，ほとんどありません。私たちには，子どもたちがどのように扱われるべきかについて思うところを言う道徳的な義務はありますが，その主張を裏付けるほどの科学的証拠はないのです。

　ケーガン博士は，科学者たちが，子どもたちを受動的な対象として見ること（ダメージ・モデルのスタイル）をやめ，子どもたちが自らの人生において積

極的な役割を演じていると信じること（チャレンジ・モデル）を始めれば，いくつかのミステリーは解決するかもしれないと提案します。実り多い調査を進めるため，ケーガン博士は次の質問を提出しています。人生に起こる出来事についての子どもたちの認知は，彼らの絶え間ない発達においてどのような役割を果たすのでしょうか？

ケーガン博士の見解では，親が子どもに何をするかは第一の問題ではありません。子どもが，自分自身に起こっていることをどう理解するかなのです。そこで，ケーガン博士はこう言います。

> 情緒的に重要な経験（たとえば父親の長期に渡る不在や，苦い離婚）の影響は，それらの出来事に対する子どもの解釈次第であろう。……悪循環の認められる場合，その原因があるひとつの出来事（それがどんなにトラウマティックであろうと），ないしは特定の家族状況に帰されることはめったにありません[6]。

言い換えれば，先ほど述べた妄想的な母親を持つ3人の子どもには，客観的には同一のメッセージが与えられていた可能性がありますが，彼女たちはそのメッセージを実にさまざまな方法で解釈できるのです。その多様性は，彼女たち個人の行動とセルフ・イメージに重要な示唆を持っており，メッセージそのものよりも重要であるかもしれません。多様性には，洞察にとっての保護的な力もあるわけです。

あなたのリジリアンスを測るために，あなたが自分と家族をどのように解釈しているかをみてみましょう。あなたは家族の歪んだ見方を受け入れていますか，あるいは自分なりに出来事を説明する方法を発達させてきましたか？ 自分は一生，両親の問題の犠牲者であると考えて，犠牲者の罠に足を踏み入れますか？ それとも，自分自身を難しいけれど解決できる問題を持った人だと思いますか？ あなたは，服従し，「レストランへ行き」ますか？ それとも，洞察が自分を安全に守ってくれると信じて安心し，自分で料理をして，家でひとりで食事をしますか？

感じる (SENSING)

次のような場面に自分がいると想像してください。中心人物のアランは，現

在は夫であり，父親であり，商業不動産ブローカー会社の社長です。この出来事が起こったとき，彼は7歳でした。アランのストーリーがぴったりこなくても，あなたはおそらく，基本的には同じテーマを共有しているはずです。つまり，混乱，恐れ，考えに考えること，そして問題の多い家族についての正しい結論に達するというテーマです。あなたは，自分の合わせたパズルがきれいな絵にならないので，幸せを感じられません。しかしあなたは，正しくあること，自分を賢いとみなすこと，そして自分自身を守る方法を見つけることの満足を手に入れています。この場面が，サバイバーのプライドを生み出す幼児期の源となりうるものです。

あなたは7歳くらいです。夏の夕方，アイスクリームのトラックがベルを鳴らして通りをやってくるのが聞こえます。母親はキッチンにいて，何かをしているわけではありません。あなたは，つい油断して，母親の元に駆け寄り，アイスクリームを買う小銭をねだります。反応なし。そこであなたは再び求めます。今回は母親の腕にすがりついて。

母親はあなたの方を向いたかと思うと，いきなり「そんなお金はないわよ，どこかへ行ってきなさい。私を1人にさせてちょうだい！」と叫ぶのです。あなたは部屋にこそこそと逃げ込み，ベッドにもぐり込んで，泣き声を圧し殺すために枕に顔を押し付けます。

幼い頃，あなたは確かに母親の拒絶によってダメージを感じています。両親がよい人たちで，公平で，賢いと信じたい，または信じなければならないのであれば，あなたは，自分の方が悪いのだという説明をでっち上げなければなりません。あなたはこう思うかもしれません。「母さんは僕のことを怒ってる。何か悪いことをしたにちがいない。だとすれば，アイスクリームがもらえるわけはないよ。上機嫌ていうのはよい子のためにあるものであって，僕のためじゃないんだ」。

あるいは，あなたは別の合理化の路線に従うかもしれません。つまり，アランのように，母親の爆発は，自分とはほとんど関係がなく，彼女自身の中で起こっている何かと大いに関係しているのだという考えを持つこともできるのです。そうすれば，あなたは自分を悪者にしなくても済むわけです。

リジリアントな子どもは，不公平に傷つけられると，心の車輪が回転し，考えたり解釈を始めます。彼らは，「多分，問題は私にはない。多分，お母さんかお父さんの中にある」と推測します。どんな子どもでも持っている，両親へ

の自然な好奇心に拍車がかかり，リジリアントな子どもたちは，真剣に観察を始め，仮説を試します。彼らの親は，賢人でも，守護者でも，慈悲と哀れみの代理人でもなく，保護者でも，憧れ愛するアイドルでもなく，むしろ容疑者となるのです。感じることは，リジリアントなサバイバーたちに見られる洞察の初期の兆候であり，あなたの家族はあるべき姿にはないという直感です。感じることとは，「問題を嗅ぎ分けること」なのです。

　たとえば，アイスクリームのエピソードで，あなたはその前の晩に，父親が家で夕飯を食べなかったことを不快にも思い出したかもしれません。あなたが父親はどこにいるのかとたずねたら，母親はきつい言葉を浴びせました。夕飯の時間を大きく過ぎたところでようやく父親は帰ってきましたが，彼の唇はあなたにもわかるくらい不気味に歪んでいました。すぐに，ものすごい勢いのわめき合いが始まりました。あなたには，ほとんど理解できませんでしたが，給料，売春婦，それからクレイジー・ビッチ！という言葉だけが頭の中にはっきり残りました。それは，以前両親のあいだで叫び声が飛び交った時に聞き覚えのあるものです。あなたはそれらの言葉を，母親の気分が変わりやすいことや，母親があなたのおばさんに頻繁に借金していることとをつなぎ合わせました。

　あなたはパターンを感じとります。その決定的な部分は，あなたが傷つくところです。あなたは7歳で，母親が躁うつ病であることを理解するにはあまりに幼すぎます。そして，父親が下劣な人間で，情事に逃げ込み，愛人に高価な贈り物をするために家計が破産していることを知るには，純真すぎるのです。しかし，あなたには直感力があるので，うつの周期にある母親と，浮かれ騒いで金を使い果たす父親とのあいだの爆発の合図を，細かいところまで一つ一つ発見していきます。そうやって感じとった印象の安全ネットを仕組むことによって，あなたは，恐怖と混乱からの保護を見つけ，無意味でつながりのない出来事の連続を自分が操作できる何かに変換します。あなたは警戒し，問題を予知し，鉄のように無情になり，そっと立ち去ることを学ぶわけです。

　ダメージ・バイヤスのかかった児童発達理論の主要部分[7]は，幼い子どもを，両親の間違いにだまされやすく，洞察のない[8]お人よしであると描写しています。大きく恐ろしい世界の中で保護を求めているので，子どもたちは，親の行為がどんなに不当であっても疑問をもたないというわけです。その代わり，子どもたちは，「自分が叱られるからには，そうされても仕方のないようなことをしてしまったにちがいない」と理由をつけるのです。両親を「良い」

存在にしておくために，子どもたちは「悪い」存在になることさえいとわないと発達の専門家は言います。

　幼い子どもが時に真実を代償にして偽の安全を手に入れることがあるというのは，私にも受け入れられる考えです。しかし，彼らはまた，心理学的に洗練された存在でもあり，かなり幼い年齢の子どもたちでさえ，両親の欠点を感じることはできるのです。

　「そういう考えをどう思いますか？」と，私は，ルース・デイヴィス博士にたずねました。彼女は，デイヴィッド・ベルリン博士と共同で，子どもたちが両親の飲酒問題で自分を責めないように教育するプログラム[9]のディレクターをしている人です。

　「難しいことですね」と彼女は言いました。「だから子どもたちが自分を責めるのを思いとどまらせようとしているのです」。

　「私も，そうしています」と私は答えました。「でも，責めることではなくて，感じることに強調点を置いています。多くの理論では，あなたのプログラムに参加している年齢の子どもたちは，親に問題があるかもしれないという考えを受け入れることができないとされています。私たちは二人とも，『未熟な心』が（腐った親でさえ完璧だと見る）錯覚を起こしてまで保護を手に入れる方法については，耳にたこができるほど聞かされてきましたよね」。

　「この業界の常套句ってところね」と彼女は言いました。「でも，リジリアンスの枠組みでワークをすれば，多分，別のことに目が向くのよね」。

　私はたずねました。「『ママとパパはお酒を飲みすぎるんだけど，それはふたりに問題があるからなのよ』と教えると，子どもたちは，伝統的理論に基づいたカリキュラムに対して，具体的にどんな反応を示すのですか？」

　「子どもたちは，熱心に聞くわよ」。彼女は言いました。「何度も戻ってきては，同じ話を繰り返し求めるの」。

　「一体どうして？」と私はたずねました。「あの年齢の子どもたちが受け入れるには，きつすぎるのではないですか？」

　「まったくそんなことはありません」デイヴィス博士は，一瞬の迷いもなく答えました。「子どもたちは私たちを信頼しているし，私たちの言うことを信頼しています。彼らが私たちのメッセージを受け入れることができるのは，それが新しい情報ではなくて，彼らが骨身にしみて知っていることを支持しているからではないでしょうか」。

研究の最前線では，心理学者であるロバート・L・セルマン博士がデイヴィス博士の印象を確認しています[10]。社会的，対人関係的発達に注目した研究において，彼は幼い子どもが，両親も間違いを起こすのを認めることができることを示しました。7歳の子どもは，仮説的質問に対して，両親の正当な行為と間違った行為を区別したのです。子どもたちの意見では，親が与えたからといって，必ずしも自分に罰が値するわけではなく，それはむしろ，正当な理由が与えられた場合に限られているのです。セルマン博士に話しかけた7歳の子どもは，両親に対して疑いを向けることができ，どうして子どもがある行動や考えや感情を持ったかを考えもせずに子どもを罰するのはおかしいと言っています。

　セルマン博士の研究における子どもたちのように，アランは，両親が誤りをおかすことを小さいころから確認していました。彼は，自分の外にあるトラブルのパターンを客観的に見て，両親の悲惨な状態を自分のせいにするような過ちを犯しませんでした。アランは，「僕は悪い子だ」という判断によって自分をだますことで慰めを得ようとはしなかったのです。アランは8歳の頃にはもう，母親の兆候を読み取り，その周期を予測できていました。もちろん，自分の見ているものに名前を付けるだけのボキャブラリーは持ち合わせていませんでしたが。

　「何がヒントだったのですか？」とたずねると，アランはこんな答を返してきました。

　「母親がうつになるときはいつもわかったんです。前の晩に，規則正しく歩き回るんです。僕は，トイレの水を流す音で何度か起こされました。バスルームは僕の寝室の隣にありましたから。朝になると，母親は取り乱したような目つきをしていて，声が重く，低いのです。躁の周期に入る最初のサインも声です。母親は歌を歌うような調子で，最後までどんどん上がりつづけるような高い声で僕の名前を呼ぶんです。こんな風に，アリーー！ってね」。

　「周期を感じることは，どんな風に役に立ちましたか？」

　「役に立つ？　冗談でしょう？　母親がうつで，まるで僕がその場にいないかのように振る舞うときに，僕はみじめな思いをしましたし，逆に躁になって，ナイトガウンを身にまとって夜中に家中を走り回る時だって，みじめだったんですから。母親は次に何をしでかすのか，どんな苦行を家族にもたらすのか，僕にはまったくわかりませんでした」。

「みじめな思いをされたんですよね。それ以外にどんなあり方があったのでしょう？　けれども，あなたはこうやって，あなたがどんなに鋭い観察者であったかを私に伝えるのに時間をかけてくださいました。あなたは技術について話してくれましたし，あなたの言葉には，たくさんのプライドが感じられます」。

「認めるのは恥ずかしいのですが」彼は長い，ぎこちない沈黙の後にそう答えました。「でも，僕は家族の中で自分がもっとも賢い人間であることを知っていました。母親に何が起こるかを家族みんなに警告していたのは，僕なのですから。どうやら，家族は母親のことでは的外れなことばかり考えていたようです」。

「それだけですか？」

「多分それだけではないでしょう。早いうちから，僕は母親の言うことを軽く受け流すようにしました。母親がそうで，僕のことを，この広ーい世界中で誰よりも愛するとき，僕は，その言葉が，彼女が僕を無視し，打ちのめすときと同じく無意味なことを知っていました。アイスクリームの一件のようにね」。

アランの語ってくれた感じることについての経験は，耐え難いアルコール依存症の家族で育ったノリーンの物語とも響きあいます。ノリーンもまた，7歳の頃には両親を仕切っていました。父親の問題の兆しを捉える鋭い能力についてのノリーンの語りを聴いてみましょう。

　　父に目をやるまでもなく，私にはわかりました。玄関の扉にさした鍵を回すのに手間取っているのが聞こえてきました。父が家に入ると，よろけているのが見え，酒の臭いがしました。あることないこと次々と口をついて出てきました。時には，父は私をみじめにするのに成功しました。でも，たいてい私は，父が近づいてくるのを阻止しました。彼の卑劣な言葉は，彼のにおいや，千鳥足や，肌の色や言葉によって作られたパターンの一部だと感じました。そのパターンがアルコール依存症の人々のもので，父の口から流れ出すかんしゃくは，私の中の何かよりも，本人の飲酒と関係しているのだとわかったのは，ずっと後になってからのことです。

問題が間近にあると感じることは，子どもたちに環境を変える力を与えはしません。しかし，家族の問題のパターンを抽出することによって，あなたはおそらく以下のようなことをしていたのです。

- 家族が映し出す歪んだあなたの姿に対抗する
- 問題を,それが本来属すべきところに正しく置き直す
- 予期せぬことを予測することで不安を減らす
- 問題の火元から自分を離す

リジリアントなサバイバーたちにとって,警戒は警備なのです。

知る(KNOWING)

　学校を拠点とした,デイヴィスとベルリンによるアルコール教育プログラムにおいて,参加者のある4年生の男の子が,ペッパーという犬のお話[11]のとりこになりました。ペッパーは,主人がいつもえさと散歩を忘れるので悲しんでいます。ところが,結局,ペッパーは主人がアルコール依存症であり病気だとわかります。そして,予期せぬ展開になり,その犬は気分がよくなるのです。アルコール教育グループで,何がペッパーの気分を良くしたのか,と子どもたちがたずねられると,その4年生の少年はこう答えたのです。「何が問題か知ったんだよ」。

　知ること,これは洞察の発達の第2段階であり,家族に表れた問題の根底にある意味に気づくことです。サインを見ることです。つまり知ることは,見たものに名前をつけることです。感じることから知ることへの進歩は,正常な発達に伴って,すべての子どもに生じる情緒的,知的な変化によって可能になります。

　まず第一に,両親への情緒的な要求が,時がたつにつれて減少します。子どもたちが成長し,成熟するにつれ,彼らの家族との絆は弱くなります。ティーンエイジャーは通常,両親から自分たちを分離し,分化することに懸命になります。合理化するために,彼らは,両親の間違いの証拠を積み上げるのにかなりのエネルギーをつぎこむのです。

　第二に,考える力が,青年期に入って劇的に広がります。家族から出立し,家族を越えて世界を観察する能力,情報を集め,分類する能力,そして判断する能力,これらがすべて成長します。その結果,問題を抱えた両親についてもっていた早期の印象を組織化し,確認し,ラベルを貼る能力が増すのです。

　あなたが依存性を減らし,痛みの伴う質問(「何が起こっているの?」)を投

げかける知性を育て，そして，その質問に対して，知的に，かつ正直に答えることに投資した限り，あなたはリジリアントでした。

前に述べたE・J・アンソニー博士の研究プロジェクト[12]に，ジョージという，精神分裂病の父親をもつ一人っ子の例があります。

ジョージは，父親の病いを感じとり，それについてもっと知ろうと努力しました。ジョージは，本を読んで精神分裂病について学び，父親の精神は，入ってくる情報を制限するという理論を考案しました。ジョージは，その状況を「入り口で混雑している」とイメージし，いろいろなことが，父親の脳にランダムに，順序も論理的なつながりもなく入り込み，出ていくのだと仮定しました。

ジョージの理論は，ある計画を導きました。父親が機能するには，父親の生活における日常的な要求を制限し，単純にしなければならない，とジョージは考えたのです。結局，ジョージはダンボール箱に色を塗り，番号をつけました。それぞれの箱には，父親が，次に進む前にこなさなければならない課題が入っていました。そのシステムはしばらくの間うまくいき，ジョージの精神分裂病理論は支持されました。しかしながら，3カ月後には，父親は興味を失い，渾沌へと逆戻りしました。

それでもなお，ジョージは理性的な存在であり続けました。彼の分析的で知的なアプローチは，彼を父親から離し，傷つくのを防いだのです。

私が先に述べた，躁うつ病をもつ母親の息子であるアランというサバイバーも，子ども時代には，自らの知性を頼りにして保護を見つけました。彼は次のように言っています。

> 1950年代後半に，僕は躁うつ状態にリチウムが効くという新発見についてのテレビ番組を見ました。そこで放映されたものは，母親にぴったりあてはまりました。ある時は時速2マイル，またある時は時速100マイルの母親。何週間も，ほとんど何も言葉を発せずに泣き続けたかと思うと，突然出かけて激しく浪費し，派手な服装をして，相手の了解など気にもとめずに制御不能にしゃべり続けること。「これだ」と僕は思いました。「母親は躁うつ病なんだ」。僕は医学図書館へ出かけ，その病気について読み，スクールカウンセラーに話しました。それで，僕ははっきりと知ったんです。父親にそのことを言いましたが，聞いてはくれませんでした。あの時は失望してつらかったですね。

ノリーンは，子ども時代に，アルコール依存症の両親の代わりを果たしてい

た医学生ですが，彼女はアランがやったように，家族の問題に名前をつけるために医学図書館へ出向いたり，膨大なリサーチをする必要はありませんでした。彼女はただ，自分と同じようなティーンエイジャーが何人か必要でした。ノリーンが高校生だったころ，両親の問題であるアルコール依存症は，アランが成長した50年代後半の躁うつ病ほど難解なものではありませんでした。ノリーンは私にこう言いました。

> 私たちが互いのことをどうやって見分けたかは，はっきり覚えていません。互いのことをかぎつけ，情報交換して話し合うようになったのでしょう。ある男性は，アラティーン（訳注：アルコール依存症の親をもつ子どもたちの集まり）へ行っていました。彼は，そのミーティングのことを教えてくれて，そこからみんな心を開くようになりました。私たちはみんなそこへ腰掛け，悲惨な秘密の荷を降ろしたのです。私たちの親はアルコール依存症でした。その言葉は私たちの絆を作り，私たちは互いから強さを引き出しあったのです。

病気……問題が多い……入り口の混雑……精神分裂病……躁うつ……アルコール依存症……。

知ることと，これらのラベルを使うことは，サバイバーに問題を引き起こすこともあります。中には，恥ずかしがる子どもたちもおり，彼らが知っていることに名前をつけることが新たな傷になることがあるのです。彼らは，R指定の映画のように，見てはいけないものを見ているように感じたり，彼らが咽から手がでるほどほしがっているもの，つまり「普通の」親をもっていないという現実に直面させられているように感じます。しかし，ラベルは守ってもくれるのです。問題の多い両親に，ラベルを一つ割り当てようとすることは，研究によって確認されているリジリアンスなのです。

知ることの保護的な価値は，ウィリアム・R・ビアズリーとドナ・ポデレフスキーが行った，重度情緒障害の両親をもつ，15〜18歳のサバイバーの研究によって確認されました。この研究によると，観察力，内省力があり，うまく生活している若者たちは全員，両親の病いについてよく承知していました。しかし，彼らは親の病気の軌道から離れ，安全な位置にいました。全員が，病気の両親と自分とをはっきりと区別していたのです。インタビューすると，彼らはオープンで，話すことを望みました。彼らは，気づき始めている家族の問題や，時がたつにつれて彼ら自身にも病気の両親にも生じる変化について自由に

討論しました。誰にも罪悪感はなく，両親の問題のことで自分を責めたりせず，歴史が繰り返されるのではないかという恐れも持ってはいませんでした。それどころか，逆にサバイバーたちは，家での生活に慣れ，平静に辿り着き，健康なセルフ・イメージを楽しんでいました。こうして，多くのサバイバーは，自己の内面で保護され，両親の苦境を思いやりと共感でもって眺めるという贅沢さえもつゆとりがあったのです。

　ビアズリーとポデレフスキーの研究，そして，アラン，ノリーン，ジョージをはじめその他のリジリアントなサバイバーたちが示すように，家族に問題が多いことを知ることとそれを受け入れることは，サバイバーが，病気の両親にかけられた呪縛を解くのに役立ちます。白雪姫スタイルで，しがみつき，魔法の鏡にしがみつき，「あなたは美しい」と言ってくれるのを待ち続ける代わりに，リジリアントなサバイバーは，「問題あり」のラベルを用いて，さまざまな方法で自らを解放するのです。彼らは，以下のようなことをするのです。

- 自分たちは親とは違うと見なす
- 親の病いが子どものせいではない以上，罪悪感から比較的自由でいる
- 障害のある両親からの情報は，フィルターをかけた上で評価する
- 自分自身，そして自分が住んでいる世界は，親が映し出すものよりもっと喜びがあるものだというイメージを保つ

理解する (UNDERSTANDING)

　「親についての知識をもって生活する，つまり親についての真実を見ることは，あなたにどのような影響を及ぼしてきましたか？」これは，両親はどこかおかしいという徐々に大きくなる気づきを子ども時代から突き止めようとしてきたリジリアントなサバイバーたちに，私が何度も投げかけてきた質問です。
　あるサバイバーはこう答えました。

>　私は，他の子どもたちに対して慢性的な妬みを持っていました。今は，両親とまともな関係を持っている大人に妬みがあります。数日前，ある友達が，75歳になる母親と23歳の娘と一緒にキャンプ旅行に出かけるのを楽しみにしていると言いました。なんて恵まれてるんだろう，と思いました。話の続きを聞く

のはとてもつらく,自分の家族との比較に耐えられませんでした。

予想できるように,感じることと知ることの長期的影響がどうかということに対するサバイバーたちの答は,苦痛を伴いながら,リジリアンス・マンダラのふちの方から始まります。「僕は,生得権を奪われた感じがしていたし,今もそんなふうに感じています」とアランは言いました。しかし,彼は喪失感にとどまってはいませんでした。リフレイミングする直感に従って,アランはより深く探り,彼のストーリーのチャレンジの側面を掘り起こしました。彼はこう付け加えました。

　　でも,僕には,苦しみと引き換えに得るものがありました。洞察によって,過去から離れたのです。僕には,他の多くの人たちよりもストレートに物を考えることができます。自分自身と他の人たちを理解しているし,何が重要で何がそうでないかを見分けることもできるのです。

理解すること,これは,成人した段階での洞察ですが,精神の内省的枠組みのひとつなのです。理解することは,子ども時代に証拠を確かめ,真実を選り分け,そして幻想に抗議することによってもたらされます。

たとえばこういうときです。

- あなたが混乱し,矛盾した世界に住んでいるとき
- あなたの母親は,アパートの水には毒が入っていると言うけれど,他の人たちは皆それを飲んでいて,何事もないように見えるとき
- あなたの父親は自転車を買ってあげると何度も約束するけれど,愛人に金をつぎこんでいるので全然お金がないとき
- おじはぐうたらだと両親は言うけれど,彼だけがあなたにまともな言葉をかけ,野球の試合に連れて言ってくれるとき

その時,

- あなたは考えに考えて,頭の中で物事を正しくしなければなりません
- 疑いをもち,速断しないことを学びます
- 他の人が言っていることではなく,自分自身の考えを信頼します
- 正直な人間になることで,あなたを取り巻くうそから離れます

リジリアントな青年を研究したビアズリーとポデレフスキーが示すように，親の病いについての気づきと，自己の気づきは共に進行します。リジリアントな大人は，人や自分自身や人生を，見かけでは判断しません。リジリアントなサバイバーたちは，常に理解しようと懸命で，自分たちの経験を処理し，出来事の水面下に隠された意味を探し，自分自身に正直に直面します。

たとえば，幼い頃から母親の気分の揺れを予測し，父親のサポートなしで物事をすすめることを学んだアランにとって，理解することの力は，自己評価の主要な源でした。

> 母がついに躁うつ病であると診断されて入院したとき，僕の嫌疑が晴れたとき，そして父親が取り繕っている一方で僕だけが真実を見ていたことを悟ったとき，僕がどんなに承認されたと感じたかわかりますか？

彼は，私がどんなふうに反応するのか，じっと見ていました。彼は，私が彼の安堵感をどのように考えるのかを量っているかのようでした。果たして私は，母親が精神的に病んでいると言われ，病院に入れられたことに対して自己肯定感を持つことが，奇妙だとか，非人道的だと思ったでしょうか？

彼の心配を和らげることはできました。「ええ，問題の多い家族のアダルトチルドレンから，そういった感情のことを聞いたことがあります。私はそれを，サバイバーのプライドと呼んでいます」。

「サバイバーのプライド」と彼はまるで，一つ一つの音をゆっくり味わうかのように，その言葉を何度も口の中で転がすように繰り返しました。「甘い味がするね」。

彼は，新たなエネルギーをもってこう続けました。

> 僕は，渾沌とひどい混乱の中で生きていたのです。母親の激しい気分変動は家庭を完全に崩壊させました。次に何がやってくるか，僕にはまったくわかりませんでした。その上，父親は万事ＯＫのように振る舞っていたんです。「彼女には何もおかしいところはないよ。生理中なのさ」父親はそう言って，僕と２人の弟を苦悩の中に残してはどこかへ行ってしまうんです。ティーンエイジャーがよくするように，僕がその問題にくいさがったとき，父親は僕を怒鳴りつけ，外へ出て行ってしまいました。僕は，父親の行為は母親の病いより悪いと

思いましたよ。父親は，普通のことを否定して，僕の気をおかしくさせようとしているんじゃないかと思っていました。

傷ついていましたが，アランは思いとどまりませんでした。「原因にこだわったことが僕を救ってくれました。僕は父親に真実を見せようと活動し続けたんです」。

アランは粘り強いたちでした。待ちました。そして，彼が認知していることの確証を積極的に探したのです。そして高校2年生の時，彼が欲していた裏書きを見つけたのでした。

躁うつ病とリチウムの番組を見てからというもの，僕は何が起こっているのかがはっきりとわかったのです。僕は記事を探し，スクラップし始めました。そして父親の目に入りそうな場所一帯にそれらを置いておいたのです。父親の会社にいくつか送りさえしました。父親をたきつけ続け，僕が18歳の大学進学間近になってようやく，父親は母親を精神科医のところへ連れて行きました。そして，とうとう診断が下されたのです。

アランは，父親に立ち向かって勝ち取った承認によって健康なアイデンティティを強化しました。ひとりの若者として，彼は真実を見て，真実を話す能力に自己評価をしっかりと根づかせたのです。

アランが大学を卒業して不動産のセールスマンになった頃，試練が訪れました。彼はまだ青く，金儲けしたい一心で，セールスマンの押し売り戦略を試みました。不動産を紹介するときは早くしゃべって，潜在的な問題をうまくごまかしてみました。その手を使って，彼は高い営業成績をあげました。彼のキャリアは前途有望に見えましたが，彼の性には合いませんでした。しばらくのちに，アランの頭の中で警報が鳴りました。鏡に映った自分を見ると，彼は自己嫌悪に陥りました。夜も，よく眠れませんでした。

過去を価値ある物にしておくために，アランは正直な人間（父親とは違う人間）としてのアイデンティティを維持しなければなりませんでした。実際，彼の正直さは，彼のもっとも価値のある宝でした。押し売りの不動産業者として勤めるうちに，アランは自分の目から見ても価値を失いつつありました。ティーンエイジャーの頃，父親の否認に立ち向かって手に入れた自己評価は，大人としての自分を保つには不十分なのだとアランは理解したのです。

アランの反応は素早く，自己保護的で，しかも成長を生み出すものでした。アランは，いくつかの難しい質問を自分にぶつけました。

僕はこれを続けられるだろうか？ 別のアプローチを試すことで，このすばらしいスタートを棒に振ろうとしているだけなのだろうか？ 営業成績が落ち始めたら，追い出されるまでにどのくらい猶予されるんだろう？ そうなったら僕は何をしよう？

自分自身に投げかけたこれらの質問に答え，アランは，父親から望んでいたものに他ならない，真実に執着しました。つまり，稼いでいる金額にもかかわらず自分が幸せではないことを無理やり認めたのです。彼は，思い切って，新しい方策，つまり正直トークを試しました。賭けは当たりました。私がアランに出会ったとき，彼は非常に大きな成功をおさめている商業不動産ブローカーとビル会社である合名会社の社長でした。彼はこう言いました。

僕の名前は幸運を招くのです。僕の今の立場も，そんな幸運のひとつです。僕は，道路のアクセスやゾーン上の例外を認めてもらうのにコネをつかっているなどとは思われないようにしています。それに，僕の所有しているショッピング・モールのどこかで小さな店を出そうとしている人に対して，「メイシーズやブルーミングデイル百貨店が予約しているので」などと，相談の約束をさも契約が済んでいるかのように言って相手をだましたりはしません。銀行は僕を信用してくれています。保険会社も信用しています。下請会社も，顧客も，僕を信用しています。それは，僕は誰にもうそをつかないからです。そしてそのことが，僕の果たした最大の達成だと思っています。

問題を抱えた家族のチャレンジは，サバイバーが親の家から出た時に終わるのではありません。アランのようなリジリアントなサバイバーは，過去が自分を引っ張り戻すことを承知していて，自分の人生が親の人生とは異なり，親の人生よりも良いものであると確認するために慎重なものさしを使います。「トラブルを嗅ぎ付ける鼻」を持つ子どもとして，リジリアントなサバイバーは洞察をもった大人になっていくのです。難しい問いを自分にぶつけ，正直な答を返すことを恐れないことで，彼らは，本筋に留まろうとするのです。

バーバラは，3人の幼い子どもを育てながら大学を出ましたが，両親への怒

りが，自分を冷酷な人間にしてしまったと理解しました。平和を見つけるためには，復讐のための願望を抑制しなければならないことを，彼女ははっきりと見抜いたのです。そこで，卒業写真を額縁に入れるとき，彼女は両親に向かって「ファック・ユー」の合図をしていた指の部分を切り取って，彼女の勝利の微笑みが，その場面の華となるようにしました。バーバラは，卒業写真を額に入れたときに使ったのと同じ原理によって生きようとしています。彼女は豊かな洞察を持ち，自分自身に正面から向き合い，彼女の過去の問題と似た部分を確認し，必要な切り取りを始めるため，ありとあらゆる努力をしています。

ノリーンは，同棲していたボーイフレンドのスチュワートとの破局を，彼女の人間関係の自己破壊的パターンの一部であると見ていました。傷つきやすくなると，彼女は攻撃に出るのです。ノリーンは，関係が駄目になるのは，過去にトラブルのあった人々やスチュワートのせいだと責めることができました。しかし，その一方で，彼女は，そこにある悲劇は自業自得だという考えから抜け出ようとはしませんでした。最初は自己非難ばかりしていましたが，彼女の洞察は次第に理にかなった質問へと彼女を導きました。「どうして私は，自分の人間関係をひどいものにしているの？」ノリーンが正直な答を探すと，彼女のリジリアンス・マンダラの人間関係のくさびにかかっていた闇は，晴れ始めました。

さらに，別のあるサバイバーは，娘との慢性的な葛藤に巻き込まれており，黙りこむことを不満の表現として使っている自分に気づきました。「自分のしている行動に気づいたとき，父親の顔が目の前に突然現れたのです。僕は恐くなりました。今こそ変わる時だとわかったのです」と彼は言いました。

「あなたはギア・チェンジができましたか？」私はたずねました。

「ええ，ちょっとした意志の力で」彼は答えました。「父親のようになることには，どうしても耐えられなかったんです」。

リジリアントなサバイバーたちは，盲目的に行動したり，よろよろと過去に戻ったりするわけにはいきません。内的な鏡にしっかりと頼って，行為に出ている自分自身を見るのです。

彼らの見る場面は，信じられないくらいの喜びを与えてくれます。バーバラは，私にこう言いました。

　　両親は，決してバケーションに出かけたりしませんでした。私は，家族みん

なのために，必ず普通のバケーションを計画するようにしました。ボートに乗ってリラックスしたり，夫や子どもと一緒に乗馬したり，あるいは単に別荘のフロント・ポーチで読書しているような自分を見ると，昔のままだったら私の人生は今ごろどんなものになっていたか，そして私がどこまで成長してきたかがわかるのです。これはものすごい気持ちです。

もっと認め難いシーンもありますが，リジリアントなサバイバーたちはひるみません。彼らはしっかりと立ち，見るものを処理し，そこにある挑戦のために立ち上がるのです。アランはこう言いました。

　　不動産マーケットが崩れ始めたので，僕のオフィスは最近非常に緊張が高まっています。プレッシャーがつのるばかりで，僕は家でブルドーザーのように物事を押し付ける人になっています。多分，何年も前に父親に対してやっていたように，妻や子どものことで自分の思い通りにしたいと頑固に主張する手段に出ているのでしょう。そういうのはうまくいきません。僕たちはたくさんけんかしています。今の家庭生活は，あまりよい感じではありません。

「そのことをどうしようとお考えですか？」と私はたずねました。
「多分，僕が自分自身をきちんと見つめることが大事です」。ためらうことなく彼はそう返しました。
　行為に出ている自分自身を見ることによってもたらされるものが，喜びであろうと痛みであろうと，洞察は過去の惨害からあなたを守ってくれます。あなたの，個人的な喜びの切り抜き（たとえば，バーバラの乗馬）は，あなたのリジリアンスを補充してくれるのです。そして，答を認めがたい不穏な質問（たとえば，あなたが父親のようになっているかどうか）は，あなたが自分自身にたずねるほうが，他の人から聞くよりも認めやすいのです。
　あるサバイバーはこんなふうに言っていました。

　　過去は，ひとつの参照点です。私が自分の人生の道筋をコントロールするのを助けてくれるのです。半ば意識的に，私はいつも自分がやっていることと両親の人生とを比較しています。私が何を選択するか，子どもにどう接するか，どんなふうに友達と話すのか，といったことです。それが両親のものと大きく違っていれば，私は安全だと感じます。しかしながら，類似点が現れると，私

はサイレンを聞き，それに対しての処置を始めます。

歴史には，多くの使い方があります。私たちは，どのようにあるべきか，あるいはどのようにあるべきではないかを過去から学ぶことができます。私たちは，人類として，過去を特にうまく利用してきたわけではありません。私たちは，戦争，貧困，そして不正といった問題によって，これまでになく汚されています。おそらく，リジリアントな子どもは，ノーマン・ガーマジー博士の言葉を借りれば，「夢の番人」です。過去の教訓をどのように用いて現在の自分を助けるかを学べる，私たちの最高の希望なのです。

あなたのリジリアンスへ

この章から，章末には練習を用意してあります。練習の目的は，あなたの自分に対する見方を，傷ついた被害者から，リジリアントなサバイバーに変えることです。最初，あなたの人生のストーリーをリフレイミングしようとするのは，いらいらするかもしれません。受けたダメージにしがみついている方が，リジリアンスのサインを探すよりも自然なことだからです。この章を読み返し，あなたの家族に近いストーリーを持つサバイバーを探し，それから再び挑戦してみるのが役に立つかもしれません。あるいは，まず本の全体を通して読んでから，リジリアンスの概念を膨らませて，それからリフレイミングする質問へと戻る人だっているでしょう。

次頁のリジリアンス・マンダラを見て，くさび形の洞察の部分に焦点を定めます。頭の中でこのリジリアンスの各段階を再び描きます。あなたが，家族の問題に痛いほど気づいた時のことを思い出してください。そして，あなたの記憶を，痛みよりも洞察の周辺に組み立ててください。以下にある，感じることと知ることについての質問は，あなたにあった洞察の初期のサインを思い出させてくれるでしょう。理解することについての質問は，今現在のあなた自身と他者への洞察を，より豊かにする助けとなるでしょう。

感じる

幼い子ども時代に：
1．あなたは，両親の行動の注意深い観察者でしたか？
2．あなたは，途中で問題を起こしてしまう，両親の行動パターンに気づき

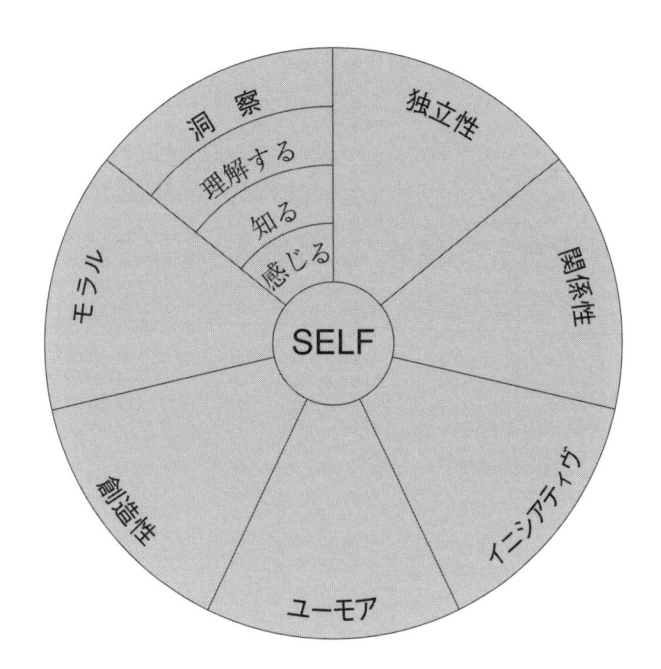

ましたか？
3．その気づきは，あなたを被害への道から遠ざけてくれましたか？
4．あなたは，自分の家族はどこかおかしいと感じましたか？

知る
もう少し大きくなってから青年時代に：
1．あなたは，何らかの形で家族に「問題がある」とラベルを貼りましたか？
2．あなたは，家族の特定の困難についてもっと学んだり，情報を集める努力をしましたか？
3．あなたは，自分を問題の多い家族から切り離し，自分は健康であると思いましたか？
4．あなたは，家族が問題を否認すると，抗議しましたか？

理解する
大人になって：
1．あなたは，自分の成功と両親の失敗を照らし合わせて，自分自身の行為

を見張っていますか？　あなたはその違いに喜びを覚えますか？
2．あなたは，自分の中に，両親と同じ行動の兆候がないかと積極的に探していますか？
3．あなたは，他人を責めるのではなく，自分の困難において自分が果たす役割を受け入れることができますか？
4．あなたは，洞察を発達させるのにあなたの子ども時代はよいトレーニング場だったと思いますか？

第5章
独立性：デリケートな協議

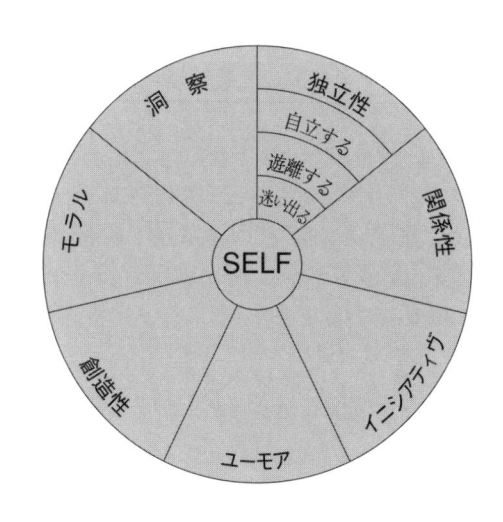

定義：**独立性**とは，いくつかのせめぎあう要求（たとえば，あなたと家族とのあいだに安全な境界を設ける権利，あなたの良心の命令，そして家族の絆への願いなど）の中から，できるかぎり最善の取り引きをすることです。幼い子ども時代における独立性の最初の兆候は，痛ましい家族の場面から迷い出ること（straying away）です。より成長すると，距離を置く方が，親密であるよりも心地よいことに気づき，家族から情緒的に遊離する（disengaging）作業をします。大人になると，リジリアントなサバイバーは，傷ついた感情を抑え，問題の多い家族から自立すること（separating）に成功します。自立を達成すると，サバイバーは，親の不合理な要求に従うのではなく，自由に選択された理性的な信念から，家族と関わりをもつようになります。

息子として，父親として，私は，家族が連帯（家族の集合的アイデンティティを支持し，互いに感謝し，認め合うようメンバーにかける圧力）のために強い引力をもつことを知っています。友達，知人，あるいは同僚などの部外者には，親，子ども，きょうだい，あるいは配偶者のように強力な感情は起こせないのです。家族の感情は，家族ならではのものなのです。私の2人の息子は，世界中の誰よりも私をイライラさせることができる一方，プライドで満たしてもくれます。そして，私の年老いた母親は，他の誰とも違う，いらつきと同情の入り混じったもので，私を束縛します。

セラピスト，そして研究者としての私の経験は，父親，そして息子としての私の主観的印象と一致しています。親と満足のいく関係をもつサバイバーの患者たちは，私の研究に参加して，家族に縛り付けられると同時に突き放されるという複雑でアンビバレントな感情を語ります。リジリアントなサバイバーにおいては，痛みと怒りは，問題の多い親の苦しみに対する悲しくなるような心づかいと混在しているのです。この矛盾は，痛いほど悲しいことです。

たとえば，ノリーンはこう言いました。

> 私の両親は，愛することがほとんど完全に不能でした。今でもまだ残っている，見捨てられた痛みが，いつか消えることがあるのかしらと思います。両親のもたらした痛みを許すことはできませんが，あの人たち自身も苦しんでいたことを知っています。両親の歩んできた情緒的に貧しい人生を思うと，実際，気の毒に思えてきて，私の中では怒りと同情が対決し，果てしない論争を繰り広げるのです。

良かれ悪しかれ，血は水よりも濃いのです。それゆえに，どんなに良い環境で育っても，親からの独立性を達成するのは難しい挑戦です。問題の多い家族ならば，さらに過酷な試練となるでしょう。

健康な家族では，連帯の引力が，支えやケア，関心，親密性，そして愛情を育むことによって，メンバーは強くなります。健康な両親は，連帯の引力の利害を知っており，1人で立ち，自立する自信を子どもたちに植えつけます。同時に，親は，子どもが戻ってきたいと思う場所，そして元気になってまた離れていく場所として，あたたかく，迎え入れるようなホームベースを整えます。

問題の多い両親は，心が粉々になっていて，すがりつきます。あなたの独立性を育むより，あなたを呑みこんで窮地に陥れます。問題の多い両親は，

- 浪費して，あなたに借金を返せと言います
- あなたの大好きなおばさんとは仲が悪いから，あなたの誕生パーティに彼女を招待するなと言います
- あなたの選んだ職業を追求しないで，失敗しかかっている家族のビジネスに加われと言い張ります
- 互いの不満をあなたにぶつけます
- あなたが家を出ることは，私たちに死ねと言っているのと同じだと抗議

します

　問題の多い両親は，あなたを拒絶し会いたがらないときでさえ，心理的にあなたをとらえようとします。なぜなら，彼らの批判は，形を少し変えただけの要求だからです。「あなたが結婚しようとしている女性には耐えられないわ」というのは，「私の気に入る人と結婚しなさい」へ容易に翻訳できます。心の奥底で，あなたは，親の願いを聞き入れようか迷うことさえあるかもしれません。
　もしもあなたが成長して，連帯の引力からいくぶん「脱出」できれば，あなたを巻き込もうとする問題の多い家族の試みを難なくかわせるかもしれません。しかし，所属したいという願望は，年とともに色あせるわけではありません。これが，問題の多い両親の子どもにとって独立性を達成するのがこんなにも難しい理由です。大人になっても，サバイバーたちは，家族の引力を感じて，なかなか母親や父親を退けられません。他の誰もがそうであるように，サバイバーたちだって，両親への愛着を保ち，親の愛を求め，そして親の批判や要求，ないしは窒息してしまいそうな「愛」に傷つきやすいのです。
　ものごとを「解決」したいという欲求に駆られて，あなたは問題の多い両親を説得して味方にしようとするかもしれません。あるいは，痛みに圧倒されて，逃げを決め込むかもしれません。または，心を決めかねて，その両極のあいだを行ったり来たりするかもしれません。
　私の経験では，それらのアプローチはどれも，真の独立性を導くものではなく，サバイバーたちに平和をもたらすものでもありません。むしろ，苦しみながらも独立性を成就したリジリアントなサバイバーたちは，問題の多い両親に縛られると同時に突き放されるという葛藤を手なずけているのです。
　同僚の人類学者リンダ・ベネット博士と一緒に，1970年代半ばに行った臨床研究[1]では，同じアルコール依存症の親のアダルトチルドレンでも，親の飲酒パターンを繰り返すか，嗜癖サイクルを打ち破るかのもっとも重要な違いは，独立性の達成であることが示されました。68組の若い夫婦が，その研究にボランティアで参加してくれました。全員がアルコール依存症の家族出身です。彼らは，結婚後平均11年で，1人か2人の子どもがいました。約3分の2の夫婦には，飲酒問題はなく，彼らをよりリジリアントなグループと考えました。残りの3分の1の夫婦では，夫か妻，あるいは2人共がアルコールを乱用していましたので，より脆弱なグループと考えました。

何が違いをもたらしたのでしょうか？　リジリアントな夫婦の親は，飲酒量や入院回数が少なかったのでしょうか？　あるいは，リジリアントな夫婦は，夫婦として，あるいは個人として，過去の屈辱を乗り越える戦略やスキルを育てていたのでしょうか？　なぜ，ある夫婦は飲酒を拒否し，他の夫婦よりリジリアントであるのかという問いに対して，親のアルコール消費量は説明にならないことが，予備調査でわかりました。それどころか，逆に，アルコールを飲まない夫婦の親は，中等度から最重度にわたる飲酒問題を持っていたのです。

次に，夫婦自身に目を向けました。まずは，2つのインタビューを開発するのに努力専念しました。一つはアルコール依存症のいる家族で成長することについての質問を含んでいて，夫と妻に個別で使うものです。もう一方は，夫婦合同面接で，2人で共有している決定事項や共同のライフスタイルだけでなく，大人として，それぞれがどのような道のりを歩んできたかを探求するものです。

リジリアントな夫婦，脆弱な夫婦ともに実施したインタビューでは，アルコール依存症の家族と親密な絆を維持することが，一つの世代から次の世代へと飲酒問題を継承させていることが示されました。このことは，こう解釈できるでしょう。つまり，問題の多い親と距離を保つことが，あなたが考慮すべき効果的な自衛戦略かもしれない，ということです。

「接触レベル」と私が命名した一連のインタビューは，親からどのくらい遠くに住んでいるか，そしてどのくらいの頻度で家族と出会うかを尋ねるものです。リジリアントな夫婦のグループは，親から遠く離れた所に住んでおり，脆弱な夫婦よりも少ない頻度で家族と会っていました。魔法の組合せは，200マイル以上親から離れて，年に2回以上は帰省しないことのようでした。私は，結果を検討しながら，その時私がセラピーを担当していたサバイバーたちのことを思い，この結果は彼らにとって何を示唆するだろうかと考えました。

200マイル／年に2回，という経験則は通用させたい気がします。しかしながら，いくら私が自分の研究から導いたものであっても，サバイバーたちの独立性へ向けての複雑な苦しみにこの公式を適用するにはためらいがあります。あらゆる統計と同じように，この計算は，夫婦間の個別の差異を曖昧にする平均値を表示しているわけです。その上，私の机に積み上げられたコンピュータのプリントアウトに並んだ，うそっぽいほど整然とした数字の行列には，他に，つかみどころのない要素が隠れているのではないかと思えるのです。そして，

引っ越しなさいとか，電話番号を電話帳にのせないでおきましょうとか，両親と過ごすクリスマスはキャンセルしましょうとアドバイスする前に，私は，研究で明らかにされなかった「接触レベル」要因の微妙な影の部分について，もっと学ぶ義務を感じたのです。

リジリアントなサバイバーとのセラピーやインタビューでは，問題の多い両親と距離を取ることにさらに詳細な注意を払い始めました。私が話をしたサバイバーの中には，アルコール依存症の親のアダルトチルドレンがいました。他の問題を抱えた家族のサバイバーもいましたが，彼らの家族も，アルコール依存症者と等しく，第2章で述べたような日常生活の課題を遂行することが不能でした。

家族診断の違いは，重要ではありませんでした。私の聞いたストーリーはどれも，リジリアントなサバイバーが遠くに住むことを選択したというものでしたが，予想通り，彼らが問題の多い両親とのあいだに置いた物理的距離は，より大きな心理的達成の小さな一部にしかすぎなかったのです。リジリアントなサバイバーたちは，家を出ることに加え，問題の多い家族が用いる連帯への引力に大いに耐えていました。私たちの話が，飛行機のチケットや長距離電話のレートを越えて深まっていくにつれて，彼らの距離という言葉の定義も，物理的空間から自己の独立性へと拡がっていきました。この移行は，コンピュータのプリントアウトではつかめなかった，見えない主観的な要素を捉え，手渡す価値のありそうなアドバイスを結晶させました。アドバイスはこうです。問題の多い家族を離れなさい，しかし，出口を用意した上で自分自身の感情のざわめきに注意深く耳を傾けなさい。

ここで，2人のリジリアントなサバイバーが，家を離れる決断に絡む内的感情を手なづけることについて話すのを聞いてみましょう。1人目のジェフリーは，もしも自分が十分頑張って正しいことを言えば，問題の多い父親は良い方向へ変わるだろうという信念から逃れることによって，ようやく家を出ることができました。2人目はアンナです。彼女は，怒りの言葉を奔流のように吐き出して，永久に遠ざかることの罪悪感を免れました。両親の失敗を一つ一つぞっとするほどに列挙し，「二度とこの家に顔を見せないだろうね。もうお前とは勘当だよ」と両親が叫ぶのを聞きながら，家を飛び出したのです。

ジェフリー

　ジェフリーの母親は，彼が5歳の時，3人の子どもを残して亡くなりました。ジェフリーは一番上の子どもでした。大人になった頃には，母親のはっきりした記憶は一つも残っていませんでした。父親は，一度も再婚しませんでしたが，よく稼いで生計を立てました。子どもたちの身体的ニーズを満たすために，家政婦を雇いました。ところが，他人への洞察が欠如している父親は，子どもたちに情緒的ニーズもあることにほとんど気づいておらず，雇い人のパーソナリティや職能についてほとんど注意を払わず，彼女たちを雇っておくための条件にも無頓着だったのです。予想通り，何人もの人がやってきては，やめていきました。何人かは立派に働きましたが，怒って去っていきました。かんばしくないタイプの家政婦もいて，一日中テレビを見ていたり，ジェフリーや2人の妹たちを無視し，月に何度も学校を休ませることになりました。真ん中の妹にいたずらする人さえいました。
　家族の最年長の子どもとして，ジェフリーは父親の腹心の友の役割を果たしました。彼は，孤独やビジネスの問題，そして男やもめで子どもを3人育て上げるという試練について嘆き悲しむ父親の話を夜な夜な聞きました。「父親が，僕はどう感じているだとか何をしているか興味を示してくれた記憶は，ただの一つもありません」とジェフリーは言いました。「父は，親としての唯一の義務は，現金を与えることだと思っていたのではないでしょうか」。
　大学へ行く時になっても，ジェフリーは相変わらず，自分の忠誠心と献身が，いつか実り，父親の苦しみは何でも癒すことができると確信していたのでした。義務感に駆られて，彼は，家に住み続けられるよう地元の学校を選びました。しかし，夜明けは，ジェフリーが大学2年の時におとずれました。彼の内面の心理的バランスがリジリアンスの方へ傾いたのです。彼は，父親との絆を壊し，自分の独立性を追求しなければ，という緊急の必要性を感じはじめました。父親は変わっておらず，おそらくこれからもずっと変わらないだろうと悟り，ジェフリーは，家を出る決心をしたのです。彼は他州の大学へ編入し，再び父の家に住むことはありませんでした。
　私とのインタビューで，ジェフリーは外へ出る決心をこう説明しました。

父親との人生の最初の記憶からたどって目録を作ってみると，自分だって，父親の自己憐憫と同じくらい歪んだ忠誠心にはまりこんでいることに気づいたのです。僕が落ち込んで幸せになる機会を潰していた一方，父はみじんも変わりませんでした。それは勝利を得られない状況だったのです。だから出て行こうと決心したんです。ただし，自分が罪悪感に弱いことは知っていたので，戻ってこなければという感情を背負わなくて良いように，やましさを感じずに出て行きたいとは思っていました。

最初に，2人の妹と話をしました。なぜ僕が出ていくのかを話し，僕が辞退しようとしている父の親という役割を引き受けないように，心の準備をさせました。僕はいつだって妹たちの兄であることに変わりなく，必要ならいつでも電話したり，手紙を書いたり，訪ねてくるようにと言いました。

次に，父親に向かいました。僕は父に，自分が何をしようとしているかを話しました。彼の許可や賛成は求めませんでした。ただ父に言ったのです。父が父であったことを正当化できるものは，彼が与えた現金だけだったので，僕は，彼が金に物を言わせない方に賭けました。結局，僕の勝ちでした。出ていく時には，罪悪感があり，それからは逃れようもありませんでした。ですが，自分のために正しいことをやっていること，妹たちを見捨ててはいないこと，そして現実には，我が家に残っていても，父にとってまったく前向きなことはしておらず，おそらくむしろ父を悪くしていたことなど，いくつかの自分の知識によって，その気持ちを阻止したのです。

ジェフリーは，深い洞察を持った現実主義者でした。家を出る前に，問題の多い父親との関係について自問し，それに誠実に答えました。彼は，自分自身にもある連帯への要求を抑圧する苦痛や，リジリアンス・マンダラのモラルのくさびに堅く根をはっている礼儀正しさへの努力を抑圧する代償についても知っていましたが，それだけでなく，家にとどまることのリスクを知っていたのです。何も汚さない逃避などというものは，怠惰な白昼夢であり，子どもじみたファンタジーです。ジェフリーのリジリアンスは，自分の置かれた境遇にしっかりと直面し，出て行きたいという彼の要求と留まらなければという義務感とのあいだで最善の取り引きを可能にしたのです。

アンナ

アンナは，ジェフリーとは異なる家族問題と個人的な問題に直面していまし

たが, 葛藤しあう要求のバランスを芸術的に保つことで独立性を達成しました。妻を亡くしたジェフリーの父親とは違って, アンナの母親と父親は, おせっかいで, 決して満足することのない支配的な人たちでした。彼らの目には, アンナのやることなすことどれもが不十分で, しかも, その不満をしばしばまき散らしました。たいてい意地悪く。両親が彼女を憤怒でいっぱいにしたのもわかるというものです。しかしながら, 彼女の復讐のファンタジーが, 品位ある, 健康な人間になりたい, という彼女の願いと結びつくことはありませんでした。

家を出ようと決心するにあたって, 葛藤しあう内的感情に折り合いをつけた, アンナの話を聞きましょう。

> 私は, 彼らをどなりつけ, 永遠に縁を切りたいという抵抗し難い強い衝動に駆られていました。二度と会いたくないし, 話もしたくありませんでした。最初, 自分がものすごく正当化された気がして, 私はほくそ笑んでいました。でも, そのアイデアはそのうちに, ねじれていきました。恐ろしいほどの喪失感を覚えるなんて, 両親が私にほとんど何も与えてくれなかったことからすれば, とても皮肉なことに思えました。もう一つのくせものは, 私が自分のことを尊敬すべき人間で, 両親とは違う人間だと思いたがっていた, いいえ, のどから手が出るほど必要としていたということでした。
>
> 「母や父と連絡をまったくとらない人がいるかしら?」私の中の一人が尋ねました。
>
> 「意地悪く, 憎しみに満ちた人間ならね。私の両親みたいな」もう一人の私が答えました。
>
> その会話は, 私を悩みに悩ませました。たとえば, 医者のオフィスで, 病歴を話し, 両親の健康状態について聞かれる自分のイメージが, 心から離れませんでした。私は医者の視線を避け, ぶつぶつこう言うのです。「私には, その情報がありません」私は, そんな不名誉に耐えられないと思ったので, 別の解決を見つけなければなりませんでした。

ジェフリーと同じく, アンナは鋭い洞察をもっており, 問題の多い家族から抜け出すのに簡単な道はないことを知っていました。アンナは, 不可能なことを探し求めるより, 胸を張って堂々と家を出ようじゃないかという挑戦を喜んで受け入れたのです。

「あなたは何をしたのですか?」私は尋ねました。

彼女の答は，流れるような動きの裏でものすごい努力をしているダンサーのイメージを呼び起こすものでした。彼女はこう言ったのです。

> 私は，絆をがたがたと揺らすのをやめました。家を出ても，両親と連絡をとる必要はあり，実際，自分は連絡をとりたがっていることを認めました。怒りを吐き出し，親と縁を切ることは，今は夢中になっていたとしても，徐々に冷めることだとは知っていました。そして，飛び入り参加オーケーの醜い議論を避けるためには，言葉を慎重に選び，そして何よりも，怒りを保持しなければならないと認識していました。結局，私はトウダンスしながら，すばらしく優美に退場したのです。
> ひとたび両親の家を出ると，自分には彼らを仕切るものすごい能力があることを発見し，もう大丈夫だと思いました。帰省のために年に数日間，そして電話のために15分を何回か仕分けたのです。実際，私はこういうことをすべて手帳に記録し，彼らが私の1年という文脈においていかに少ない時間しか占拠していないか確認しているのです。余った時間があれば，ましなことに使うのです。

　問題の多い両親からの適切な距離という問題は，サバイバーたちを奮い立たせます。私の研究統計によると，表面的には，解決は，飛び立って離れることにありました。これが部分的に正しいことは，わかりました。物理的な距離は，あなたを家族の結び目から解き放つのを助ける可能性があります。しかし，ジェフリーやアンナのような，洞察とモラルのあるサバイバーたちが示しているように，物理的距離を取るだけでは十分ではありません。複雑な問題に対するあらゆる単純な解決がそうであるように，急いで出発するとそれ自体が複雑さを造り出してしまいます。ここでの大きな障壁は，あなたが自分自身を連れていかなければならないことです。私からあなたへのアドバイスは，こうです。アンナの例に従いなさい。優美に行くのです。

迷い出る（STRAYING）

　問題の多い家族から距離を取ろうという決断は，いつ何時あなたにやってくるかわかりません。ジェフリーのように，いつまでたっても妥協しない親を変えるべく何年も欲求不満を抱えていても家を出ようとしないサバイバーがいま

す。また，家族の嵐から離れて安全な港を見つけるため，小さな機会を利用してもっと早い時期から決意を始める人もいます。多くの若いリジリアントなサバイバーたちは，嵐の雲が立ちこめはじめるのに気づくやいなや，頭にはっきりとした目的地もないまま迷い出る，つまり姿を消す練習を始めるのです。迷い出ることは，問題の多い家族の子どもにおける，独立性の最初の現れなのです。

リジリアントなサバイバーたちは概して，距離をとることの利点を吟味して，不幸という困難に立ち上がったことを憶えています。子どもの頃は，家からさほど遠くには行けないので，楽しい場所をみつけることにかけては果てしなく発明の才が発揮されます。アンナは，最終的には，優美にダンスをしながら威圧的で批判的な両親から離れましたが，子どもの頃には，地下室にがらくたを集めておもちゃを作っていました。前章で述べた，成功をおさめた不動産仲買業者のアランは，母親の激しい気分変動から逃れるためのプライベートな隠れ家として，図書館を利用していました。「僕は，静けさをこよなく愛していました」と彼は言いました。

7歳の頃，アランは放課後，図書館に寄ってから帰宅するようになりました。しばらくすると，土曜の朝にも図書館へ出かけるようになりました。彼はこう言っています。

> 僕は，ありとあらゆる絵本を隅から隅まで読みましたが，1冊も借りて帰りませんでした。児童書コーナーをうろうろして，閲覧するだけでした。一番のお気に入りは『マイク・マリガンとスチーム・ショベル』（バージニア・リーバートン作）でしたが，女の子の読む本にまで興味を持ちました。信じてくれますか？！ 僕は『マドレーヌ』（ルドウィッヒ・ベーメルユンス作）がとても好きでした。たぶん，彼女には親がいなくて修道院に住んでいたからだと思います。ある司書は僕のことを知って，新しい本は僕の方に回してくれるようになりました。僕は家庭での生活や，自分の不幸せについて一言も話しませんでしたが，彼女は，僕の正体を見抜いていたに違いありません。近所の人たちも，母のことは知っていたでしょう。

ジャネットはアトランタの学校教師ですが，彼女の胸を刺すような手紙は，第1章で引用しました。彼女は，急速に悪化する精神分裂病の母親の世話という過酷な重荷から逃げるため，家から迷い出ました。「中は窒息しそうな雰囲気でした」と彼女は言いました。「私は直感的に，息ができる外へ向かったの

です」。
　まず，今まで過ごしてきた孤立した団地を取り巻く，なだらかに起伏した地面に独りで立ってみると，ジャネットは，自分が小さく，迷子になったように感じました。しかしながら，すぐに，彼女のリジリアンス・マンダラの中でも傑出した創造性が，放浪癖への水路を切り開きました。ジャネットという見捨てられた子どもは，楽しいことが大好きな，冒険好きの自己の友に一変したのです。彼女はこう言いました。

　　私は，影と暗闇が好きでした。納屋の屋根裏の干し草置き場や果樹園に隠れて，すてきな物語を自作自演したものです。私は，暴れん坊のヒロインや銀河系トラベラー，あるいは母親によって監禁された塔から逃げ出すラプンツェルだったりしました。お気に入りは，私が「スパイ」と呼んでいた，夜にやるゲームです。私は戦争中で，敵は家の中にいて，火をともして私を見張っているのです。私は外にいて，戦列の後ろで，木から木へとダッシュして敵から身をかわします。一番の手柄は，犬の前を鳴かせないで通り過ぎることでした。それを達成すると，私は安全だと知ったのです。

　問題の多い家族のめちゃくちゃな世界で，ジャネットは他の子どもなら危険だと感じるようなところに安全を見出しました。暗闇で遊びながら，彼女は保護されていると感じていたのです。納屋は黒蛇家族の家でしたから，彼女は，自分の勇敢さと優越性を賞賛しました。「母は，あんなところにあえて入ろうとはしませんでしたから」と彼女は自慢げに言いました。そして，家の周りの地面に一人立ち，彼女は自由に走りました。そうすることで，内面に戻り，いつも彼女を待ち受けている挑戦に直面するための元気が湧いてきたものです。
　ジャネットの，野外逃走というテーマのバリエーションは，バーバラのストーリーにも見られます。卒業写真の話から思い出されるように，バーバラは，自身の独立性を操縦し，両親の慢性的な見くびりの及ばない，地方大学へ行ったのです。自分自身のコンパスに従うという彼女の能力は，幼い頃からはっきりしていました。バーバラは，最初に迷い出たエピソードを次のように記憶しています。それは，彼女が5歳の頃のことでした。

　　確かに5歳の時でした。そんなにはっきり覚えているのは，はじめてさまよい出たのが，誕生パーティの日だったからです。理由は忘れてしまいましたが，

友達が来る前に，母親が怒って，パーティが終わったら私に罰を与えると言ったのです。母は泥棒でした。怒りをもって，ありとあらゆる人生の里程標を私から盗んだのです。平手打ちをしたり，髪を引っ張ったり，あって当たり前のものを一生与えてやらないと言うのが，彼女の手口でした。5歳の誕生日に，母が懲罰を宣告したものですから，私はパーティにはほとんど関心がなくなってしまいました。母が訪問客の応対で忙しくなるやいなや，私は外へ飛び出したのです。

家は海の近くにあったので，波止場まで歩き，そこでじっと立ったまま海を見ていました。すると，私の涙に濡れた顔に気づいたのか，2人の老人が一緒に釣りをしないかと声をかけてくれました。1人は，釣り竿を手渡して，えさをつけてくれました。間もなく，竿がぐいと引っ張られ，釣り糸が引っ張られるのがわかりました。私は胸をふくらませて，魚をたぐり寄せました。太陽に照らされてまぶしく光る，その虹色の肌は，今までの人生で見たこともないほど美しいものでした。

次の週末，私は希望で胸を膨らませて再び波止場へ向かいました。期待は裏切られませんでした。2人の仲間がそこにいて，喜んで釣り竿を手渡してくれました。私は常連になりました。彼らは，釣り針にえさをつける方法とか，小さい魚はどうやって慎重に針からはずして海へ返すのか，そして大きい魚はきれいに洗ってどんな風に料理するのか，といったことを教えてくれました。9歳になるまでには，私は自分で釣った魚を家に持ち帰り，ディナーを作っていました。

このようなリジリアントなサバイバーたちのように，あなたも子ども時代には，苦悩に満ちた場面から迷い出る経験をしたかもしれません。このようなときのことを思い出すと，孤独や絶望の感情が間違いなくよみがえってくるでしょう。しかし，これらの記憶はまた，あなたが自分を保護するために発達させたスキルや，独立性をもった人間であることによって手に入れた自己確信を見失わないようにしてくれるのです。

両親の手の届くところから離れてしまえば，あなたは以下のようである必要がなくなります。

・敵対している当事者間のメッセンジャー
・壊れた酒瓶の掃除をするメイド
・せっかんされる役職

・性的対象
・できれば聞きたくない問題を打ち明けられる腹心の友

　木に腰掛けたり，屋根裏の隠れ家に閉じこもったり，近所の家で身を落ち着かせたり，寝室でバリケードを張ったりしながら，リジリアントなサバイバーたちはこう思うのです。「親のそばにいるよりも，ここなら自分がもっとまともに見えるし，もっといい気分にもなる」。この考えは，彼らの自信を養い，情緒的に遊離を始める勇気を植え付けてくれます。

遊離する（DISENGAGING）

　子どもたちがどのようにして両親の離婚に対処するかという画期的な研究をしたジュディス・ウォラースタイン博士は，情緒的遊離が主要なチャレンジだとしています[2]。彼女はこう述べています。

> 家族に不均衡性があるとき，つまり，一方あるいは両方の親が問題を抱えていたり，落ち込んでいたり，とても怒っているとき，または，家庭生活全般が乱れがちであるとき，子どもは，大人からの心理的距離を測ることと自立することを発見し，それを確立し，それを維持しなければなりません[3]。

　リジリアンスについての私の研究では，子どもたちは，家族の不協和の原因を気にする以上に，両親（つまり，不安定な感じやコミュニケーションが乏しいこと，葛藤など）の影響を感じていました。ウォラースタイン博士が概説した，遊離するという課題は，離婚家庭の子どもに限らないのです。遊離，あるいは，親の危機から自分自身を離しておく能力は，「家族不均衡性」に悩まされているたいていの子どものリジリアンスの尺度の一つなのです。
　ウォラースタイン博士は，2つの関連課題が遊離することに含まれていると言います。一つは，外面へ向かうもので，「親の軌道」から物理的に抜け出て移動することを子どもに要求します。すでに私たちは，リジリアントなサバイバーたちが，若い頃に家から迷い出ることを見てきました。うまく立ち回り，自分で自分の面倒を見るスキルを高めたリジリアントな子どもたちは，どんどん迷い出て，独立性の範囲を拡げ，親の有害な支配からますます自由になっていきます。たとえば，私がインタビューしたリジリアントなサバイバーたちの

多くは，ティーンエイジャーの頃から職についていました。お金を稼ぐためでもありましたが，同時に，家を出ることへの合法的理由を手にするためでもあったのです。他には，学校でのありとあらゆる課外活動に参加したり，定期的に友達や親戚の家に泊まったりする子もいました。後に，自分の家庭を持つにあたり，こういったサバイバーの多くは，両親から 200 マイル以上離れたところへ引越し，ほとんど帰省しませんでした。もしあなたが上に述べたことのいずれかをしたことがおありなら，あなたの行為を，「親の軌道」から離れるという遊離の前半課題として枠組みしておいて下さい。

ウォーラースタイン博士によると，遊離の第二の側面は，内面へ向かうもので，問題の多い家族によって引き起こされる不安や落胆を手なずけることを含みます。この課題は，親のパワーを奪い，自分の内的生活の「司令官の立場」を引き継ぐことを，子どもたちに要求します。危機状況にある子どもたちの多くは，年をとるにつれ親に依存しなくてもよくなっているため，反抗しやすくなるのです。リジリアントな子どもは，幼い頃に，迷い出る実験がうまくいったことを何度も体験しているので，自分を独立した人間としてイメージしており，反乱に向けてさらに強化されています。ティーンエイジャーの頃，あるいは大人になって，彼らは立派に「親の軌道」から自分を移動させ，内的生活において「司令官の立場」をとり，病んだ両親の専制政治を転覆させるのです。

私の知っているサバイバーの中には，自然と遊離し，あまり意識的な努力をしなかった人もいます。そういうサバイバーたちは，自らを「面の皮が厚い」とか，「生まれつきの鎧」をつけていると言っている，気楽な気質を生まれつき持っているようです。子ども時代についての討論で繰り返されたのは，「私の家族は一度も本当には私をいらつかせなかった」というフレーズです。アンソニー博士は，このような子どもたちのことを，内側で「衝撃が緩和される」と言っています[4]。

他のサバイバーたちは，家庭での生活が原因となっている強い否定的な感情から身をかわすために，内的な力強さを少しも残らず利用することを記憶しています。両親からの情緒的な距離を達成するため，サバイバーたちは，意識的に戦略を用いています。私はそれを大きく 4 つに分類してみました。

1．孤立をプラスに捉える

多くのサバイバーたちは，託児所で取り違えられたとか，養子になったとか，

自然の理法が何らかのグロテスクな間違いを犯したために，自分が両親の手に届けられてしまったという信念を抱いています。「僕は突然変異体だと思っていました」躁うつ病の母親や恋愛遊戯にふける父親と過ごした子ども時代を振り返って，アランは言いました。「それは実際，元気づけてくれる考えでした」。

　成功したサバイバーたちは，家族と違っているのが良いことだと思うようになります。距離がとれるほど，親と同じ問題に影響されにくくなるのです。自分が親のようではないという慰めを，情緒的遊離のサインとして枠組みして下さい。

２．平静を維持する

　過敏に反応せず，両親はどこかおかしいという知識を利用することによって，サバイバーたちは，問題の多い両親の非難，拒否，沈黙，そしてその他の奇妙でいらつかせるような行動の影響を最小限に止めることができます。たとえば，アランは，母親の躁うつ病についての知的理解を頼りに，母親の自分への残酷な発言を払い除けました。ジョージは，アンソニー博士が述べた，精神分裂病の父親を持つ少年ですが[5]，彼は，父親の精神分裂病的な着想を信じないでいるくらいの分別を持っていました。また，ジャネットは，母親の攻撃を受けるたびに「これは真実じゃない。病気トークなのよ」とすぐに自分に言い聞かせていました。親の不当な攻撃を払い除ける努力の成功を，リジリアンスのサインとして枠組みして下さい。

３．現実にとどまる

　サバイバーたちは，両親の承認と愛情を手に入れるという自滅的なむなしい希望をあきらめることによって，繰り返される絶望から自分を保護します。たとえば，バーバラは，子どもの頃両親から絶え間なく非難されていましたが，こう言っています。

> 最後には，私の本当の問題が両親ではなく，自虐性だとわかりました。彼らが変わって，子どもを愛する普通の標準的な親になるのではないかという永遠の期待が，私の胸の中で湧き出ていましたが，望めば望むほど，私は落胆したのです。その悪循環は，私を疲れ果てさせるように仕組まれた罠だったのです。

ひとたび自分の期待を適当なレベルに引き下げると、気分はずっとよくなりました。

永遠に湧き出る希望の罠を見抜き、それを避けた時はいつでも、あなたはリジリアントだったのです。

4．未来へ向かう

他の何もかもが失敗しても、リジリアントなサバイバーたちは、依存の日々はいずれ過ぎ去り、いつか家を出られると心に留めることによって、希望を明日につなぎます[6]。たとえば、アンナはこう言いました。

> ひそかに逃走をたくらみ、できるだけ早くその計画を実行することが、私の生きがいでした。高校を卒業したら、家を出て働いて自活しようと決意したのです。14歳の時、私ははじめて仕事に就き、銀行口座を開きました。見つけられる限りの大人の知恵を借りて、仕事や安いアパートを探しました。何よりも大事なのは、自分が独立して、自活しているというイメージを心に持ち続けたことです。

同様に、アランも次のように記憶しています。

> 僕は10歳か11歳の頃にはもう、家を出ようとしていました。自分はそれに持ち堪えられるだろうし、家族や彼らの送ってきた恐ろしい人生からは去っていくつもりでいました。僕は、彼らが夢見もしなかった人物になろうとしていたし、僕の全エネルギーは、その目標に向けられていました。

もしもあなたが現在に引きずり降ろされることなく、自分の未来を信じて進み続けていたならば、あなたはリジリアントだったのです。

これら4つの遊離の戦略は、問題の多い家族のサバイバーたちに特有のものではありません。たいていのティーンエイジャーは、成人期のはじめまで続くプロセスの中で、程度の差こそあれ両親に幻滅を感じ、親と自分を分化させようとします。リジリアントなサバイバーたちにとっての違いは、独立性への前進が以下の特徴をもっていることです。

・若い時から始まる
・意識的に、そして慎重に進む

・早い時期にクライマックスを迎える
・より豊かで，明確な夜明けを迎えて終結する
・用心深く施行する努力が必要とされる

　リジリアントなサバイバーたちは，鏡に映った自分を見る時に親の顔を見ないようにしようとか，昔と同じことをしないようにしようと決意し，「親の軌道」から離れる決死の努力をし，自己の内的生活の「司令官の立場」を占領します。彼らは，他の人々と建設的に関わる自由や，満足のいく自尊心を作り上げるような活動に没頭する自由を欲し，本気で遊離するのです。
　アンナの例を見ましょう。自分自身の内面生活をうまく指揮し，破壊的なけんかを避け，彼女は家を去りました。計画通り，高校を卒業した後に。私がアンナに出会ったとき，彼女は21歳で，バージニアの田舎に住んでいました。両親はボルティモアにいました。アンナは年に数回彼らに会い，誕生日や祝日，それに彼らの記念日には電話をかけました。彼女は，獣医院で働いて生計を立てており，大学にも出願しました。彼女は，動物保護の資格取得を目指し，いつか獣医学校に入学するのだと信じて，自分の未来に高い希望を持っていました。リジリアンス・マンダラのイニシアティヴのくさびが輝いていました。
　関係性のくさびもまた強力でした。アンナにはボーイフレンドがいましたが，彼の両親がアンナを愛し，受け入れてくれました。その家族には3人の息子がいましたが，いつも娘をほしがっていたのです。彼女は，彼らの愛情に包まれました。
　私がこれまで述べてきた，アンナや他のリジリアントなサバイバーたちが，独立性を達成するのに注ぎ込んだ慎重さとケアをより十分に味わうため，対照的なピーターのストーリーを聞いてみましょう[7]。若い頃，ピーターは，洞察を持たず，内面生活のコントロールをほとんど失った状態で家を出ました。彼は，自分と母親，そして継父とのあいだの絶え間ないけんかに耐えられなくなり，ぼんやりとは理解していた感情に後押しされ，17歳の時に逃げ出しました。自分の感情にきりきり舞いして，ピーターは最初のステップで倒れてしまったのです。リチャード・ベルリン博士とルース・デイヴィス博士が，ピーターのケースを報告したのですが，彼らは，ピーターの未解決の葛藤を鮮やかな言葉で，こう述べています。

ピーターは，車や，近所の車や家の地下室で生活していました。彼が他人に対して傲慢で，搾取的に接することはよく知られていて，泊めてあげようと申し出る人は1人もいませんでした。結局，彼は一人暮らしの姉を探し出し，姉は喜んで彼を受け入れました。しかし，何度か盗みを働いたため，姉は彼を追い出してしまいました。クリニックで診察を受けた時，彼は10年以上も会ってもいない父親の助けを借りて，どうやってカリフォルニアで大成功するのかについて，尊大に語りました。彼は，ストレスがたまっているのかもしれないとセラピストをひやかしたり，今必要なのは「ワインとマリファナ」だと言ったりしました。その上，帰りしなには，受付から現金を盗んで行ったのです[8]。

　ピーターは，リジリアントなサバイバーたちが知っていることを学び損ねていました。つまり，孤軍奮闘することは，問題の多い両親から独立性を手に入れるというサバイバーたちの苦しいジレンマに対する答ではないのです。ピーターのように転ばないで去っていくためには，恨みを晴らしておかなければなりません。つまり，自分自身を知ること，なぜ自分が出て行こうとしているのか知ること，そしてよい目的地をどうやって選ぶのか知ることです。問題の多い両親に対して葛藤する感情を手なづけ，優美に行ける限りにおいて，あなたはリジリアントなのです。

自立する（SEPARATING）

　問題の多い家族からの独立性を維持するというチャレンジは，サバイバーが親の家を出れば終わり，というものではありません。私は数え切れないほど見てきましたが，連帯の引力は，物理的な空間と時間の変遷という制限を超越するのです。たとえあなたが，自分自身の世帯を持ち，経済的に自立し，友達や配偶者，子ども，そして同僚に囲まれていても，問題の多い両親となんとか連絡をとっていく仕事は終わりません。自立すること，つまり自由に選択された合理的な信念から家族と関わることは，サバイバーたちにとって，決して終わることのない日常の雑事なのです。いくつかの例を除いては。

　私が知っているリジリアントなサバイバーたちの多くは，大人になると両親と和解しています。時には，形勢が逆転したときに，ポジティヴな変化が徐々に始まることもあります。サバイバーたちは，子どもの頃に親から得られなかった尊重を求めており，親は加齢にしたがって子どもに頼っていく傾向がある

ため，問題の多い家族の亀裂がふさがる可能性があるのです。中には，結婚や昇進，出産やアパートを借りるといった里程標が，古く，痛々しいパターンを揺さぶり，満足のいくような再編成へと導くケースもあります。ポジティヴな変化への3つ目のルートは，直接対決です。サバイバーたちの中には，大人になっての成功から力を引き出し，いらだったり，絶望した子どもの役割に戻ったり，家族の病んだアイデンティティに屈したりせずに家に戻れる人がいます。自制して，親の指揮をとり，過去を暴露し，よりよい将来への青写真を提示します。問題の多い両親は，しゅんとしたり，驚いたり，時には深く動かされて，晩年になってようやく整列して，勇気を出して改善を試みます。

　問題の多い両親との関係が良い方向に変化した大人のサバイバーたちが，大きな安堵感を持つことは，驚くに当たりません。赦しの境地に至り，まさかあり得るとは思いもしなかった両親への愛情を経験しさえします。あなたにも，同じことができるかもしれません。私は，あなたがありとあらゆる努力をされることをお勧めします。

　しかしながら，私の経験から急いで付け加えておきましょう。あなたが本屋や図書館でハッピーエンドのサバイバー物語を探すなら，ノンフィクションよりも，フィクションの棚で見つけやすいということです。現実には，問題の多い両親との苦悩に満ちた終結の方が，救いよりもはるかに一般的な最終章なのです。ですから，もしもあなたが30代後半で，両親は60代に近づいているのに，嵐が静まる兆しがなければ，次のことを理解しておいて下さい。融通が利かない，不幸せな人たちのパーソナリティを改善することにおいて，年齢には何の名声もないということです。あなたの家族が奇跡的な転換を経験することを期待して待ち構えてはいけません。両親が変わることができず，苦い結末を迎えたリジリアントなサバイバーたちから，自立することのルールを学ぶほうがよいのです。

　リジリアントなサバイバーたちが用いている，問題の多い両親から自立する一般原則のことを，私は情緒的実用主義と呼んでいます。成功しているサバイバーたちは著しく実践的なので，家族から満足を得ようとは思いません。その代わり，もっとも傷つかないことをやろうと志すのです。リジリアントなサバイバーたちは，苦痛を与える両親の力が途絶えないことは知っていますが，彼らの良心にも気づいており，家族を待ち焦がれ，敬意ある接し方を望みながら，両親の苦しみに対する人道的な配慮と，将来の被害を避けたいという自分の願

いとのあいだで，困難な道を進んでいくのです。

　アンナという，高卒後に家を出てからというもの慎重に距離を調節していた若い獣医師助手のように，私の知っているリジリアントなサバイバーたちは，問題の多い家族との絆や両親との再会に伴う怒りと同情のあいだで無限に繰り広げられる議論を，ストイックなまでに受け入れます。不協和音に対面しながら，彼女たちは，帰省や電話（普通「手数料払い」と呼ばれます）に対して，ダメージ・コントロール・バロメーターを用います。たとえば，彼女たちは次のようなことをするのです。

・連絡をとることはチャレンジだと考えます。骨の折れる仕事と同様，計画を立て，集中します。
・「私はもう子どもじゃない。昔のように，両親の影響を受ける必要も，コントロールされる必要もない」というフレーズを唱えます。
・子どもの頃に割り当てられた役割をはっきりと辞退します。たとえば，「泣き寝入りする人」，「慰め役」，「仲裁役」，ないしは「スケープゴート」
・自分たちがもっともいらだったり不安になったりしない所や，両親がもっともよく振る舞うだろう場所を選びます。
・自分たちの条件に名前をつけます。たとえば，夕食での飲酒法制定，火種になるようなテーマの持ち出し，嫌な奴でいること，あるいは不合理な要求。
・時間を選んで電話をかけます。たとえば，問題を抱えた親がオフィスにいて，もっとも一般人らしくなっているときや，眠気のために会話を短く切り上げられる夜遅い時間，あるいは飲酒が始まる前の朝早い時間など。
・手紙を書きます。手紙なら，トピックを選んでそれ以外のことは書かなくていいし，邪魔されたり，批判や攻撃を受けることもありません。また，衝動的な言葉を避け，気に入ったときにペンを置くことができるのです。

　バーバラは，これらのテクニックのエキスパートですが，両親は自分一人が訪ねると，うまく応対してくれることを発見しました。しかしながら，子どもが大きくなると，バーバラは新しい心配に悩まされました。彼女は，他の母親のように，愛すべき祖父母というものを子どもたちに与えられなかったことに罪悪感を持ったのです。祖父母が，自分たちのもたらした痛みを認識するまも

なく忘れたり，実の娘をけなしてきたように，孫たちをも同じようにつつくのではないかと気にかけたのです。彼女は，子どもたちのいるところで，家族のけんかが始まることをひどく恐れていました。そして，バーバラは，子どもたちが自分の背景を知れば，もう今までほど母として敬ってくれなくなるのではないか，と深く考えました。バーバラは，子どもたちを自分の家族から遠ざけておくことによって保護したつもりになっていました。しかし，洞察がそれを止めました。バーバラは，「鉄のカーテン」アプローチが簡単に舞い戻り，自分につきまとうことを理解していたのです。

「どういうことですか？」私は尋ねました。

彼女の返答は，リジリアントなサバイバーたちに典型的な，はるか先を見通すような見解でした。「私は完璧な自分からは程遠いし，親としてこれからもたくさんのミスを犯すでしょう。それは間違いありません。もしも子どもたちが将来，年老いた私を老人ホームに入れて，二度と訪ねて来なかっとしても，それを正当化できる理由はたくさんあるでしょう」。

バーバラのリジリアンスは，自分の力を子どもたちにとっての役割モデルとして見たことと，怒りがどのようにして崩壊した家族関係パターンを永続させるかを認識したこと，そして，「歴史的呪い」のキャリアにならないよう決心したことです。彼女は，「おじいちゃんとおばあちゃんは，とても神経質な人なの。それで時々，本当は思っていないことを言ったりするのよ」と説明して，両親が及ぼしかねない害に対して子どもを武装させました。そして，子連れで帰省する時には，動物園に行ったり地下鉄に乗ったり，そのどれもが失敗しても新しいおもちゃを買いに行くといったバックアップ計画の長いリストを作って，自分と子どもたちを守りました。彼女はこう言いました。

> 皮肉なことに，子どもを連れて行くのは，良かったのです。悪くはありませんでした。私は，子どもに戻らずに母親であり続けなければなりませんでしたから。それに，お話に出てくるような祖父母ではないと子どもたちはがっかりしましたが，子どもたちはとても大胆で，そこには肯定の意味もあったのだと思います。

過去の影響を和らげ，同胞と同盟を結ぶことによって独立性を強化するサバイバーたちもいます。同胞というのは，幼い日々に，時にはふざけあって，時には真剣に，激しく言い合ったりやり合ったりした人々のことです。たとえば，

あるサバイバーは，母親が，電話の交換手のように振る舞って，自分と弟とを区別することに気づきました。第2章で述べた症候群です。母親は，家族メンバーが互いにやりとりする権利を尊重するのではなく，すべての会話に入り込みました。37歳の時，このサバイバーは，「母を通じて話す」よりも，互いに直接話そうと弟に提案しました。その方法で，2人は関係を作り上げ始めたのです。彼は言いました。

> 弟と僕が親友になることはないでしょう。2人はとても違っていますから。でも，僕たちは，誰よりも互いの苦しみを知っていて，それがふたりを結びつけているのです。また，僕たちが一致団結して前線に立てば，母親はずっと扱いやすくなることもわかってきました。

別のサバイバーは，2人の弟や妹と打ち合わせて母親の家に行くのを拒むことによって，毎年恒例の飛び入り自由のクリスマス家族討論から自立しました。代わりに，彼女は，母親を除いて，同胞みんなを自分の家に呼びました。夕食後，同胞4人は，それぞれ別の内線電話で母親に電話をかけ，母親がいなくてどんなに寂しいかを語り，来年は，休暇の前に断酒して家にお酒を置いてこれるなら，ぜひ母親にも来てほしいと伝えました。その直面化に驚いて，母親は賛成し，実際に子どもたちの要求に応えたのです。このストーリーを語ったサバイバーは，「私たちには，みんながテーブルを囲んで互いに明るく微笑みながら，『ねえ，バターをとってちょうだい』とか言う「グッド・ハウスキーピング」(雑誌)に出てくる絵に描いたような幸せがある家庭とまではいかなかったけれど，私たちにとって，これは本物の前進でした」と振り返りました。

おそらく，どんなサバイバーにとっても，最大のチャレンジは，問題の多い親に最後のお別れを言う時に訪れます。これは最高によい環境にあっても決して易しくはないことなのですから，親によってあまりにも苦しめられたのであれば，とげのある困難な質問をもたらします。親を亡くしたサバイバーの多くは，葬儀の最中もその後になっても，ほとんど何も感じず，情緒的に欠陥があるのではないかと心配になるようです。両親と同居しているサバイバーは，未解決の怒りによって沈みっぱなしになるのではないかと前もって心配したりもします。

問題の多い両親の死という問題について，サバイバーたちから探り出すと，多くのサバイバーたちが，孤児のように感じて成長してきたことがわかりまし

た。愛され養育された子どもたちの喪は，母親か父親が病気になり，死ぬときから始まりますが，彼らと違って，多くのリジリアントな子どもたちは，若い頃に求めても決して手に入れることのなかった親への思いを馳せて悲しむことに時間を費やすのです。問題の多い親が死ぬまでに，喪の期間が終わっていることは，しばしばです。残っているチャレンジは，否定された愛情を明らかにしたり，怒りや落胆を解決することではなく，悲しみと共に混ざり合った安堵感を表現することを自分自身に許可することにあるのです。

　私が治療に携わった，あるリジリアントなサバイバーは，まだ若い母親（自分自身と子どもの，愛情ある母親への願いを飲み干してしまった，怒りに満ち，自己中心的なアルコール依存症の女性）を亡くし，墓に入れることについて，もっとも深く，正直な感情で苦しみました。彼女の声を聴きましょう。

> 母が死んだ頃には，私はできるだけ早く走っていました。危うく追い越されるところでした。私は疲れ果て，母が私について言ったひどいことをすべて信じ始めていたのです。もしも彼女があれ以上生きていたら，私はレースに負けていたでしょう。彼女の死は私を解放してくれました。そして，そこから私のすべてがようやく始まったのです。これは私にとってもっとも言いづらいことですが，真実なのです。もしも母がもっと長生きしていたら，私はもっと苦しんだでしょう。

　すべてのサバイバーたちの問題の多い親との「レース」が，このサバイバーのように劇的に終わるとは限りませんが，「終わり」に直面するチャレンジには似たものがあります。ほとんど例外なく，もっとも大きな悲しみは，本物を喪失したことから来るのではなく，「もしかしたらと期待することが決して起こらない」と知ることからくるのを，私は見てきました。

あなたのリジリアンスへ

　次頁のリジリアンス・マンダラを見て，独立性のくさびに注目してください。まず，あなたの心を痛め，家族から離れたいと感じさせた出来事を1つ思い出します。この章で上げられていた例を用いて，あなたの記憶を，痛みではなく，リジリアンスの周辺に組み立ててください。そして，自分を問題から取り除き，1人になるとか誰かと親しくするというような，あなたが保護を見つけるため

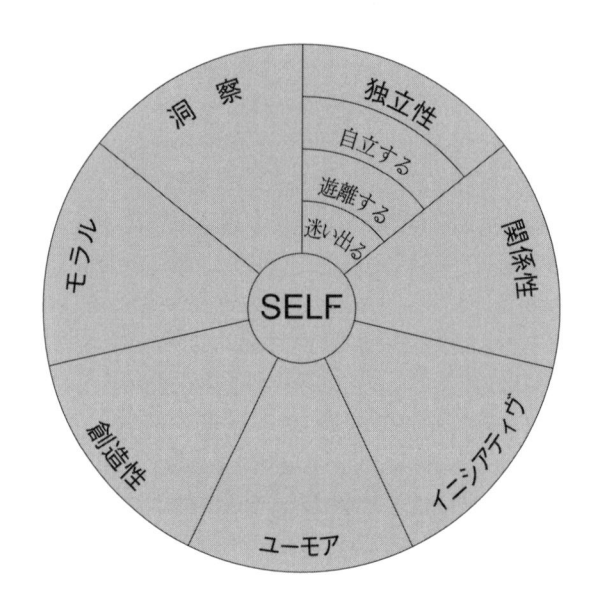

に出た行為を思い出して下さい。迷い出ることと，遊離することについての質問は，あなたの初期の独立性を思い出させてくれるでしょう。また，自立することについての質問は，現在のあなたに備わっている独立性をますます発見する助けとなるでしょう。

迷い出る
幼い子ども時代に：
1．あなたは，自分からわき道にそれることで，家族の問題から自分の気を紛らしていましたか？
2．あなたは，もっと楽しめる場所を発見する才能がありましたか？
3．あなたは，1人でいることに慰められていましたか？
4．あなたは，自分を好んでくれる人々とつきあうことによって，問題の多い家族の埋め合わせをしていましたか？

遊離する
もう少し大きくなってから青年時代に：

1．あなたは，自分の新しいテリトリーに仕切りをつけ，境界を定めていましたか？
2．あなたは，自分と両親との違いを，プラス思考で捉えられましたか？
3．たとえむっとしたときでも，両親の前では落ち着きを保てましたか？
4．将来と，あなた自身の独立性を，楽観的に待ち望んでいましたか？

自立する

大人になって：
1．あなたは，問題の多い家族と関わるのにより効果的な方法を探す時，自分の相反するニーズのバランスをうまくとれますか？
2．あなたは，子ども時代のパターンに戻るのではなく，大人として両親と一緒にいられますか？
3．あなたは，現在の世代において，家族という感覚を作る機会を探していますか？
4．自分が後世の手本となることについて，深く思いをめぐらせていますか？
5．あなたは，たとえ両親の死を前にしても，両親についての正直な気持ちを表現することができますか？

第6章
関係性：愛を求めて

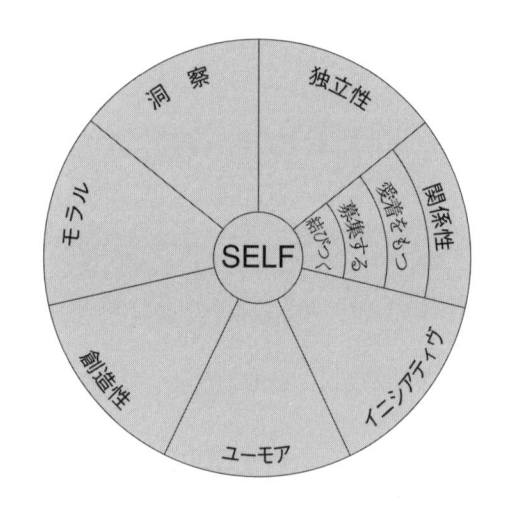

定義：関係性とは，他者との親密で満足のいく絆です。それは，あなたが愛し愛されている証拠であり，問題の多い家族が子どもに与えない承認を直接埋め合わせてくれます。幼い頃から，リジリアントな子どもは，求めに応じてくれる大人と結びついたり（connecting），注目を得ようとしますが，それが愛情探しの第一歩です。結びつきの喜びは，はかなく，たいてい理想とはいきませんが，そういった初期のふれあいは，リジリアントなサバイバーたちに，自分には魅力があるという感覚を与えるには十分のようです。自信に満たされると，彼らは手を拡げて，積極的な募集（recruiting）を始めます。つまり，友達や，近所の住人，先生，警察官，牧師などを親の代わりになる人として引きつけるのです。時を経て，募集することは，愛着を持つこと（attaching）で完全なものになります。それは，互いに満足のいくような関係性を作り，維持する能力で，バランスのとれたギブ・アンド・テイクと，自分だけでなく他者の幸福への成熟した配慮を含んでいます。

「リジリアントなサバイバーには，思いやりがあって強く心を打つ決定的に重要な大人が，少なくとも1人は必ずいるのではないですか？」[1)] リジリアンスというトピックで話をすると，成功しているサバイバーたちの人生における支持的関係性の役割について，形はいろいろですが必ず，この質問が出ます。その質問はどこかしら私を刺激するものなので，私は答える前にたいてい，一呼吸置いて，気を取り直さなければなりません。

表面上は，その質問は公平で，適切なものです。子どものリジリアンスがし

ばしば，家族内外の気にかけてくれる少なくとも1人の大人の関与を誘うという仮説も，現実によくあてはまるものではあります。子ども時代のよかった時間を思い返すと，おそらく「あなたのためにそこにいてくれた」誰か，泣きつくために肩を貸してくれた誰か，傷口を癒してくれた誰か，あるいは，幸せになる見込みがあなたにはぼんやりとしか見えなくても，生きるのに必要な希望や自信を与えて元気づけてくれた誰かのことが，浮かんでくることでしょう。

関係性の質問で私が問題としているのは，内容ではありません。私を困惑させるのは，そこに置かれている強調なのです。質問に答えようとして，内容と強調を微妙に区別していると，綱渡りをするような気分になります。リジリアンスというトピックで何度もワークショップや講演を重ねて，私が学んだのは，自分のバランスを保つために「その通りです，しかし……」と答えるしかないということでした。私がこれからしようとするのは，大いに骨を折りながらも「その通りです」の部分を十分正当に扱うことです。そうすれば，「しかし」の部分にも耳を傾けてもらえるのではないかと思うのです。

その通りです。リジリアントなサバイバーたちは，家にはなかった賞賛，注目，同情，そして交友関係を与えてくれた親代わりの人物との養育的な関係性のことを，しばしば大切に覚えています。インタビューでも，セラピーでも，リジリアントなサバイバーたちが，自分の忍耐と決意は，助けにやってきてくれた「救命」者のおかげだと言うのを，私は何度も聞いてきました。たとえば，サンドラは，問題の多い家庭で育ち，今では成功している愛情ある成人ですが，彼女の言葉は典型的です。許可を得て，私は彼女の発言を「サンドラの救出」と名づけました。

> 私の救済者は，壁隣のテラスハウスに住んでいた老人でした。名前はベルコヴィッツさんといいました。彼は，アパートを隔てる壁伝いに，私の不幸のバイブレーションを感じたのだと思います。ベルコヴィッツさんは私のことをかわいそうに思ったのか，暖かい季節に正面のポーチに座って新聞を読んでいるとき，私と友達になってくれました。私が彼のひざの上に座ると，彼は，私がいくら聞いても飽きないお話をしてくれました。私が病気か何かで何日か顔を出さないと，訪ねてきました。冬になると，正面のポーチに座る代わりに，散歩で「外の空気を吸う」ときに，私を連れ出してくれました。お決まりになったベルコヴィッツさんとの午後の散策は，私の子ども時代で最高の時でした。

その通りですね。「サンドラの救出」が示唆するように,「やった」と言われるサバイバーたちには,応援してくれる特別なファン,つまり決まって求めに応じてくれる人やモデルの役割を果たしてくれる人,あるいは重大な岐路に立つとき励ましを与えてくれる人などがいます。その通りです。「サンドラの救出」がさらに示唆するように,善意があり寛大な大人は,しばしば困っている子どもに気づき,献身的な同盟者になります。彼らのポジティヴな影響を過小評価すべきではありません。実際,とりわけスラム街の子どもたちのリジリアンスを育むことを目的とした多くのプロジェクトは,成人助言者のサービスを展開し,提供するのに成功してきたのですから。

しかし,どんなストーリーでもそうであるように,思いやりのある成人と傷ついた子どものストーリーは,さまざまな視点から語ることができます。そして,中には,サバイバーたちにとってより良いものとそうでないものがあります。私がもっとも好まないのは,結局のところ寛大さというテーマに行き着くものです。主演は,子どもと関わる才能と並外れた人情をもった大人(サンドラのケースでは,ベルコヴィッツさん)です。私はこの話を「子どもを救おうドラマ」と呼びます。ダメージ・モデルの考え方と同じ卵から孵った(かえ)センチメンタルな真実半分のドラマです。ダメージ・モデルが,親の有害な分泌物を不運にも受けるしかなかった犠牲者として子どもたちを描くのと同様に,「子どもを救おうドラマ」は,サバイバーたちを,ある慈悲深い大人の興味と注目を幸運にも享受した人と見なします。また,「子どもを救おう」には,関係性が偶然の出来事として暗示されています。ありそうであれ,なさそうであれ。

これを聞き入れてはいけません。あなたのサバイバル・ストーリーで,寛大さを解釈するときには注意してください。その通り,ではあるのです。もしもあなたが問題の多い家族に耐え,良好なメンタルヘルスが現れていたなら,おそらく,ある重大な人が一役買っていたことでしょう。しかし,感謝の気持ちを表現するのに,救出された浮浪児のイメージを自分に刻むのは,あなたにとって最大の利益をもたらすものではないのです。まず,別の角度を考えてみましょう。

「子どもを救おう」をリフレイミングすると,チャレンジ・モデルと一貫しており,リジリアンスのテーマを強調したバージョンができます。復活したそのシナリオを,「訴えかける子どもは,興味をもってくれそうな大人と出会う」と名づけましょう。この台本は,関係性を,あなた自身が苦労して実らせた果

実，絶望的土壌で注意深く慎重に栽培された，豊かな収穫であると見なします。「訴えかける子ども」は，あなたのストーリーにある事実を変えるのではなく，最初の台本では無視されていたか隠されていた出来事を強調し，新鮮な視点を与えるわけです。「訴えかける子ども」によって，あなたは自分のことを成功における能動的な行為者と考え，あなたの主要な感情を感謝からプライドへと変えるよう励まされます。

　たとえば，「サンドラの救出」をもう一度考えてみましょう。サンドラは，リジリアンスの追及に好奇心をそそられて，ベルコヴィッツさんとの関係性について「訴えかける子ども」という見方を容易に受け入れました。彼女が話し終えた後に，私はこう答えました。「その通り。ベルコヴィッツさんは，あなたに多くを与えてくれましたね。でも，教えて下さい。あなたはどうやって，彼があなたを救えるようにしたのでしょう？」

　かすかな微笑みが，彼女の唇を這うように浮かびました。私はそれを以前にも見たことがあります。抑圧されていたサバイバーのプライドが半分認知された表情です。思慮深い一呼吸の後，彼女の勇気と厳しさ，そして繊細さのストーリーが一度に出てきました。それら全部をまとめた彼女の物語に名前をつけるのは簡単でした。では，「ベルコヴィッツさんの懇願」を聞いて下さい。

　　ベルコヴィッツさんの家と私の家とは，1枚の壁で隔てられていただけでしたから，彼のアパートの音は壁を越えて私のところへ聞こえていたと思います。私の不幸のバイブレーションが彼に伝わっていたように。私が5歳か6歳の頃から，隣では怒鳴りあいが続いていました。ベルコヴィッツさんの息子はいつも声を限りに叫んでいました。「なんだよ，おやじ，電話の伝言さえまともに聞いとけないのか？」とか「おれがどうやって子育てをしようと，おやじの知ったことじゃないだろう」とか。

　　そのとき私が何を考えていたかは定かではありません。でも，ベルコヴィッツさんと無性に話したかったことは覚えています。「いったいどうして私が？」と思いました。6歳の少女がその家族の扉をたたいて，「ベルコヴィッツさんとお話ししたいんですけど」と言うのを誰が想像できるでしょう？　私には，ベルコヴィッツさんが私という存在を知っているかどうかも，私が何を言おうとしているのかも，はっきりしていなかったのです。

　　春のある日曜の朝，私は，ベルコヴィッツさんがいつものように，正面のポーチの牛乳瓶のケースに腰掛けているのを見ました。でも，彼は新聞を読んで

はいませんでした。新聞はひざの上で折りたたまれていて，彼は悲しそうで，取り乱しているように見えました。私は走って，家から縄跳びをとってきて，ポーチの正面に立つと，狂ったように跳び始めました。そして，「私のママと，あなたのママは，通りの向こうに住んでます。あなたのママも，私のママも，全然お菓子をくれないの」というふうに，歌にして言いました。私は，視界の隅で，彼がこちらに注目しているのをとらえました。笑っているのがわかりました。

　私は，放課後や週末に，同じ儀式を繰り返しました。そのたびに，ベルコヴィッツさんは私を見て，笑いかけました。彼は私の日課を気に入ってくれたのです。ところが寒くなると，ベルコヴィッツさんの姿を見かけなくなりました。彼はもう，ポーチに腰掛けて新聞を読まなくなったのです。私は，2人の小さな儀式がなくなったことをさみしく思いました。通りで偶然出会うとき以外，彼に会いませんでした。

　春になると，ベルコヴィッツさんは再び現れました。まるで渡り鳥みたいね。私も縄跳びの日課に戻り，彼がそれを見て微笑むという日々が戻ってきましたが，話をすることはありませんでした。ベルコヴィッツさんと私は，その状態に長い間とどまっていました。私が10歳になった頃でしょうか，その先に進んでみようと思い立ちました。私は，ベルコヴィッツさんがポーチで新聞を読んでいるところへ，縄跳びなしで出かけていき，階段の一番上の段にただ腰掛けました。ちょうど彼の足と同じ高さのところに私はいました。彼は，宇宙飛行士のために作られたような，足にぴったりのおかしな靴を履いていました。私は，手をかかとの周り，それからつま先の方へと走らせました。そして，ベルコヴィッツさんへの質問を始めたのです。「この靴はどこで買ったの？　履き心地はいい？　色の種類はたくさんあるの？　私も茶色の靴を持っているのよ」。

　そういった質問で，ベルコヴィッツさんの話が始まりました。間もなく，私たちは定期的に話をするようになりました。彼は，ロシアでの少年時代や，亡くなった奥さんのこと，彫板工の仕事をしていることなどを話してくれました。私は，彼の言ったことや，私にくれた注目を少しも取りこぼさないようにしました。彼はどんなことだって話せたでしょうし，私は聴いていたでしょう。

　冬が近づいてきた頃には，自分がベルコヴィッツさんを失いたくないと思っていることに気づきました。そこで，寒くなると何をするのか尋ねてみました。彼が毎日散歩していることを教えてくれたので，私は，勝手についていくことにしました。彼は，私が学校から帰ってくる3時15分まで待ち，それから一緒に出かけました。日々の散策は，確実に頼れる出来事でした。ベルコヴィッツさんは，祖国のことや，私の家族は守っていないユダヤの祝日や習慣について

あらゆる話をしました。土曜の朝や祝日には，一緒にシナゴーグ（ユダヤ教会堂）へ出かけることもありました。私の両親は，そういうのをあまり好ましく思っていなかったので，他にも遊ぶことはいろいろあるだろうに，どうして「年寄りのろくでなし」とつきあっているのか，と悪口雑言を何度も浴びせました。でも気にしませんでした。私はとにかくベルコヴィッツさんと出かけ，彼の隣に座って，祈祷に参加するのが好きだったのです。

サンドラの話を聴くと，ベルコヴィッツさんとの関係性についての議論を構造化するのに，「その通りです，しかし」の答を持ち出すまでもないことがわかります。彼女は要点を捉え，老人の愛情を引き出すのに自分自身が果たした積極的な役割を認めたのです。私は，彼女がすでに自分で見たことを単に確認することによって答えました。

「あなたとベルコヴィッツさんは，互いのために多くのことをしましたね。あなたは，彼にとってすばらしい仲間であり，彼があなたにしたように，あなたは彼の人生のすき間を満たしました。そしてあなたは，彼の快い気持ち，関心，そして共感を，あなたの憧れ，粘り強さ，そして優しさと調和させました。まるで贈り物をしあうように」。

自分自身で作り上げる関係性の中で，リジリアントなサバイバーたちは，愛情あり，愛すべき自分，というイメージをもつ機会を稼ぎます。そのようなイメージは，家で問題の多い両親から集められた，歪んだリフレクションの代わりになります。関係性は，正しい時に正しい場所に居合わせた，幸運な若いサバイバーたちに起こるだけではないことを強調するために，私は，稼ぐという言葉を使います。関係性は，問題の多い家族のチャレンジに対する積極的で建設的な反応なのです。苦痛と「人への特技」の相互作用に促されて，リジリアントなサバイバーたちは，人生の早い時期から愛を探しはじめるのです。成人すると，多くの人は，必要にせまられて，関係性におけるギブ・アンド・テイクのバランスを学び，わが子やパートナー，友達，そして同僚など，心のすき間を満たし崩壊した有害な過去に残された傷を癒してくれる人と，不朽の深い絆を作り上げます。

結びつく (CONNECTING)

　リジリアントなサバイバーたちは，結びつくことから愛の探究をはじめます。それは，他者へと手を伸ばし，関わろうとする最初のためらいがちな試みです。愛を奪われた幼い子どもに結びつきができるのは，次のようなときです。

- サンドラは，ある老人の隣に自らを置き，メッセージを込めた歌にあわせて縄跳びをしました。
- アランは，地元の図書館の児童書コーナーにいる司書を魅了し，自分の好みを覚えてもらって特別に本を回してもらいました。
- バーバラは，週末に一緒に釣りをしてくれる2人組の男性を引き寄せたことによって，釣竿を貸してもらったり，えさのつけ方を教えてもらったり，さらにはバーバラを入れた3人組を作ってもらいました。

　つまり，結びつきができるのは，子どもが，他人から愛されるように自らを変えることによって，愛のない家庭という難題に立ち向かうときなのです。
　リジリアントなサバイバーたちの人を惹きつける力は，研究においても繰り返し観察されています。たとえば，食べ物に毒をもられているという母親の妄想を打ち負かした勇気ある少年にインタビューした精神科医である，アンソニー博士は，住人で溢れかえった汚れたアパートで成長したリジリアントな少女の話をしています[2]。彼女の父親は，無職で，酒を飲むと娘を殴りました。児童虐待で告発され，呼び出されたこともあります。母親は，慢性的な抑うつ状態にありました。そして少女は，先天性股関節脱臼で，足をひきずっていました。
　アンソニー博士は，会う前に彼女の生育歴を読み，彼女が引きこもっているか，攻撃的であるかのどちらかだろうと予測しました。ところが，彼女は，アンソニー博士を安心させ，「温かくて心地良い，信頼のおける」仕草で彼の心を奪ったのです。彼女と話し始めて間もなく，彼は，普通の初回面接よりもずっとオープンに会話をしている自分に気づきました。
　キャロル・カウフマンも，同じく子どもの研究家ですが，彼女もリジリアントな子どもたちと同様の出会いをしたと述べています[3]。精神障害をもつ夫婦の家を訪ねたとき，カウフマンはスーザンという幼い娘さんに出迎えられまし

た。その少女は，愛嬌があり，カウフマンを誇らしげに自室へと招きいれ，赤外線写真を撮るための道具をはじめとした自作品を見せてくれました。カウフマンは，スーザンや他のリジリアントな子どもたちについてこうコメントします。「これらの子どもたちは，大人を避けず，むしろ近づいていきます。しかし，過剰に依存的な子どものようにあなたを息苦しくさせたりしません。社会的に適切な方法で振る舞うのです」。

　リジリアントな子どもたちの魅力は，つらいときにはその場からいなくなる特技と同様の特性に源を発しています。その共通項が，洞察です。手短に振り返ってみましょう。感じることについて思い出してください。これは，洞察の初期段階で，サバイバーたちに「トラブルを嗅ぎつける鼻」を授ける，直感的で心理的な天分です。感じることによって，問題の多い両親の危険なムードや現れを避けることができますが，サバイバーたちは，自らの情緒的な気づきを，可能であればいつでも親密性を達成するためにも利用します。こうして，洞察は，障害ある家庭の子どもに，一対の相補的な才能を与えるのです。トラブルが起こりそうになると逃げ出し，平静が訪れるとそばにいる，というように。

　あなたは用心深く，危険な空気をすばやく嗅ぎつけて，害がありそうなところから逃げ出し，自己防衛していたかもしれません。その一方で，安全なチャンスを見分け，見込みのありそうな人を判断し，接近の準備をし，あたたかい反応を引き起こすことも得意としていたかもしれません。洞察があなたの世界のコインであるならば，迷い出ることと結びつくことは，その表裏なのです。「懸命な成長：生き残る子どもたち」という研究報告書で，NIMH（国立精神保健研究所）のマリアン・ラドケ-ヤロウ博士は，あるリジリアントな子どもたちが，結びつくことと迷い出ることのあいだをどのようにして往来するのかを詳細に述べています[4]。そこには，ドミニク・アダムズという，同胞4人の次女についての興味深い記述があります。

　ドミニクの父親は頼りなく，大うつ病で苦しんでおり，マリファナの深刻な問題もありました。だいたいは日に2本から4本のマリファナタバコを吸いました。父親は，ドミニクの生活の中で，たまにしか親の役割を果たしませんでした。

　母親も大うつ病を抱えていました。母親は，売春によるかせぎと，さまざまな社会機関からもらえるわずかなお金で暮らしていました。ヤロウ博士の臨床評価によると，アダムズ夫人は，研究プロジェクトの中でもっとも怒りに満ち

た母親であり，うまくやっていくのがもっとも困難な人でした。しかしドミニクは，ヤロウの研究における他のリジリアントなサバイバーたちと同様，母親と結びつき，温かい信頼関係を築くことができていました。母親との関係性から彼女が得ていた元気は，印象的でした。

ヤロウ博士らは，ドミニクが2歳の時に臨床評価していますが，既に彼女は創造的で，好奇心旺盛で，社交的で，しかもチャーミングでした。3年後，彼女が1年生になったときの再評価でも，ドミニクは健康に成長を続けていました。彼女は，自分のことをハッピーで恐がらない子だと教えてくれました。彼女にインタビューし，観察した研究者たちも同じ意見でした。

ドミニクの家庭での標準的な行動は，母親と選択的に関わるというもので，自分の独立性を主張したり，関係を求めたりしていました。ドミニクは自分のニーズに注意を払っており，自分の楽しみのために1人でいたいときはそうしていました。また，自分を保護するために，いつ母親から遠ざかればよいかを感じ取ることができました。何をもっとも誇りに思っているかと尋ねられると，ドミニクは自分を信じることだと答えました。「私は，自分のことは自分でできるの」。2人分の食卓を整え，母親と自分だけの食事を用意する姉とは違い，ドミニクは1人で食事しました。ヤロウ博士の研究室にやってきた，幼児のドミニクは，目新しい環境を見回し，誰からの助けも求めずに，自分の遊びたいおもちゃを選びました。

皮肉なことに，自分のことは自分でするという，母親から距離を保つ上でもっとも役に立った能力が，関係性を維持する手段でもありました。つまり，彼女の能力と，情緒的身体的なスタミナ（これらが母親の胸に訴えかけるものでした）という特性を示すことによって，ドミニクは，情緒的資源に乏しい母親と結びつき，承認を引き出すことができたのです。ヤロウ博士は次のように説明します。

　　特に情報を与えてくれるエピソードは，アダムズ夫人が，固く閉じた比較的大きなプレキシガラス製コンテナ（中にはおもちゃが入っている）をドミニクに開けさせてくださいと依頼されたときのことです。ドミニクは（その研究の）たいていの子どもたちと同様，それは開けられない，と訴えました。アダムズ夫人は，娘の考えを完全に退けました。そして，いくらかの手助けとどなり声で指示を与えながら，開けることができることと，どうやって開ければよいか

を教えました。ドミニクは，自分でそのコンテナを開けることに成功し，アダムズ夫人は他の事をやってもいいという許可を出しました[5]。

「懸命な成長：生き残る子どもたち」が示しているのは，ドミニクのような，結びつくことができるリジリアントな子どもたちは，問題の多い両親が与えることのできるものの中で最高のものを手に入れるのだということです。ドミニクの母親との関係は理想には程遠いのですが，ヤロウ博士は，2人のあいだの何かがうまく機能していると結論付けます。ドミニクは母親と暮らすために，間違いなくいろいろな犠牲を払っていますが，彼女の初期の生育歴を見ると，彼女は，結びつくことによって，生涯にわたって自分を育む力強さの源泉を得たと思われるのです。

ドミニクについての記述の最後にヤロウ博士が記したのは，この勇敢で度胸のある子どもは，5歳の時に家族を去り，自分に似た仲間を探していたことです。ドミニクは，通りや学校で，自分と同じような子どもたちと付き合っていました。その子どもたちは，自分で生活を管理していました。幼いドミニクの家から友達への動きによって示唆されるのは，（たとえ問題の多い両親であっても）親と結びつくことによって，障害があったり不能な家族の外にある支持と愛情の宝庫を探す上で極めて大切な後押しが提供されるということです。サンドラのストーリーは，ドミニクの50年後のことになりますが，同じく希望に満ちた結論を導いてくれます。

サンドラは過去を振り返り，ベルコヴィッツさんとの関係を作る能力が魔法のように現れたわけではなく，彼女の家族生活に根ざしていたことを思い出します。ドミニクのように，サンドラが触れ合いの輪を拡げたのは，自分の魅力を家で試してからでした。最初の「聴衆」は母親でした。ひどい抑うつ状態で，引きこもっており，しばしば彼女を学校へ行かせず，食事もさせなかった当の女性です。サンドラは次のように回想しました。

> 身体的空腹感に加え，私は母親の愛情に餓えていました。母親に自分に気づいてほしくてたまらなかったのです。何度も試した挙句に，私はある方法をついに見つけました。コツはというと，母親の顔にすごく近づいて，頭と頭をくっつけ，そして，ジョークを言うことでした。初めてそれをやってみようとしたとき，彼女はキッチンのテーブルに座って，黙ったまま空を見つめていまし

た。私は、顔を母親の前に近づけられるように、椅子を引っ張ってきてテーブルに上りました。そして、話しはじめたのです。学校で聞いたジョークだったと思いますが、今ではその中味は思い出せません。鮮やかに覚えているのは、母親が反応し、笑い、そして実際、立ち上がって夕飯を作ったことです。

　その成功を基にして、サンドラはさらに何度か実験を繰り返しました。客観的基準からしても、彼女の結果は良好でした。試すたびに、サンドラは夕食にありつきました。主観的バロメーターによっても実験結果が好ましいことは、彼女と私によって同意されました。サンドラは、テーブルに上って母親を生へと導く自分を、内的な鏡に見ることができました。鏡に映ったその喜ばしい像は、サンドラに、その有効範囲をベルコヴィッツさんや他の人に拡げる勇気を与え、リジリアンス・マンダラの関係性のくさびをしっかりと位置づけました。ダメージ・モデルの破滅の予言を打ち負かし、サンドラは、母親の病いの影響に屈しませんでした。それどころか、彼女のイニシアティヴは、健康で思いやりのある大人との関係性へと彼女を駆り立てたのです。

　子どもの頃の、あなたの結びつきを作る試みは、サンドラやドミニクのようにいつもうまくいったとは限らないでしょう。しかし、もしもあなたが（たとえ断続的であれ）試したならば、あなたはリジリアントだったことになります。ちょうどサンドラが自らの勘にしたがって、取り乱した老人が読んでもいない新聞を膝の上に拡げている正面のポーチに向かったように、あなたは興味を持ってくれそうな大人に訴えかけたでしょう。そして、その過程で、あなたは自分自身を力強くしたことでしょう。

募集する（RECRUITING）

「町の波止場へ行く道で、私は、関係性と魚釣りには共通点が多いと気づき始めました」。3人の子どもの母になった後で大学へ進んだバーバラが言いました。

　どちらにもリズムを「感じとる」ことが必要なのです。ひっかかった魚を手に入れるとき、特にそれが大事で、逃がしたくなければ、少し与えて、前かがみになって、引き戻して、それから待たなければなりません。そのサイクルを繰り返して、魚のパワーと意思を尊重しなければなりません。一生懸命引っ張

りすぎても，引きが足りなくても，魚は逃げてしまうでしょう。だから，自信を持って，辛抱強く魚に取り組むことが必要なのです。それは人間関係とまったく同じことです。いつ少し与えて，前かがみになって，引き戻すのか，ということなのです。

バーバラが，町の波止場で学んだ教訓を他の人々や場面に応用しはじめたとき，彼女の関係性は結びつく段階から募集する段階へ進んだのです。サンドラが，縄跳びを置いて助けなしでベルコヴィッツさんに直接近づいていったときにも，同様の躍進がありました。

募集すること，つまり関係性を築く上での第二段階が起こるのは，次のような時です。

・家庭でのトラブルを感じとることによって，何がおかしいのか正確にわかるようになるとき
・家族の問題を特定することによって，異なっているという確信が生まれるとき
・つらいときには迷い出ることを繰り返すことによって，より長い間離れていられるようになるとき
・物理的距離によって，情緒的遊離が生まれるとき
・誰かがあなたに注目してくれたことによって，ぐらつかない仲間づきあいが始まるとき
・家族の中でのあなたの苦しみや落胆から，他者との希望に満ちた将来の展望が生まれるとき

募集することによって，サバイバーたちの傷は癒されます。たとえば，愛情や承認を与えることができない両親のリジリアントな子どもたちは，自分自身の家族を作ります。愛を探さなければならないことで，あなたは，自分がまるで拒絶された孤児であるかのように感じる一方，その仕事には報酬もあるのです。サバイバーたちだけでなく，多くの人々が，生物学的に決定された親類よりも，自分が自由に選んだ仲間を好むのです。

サンドラの例を考えましょう。彼女は，ベルコヴィッツさんを皮切りに，拡大家族と称する，世代をつなぐソーシャル・サポート・ネットワークを作り上

げました。自分の成功に元気づけられて，彼女は，誰がまわりにいるかを見るため，そして「他人の生き方を見学するため」に，近所の人たちを定期的に訪ねることにしました。ダイレクトメールが何通か間違って彼女の家に配達された時が，彼女の好奇心を満たし，「母親」を募集するのにうってつけの日となりました。クーポンとカタログの入った包みを握りしめて，サンドラは，本来の宛て先であるシモンズ夫人の家へと，通りを2ブロックうきうきしながら足早に下りていきました。ドアを開けてくれたシモンズ夫人を，サンドラは受容的なタイプだと判断しました。「2人の小さな子どもが足にまとわりついていたけれど，彼女はそれでも笑っていたの」。サンドラは思い出しました。「私は，彼女には助っ人が必要だと想像したのです」。

郵便物を届けるという彼女が見せた責任感が人の感情にうまく訴えることは知っていたので，サンドラはシモンズ夫人に，自らベビーシッターをしたいと申し出て，名前と電話番号をわたして帰りました。2日後に電話がきました。ベルコヴィッツさんの心を捉えたのとまったく同じように，サンドラはシモンズ夫人をも捉えました。つまり，数カ月で，サンドラのチャイルド・ケア・サービスは180度転換し，雇用主－雇用者の取り合わせは，母娘関係になったのです。サンドラは，相手の役に立つ代わりに，自分の心配事を打ち明けました。彼女は，シモンズ夫人と話しました。生理になったことや，友達とのちょっとしたけんか，ボーイフレンドの問題，そして最終的には家族のことを。サンドラは言いました。「いつも，家には帰らなければなりませんでした。それに，シモンズ夫人と母との比較は，いつでも自分を傷つけました。でも，苦しみは，外の関係性という太陽光の下では，色あせていきました。もしも誰かが，問題の多い母親の代理に本当になれるとしたら，シモンズ夫人はとても近いところにいたと思います」。

学校では，サンドラは妹や弟を募集しました。彼女はこう説明してくれました。

> 私は，休みを返上して毎日幼稚園のクラスで本を読んであげるアシスタントのボランティアをしました。それに，靴のひもを結んでやったり，おもらしをした子どもの世話をしたり，鼻水をたらした子どもの鼻を何度も拭いてやったりと，先生の嫌がるありとあらゆる仕事をしたのです。子どもたちが，恐い先生たちと私を区別していることがわかったので，自分を大きいお姉さんのように思いました。私は，子どもたちの憧れの的だったのです。

自ら自分の家族を創り出すサンドラの能力は，大学で頂点に達しました。キャンパスは，新しい人々に溢れ，皆が関係性を探しているという，理想的な環境でした。1年生ですぐさま潜在能力を利用し，サンドラは，感謝祭のための帰省はしないことに決めました。代わりに，大学に残り，自分と同じような「迷子」や，たった数日だけのために帰省するには実家は遠すぎるというクラスメイトと集まりました。そのグループで，祝日を一緒に祝ったのです。

> あれは，おそらく私の人生で初めての幸せな感謝祭でした。「正常な」人たちは家族と過ごしているのに，自分はおかしなことをしているのだという感情と闘わなければなりませんでしたが，それでも，主に感じたのは安堵感でした。

2年生の時，サンドラは寮を出ました。彼女と，感謝祭を共にした数名の友人は，共同で家を借り，そこで1年を過ごしたのです。彼女はこう言いました。

> 春には，庭作りをしました。庭を耕して種を植え，育てました。そして，いっぱいの花と野菜を作ったのです。収穫したら，冬には庭を寝かせたので，自分自身との一体感，そして世界との一体感を享受しました。

サンドラの過去の苦しみは，意識から完全に消え去りはしませんでした。しかし，彼女のうらやましいほどの達成は，彼女よりもはるかに幸運な背景をもった他の人々にも届かないところにあることが証明されました。サンドラは，自分自身と，そして世界と一体なのです。彼女の養ってきた関係性とこれから実を結ぶであろう関係性が，生涯彼女を支えるだろうと私は確信しています。私がインタビューしたとき，サンドラは55歳で，結婚しており，友達同士の活発なネットワークの中にいました。日々の子育てのちょっとしたわずらわしさはさておき，彼女は満足した母親でした。成人した息子や娘から愛され，尊敬されていました。自分がおばあさんになるというとき，サンドラは感極まって，娘が妊娠した喜びをほとんど言葉にできませんでした。

サンドラのように，多くの子どもたちは，積極的に愛情を募集することによって問題の多い家族の難題に立ち上がります。家庭での生活が不可能なときに，家族や友達を求め，共に生きる子どもたちのことは，いつも新聞で読むことができるでしょう。優れた学生や企業家，そして仲間内のリーダーなどの話です。

私がこの本を書いているあいだにも，ある「募集する」ストーリーが，雑誌『ナショナル・ジオグラフィック』の表紙を飾りました[6]。ペドロというヒスパニック系の15歳の若者を描いた，1990年5月の冒頭記事，「イースト・ハーレムでの成長」が，そうです。彼は，自分を取り囲んでのみ込もうとする失望と，崩壊した価値体系を退けています。ペドロの兄，ファルコは，ステレオ・スピーカーを盗んだ容疑で撃たれ，死にました。ところが対照的に，ペドロは，自分の面倒の見方を知っていました。彼はこう言いました。「かつての友達は，僕に学校をさぼらせようとした。でも，僕はもうそんなことはしないよ」。

現在，ペドロは熱心な学生で，できるところならどこででも（たいていはリビングの床の上で），勉強します。ペドロは8年生で，ハーバー舞台芸術学校という，地元の特別な学校に入学しました。彼は，体操と，サーカス技術を履修しています。彼の一番好きな科目は数学です。「確率が大好きです」と彼は言いました。

『ナショナル・ジオグラフィック』によると，ペドロは，頑固なまでの楽観主義で，目標のはっきりした，必要とするものを手に入れる知恵とスキルを持った子どもです。ペドロは，バリー・グリーンという「ビッグ・ブラザー」を募集し，人種，文化，そして経済の境界線をうまく越えました。2人の関係は，魅力的な子どもが，興味をもってくれそうな大人の注目を引いたときに，始まりました。バリーによると，ペドロは，バリーを首尾よく味方にするまで引き下がらなかったそうです。バリーが監視員として働いている地元のプールで，ペドロは魅力的な厄介者になったのです。バリーはこう言いました。「彼は，僕のフリッパーと酸素マスクを見せろと言って，困らせたんです」。

ペドロとバリーが共に過ごした8年間のうちに，一方的に厄介者だった関係は，相互に尊敬し合う関係に発展しました。ペドロにとって，バリーは先生であり，仲間であり，秘密を打ち明けられる親友であり，役割モデルでもありました。ペドロは，バリーに，活気，目的，そして人の成長を目の当たりにすることの喜びを与えました。バリーとペドロは，連れ立って洞窟探検に出かけ，動物と化石の研究をしています。『ナショナル・ジオグラフィック』の記事は，ヘッドライトでフル装備した洞窟探検のヘルメットをかぶった2人が道を闊歩している姿を捉えています。バリーは現在，中等学校を通じてペドロを助け，彼が大学へ行けるように方向付けるつもりでいます。ペドロはただバリーのようになりたいと思っています。彼らの関係性によって示されているのは，子ど

もの直属の環境にある情緒的サポートが希薄であるとき，募集された後援者が健康と幸福を支えてくれるということです。たとえあなたの求める注目やケアが即座に家庭で与えられないがために，承認を追い求めなければならなくても，一生不具合を抱えるわけではないのです。

愛着をもつ（ATTACHING）

　問題の多い家族の子どもたちは，なぜ関係性がうまくいかなくなるのか，すべて見抜いています。観察したことを胸に，リジリアントなサバイバーたちは，勇気をくじかれることなく，異なったルールで生きていくことを誓います。多くの人が，慰めとプライドの安定した資源として友達やパートナー，そして子どもたちと長く続く愛着を形作ります。彼らの成功への公式（つまり，懸命に働き，ものごとに真面目に取り組み，そして問題の多い両親とは違った人物になろうと自らを鼓舞すること）は，子ども時代から成人になるまで不変です。あるリジリアントなサバイバーは，結婚をテーマにして次のように述べました。

　　私の両親には取り決めがありました。「あなたは私に関わらないで。私もあなたにはかかわらないから」というものです。2人は，けんかをしたりはしませんでしたが，そこには何かものすごく間違ったものがあることはわかりました。2人のあいだの感情は冷え切っていたんです。あんな風になるなら，私は1人で生きていきたいと思います。

　別のサバイバーは，21歳と23歳の子どもの話をしながら，過去の誤りを避けるという同じ決意を表現しました。

　　父は，僕が自分らしくしているのが受け入れられませんでした。自分のレプリカか何かを欲しがっていたのではないでしょうか。子どもたちから手を引き，彼らが自らの間違いをするのを見守っているのは本当に難しいことです。僕はこのことに絶え間なく取り組まなければなりませんが，子どもたちには自分の人生を送らせるようにと思っているんです。

　自ら稼いだ愛情という霊薬で健康に成長するサバイバーたちは，貴重な教訓を学んで，子ども時代を終了します。教訓とは，持つ価値のあるものは見つけ難く，保つのはさらに困難であるということです。リジリアントなサバイバー

たちは，愛着の質に注目します。私の臨床実践と研究からすると，たいていの人が次のようなことを学びます。

- 関係性を賢く選択します
- 親密性の妨げとなる過去からのダメージをコントロールします
- 健康な儀式を作り上げ，観察することによって，関係性の絆をつくります

1. 賢い選択

　洞察は，リジリアントなサバイバーたちが問題の多い両親から巧みに離れられるよう促すと同時に，賢く愛着を持つ試みを導きます。私の研究が示したのは，アルコール依存症の家族に育ちながらも，両親の自己破壊的行動を繰り返さないアダルトチルドレンは，健康な家族に育った配偶者と結婚することによって保護を見つけるということです[7]。こういったサバイバーたちは，自らの境遇から逃げ出したいと願っているので，結婚して姻戚の「養子」となる機会を歓迎します。彼らは配偶者の家族と休日を過ごし，定期的な連絡を欠かさず，しばしば，義理の母，父，姉妹，あるいは兄弟と深い個人的関係を育みます。サバイバーたちは，歓迎してくれる義理の家族に愛着を持てたきらめく感情を，「やっと帰る家ができた」と表現します。いわゆる新婚時代が過ぎて，理想の両親を見つけたという幻想が蒸発し始めても，リジリアントなサバイバーたちは，「家族と結婚したこと」による，自分の根付いた感じを好みます。その感情については，アルコール依存症の親のアダルトチルドレンからだけでなく，他の問題を抱えた家庭で育ったリジリアントなサバイバーたちからも聞きました。

　たとえば，サンドラは，ベルコヴィッツさんを祖父，シモンズ夫人を母にしましたが，彼女は私にこう言いました。

> 私は，夫と結婚したのと同じくらい，夫の家族と結婚したのだと思っています。まだつきあっていた頃，お金がほとんどなかったので，私たちは彼の実家へ行って，ハーツをして遊びました。私はカードを数えていなかったのでいつも負けてばかりでした。実家の人たちがお互いにどう接しているか観察するのに忙しかったのです。私はそこで見た敬意を理解し，そして間もなく，私はその場全体が大好きになり，その中に入りたいと思いました。しばらくすると，

当然のことながら，義理の家族の欠点が見えてきて，中にはい・や・な人もいました。でも，そんなのは，私の両親の欠点に比べたら何でもありませんでした。それに，最悪なときでも，私の義理の家族は，基本的な礼儀正しさを持ち合わせていましたし，わが子に対して純粋な愛情がありました。ですから，私が少し引いたり，夫と私で少しもめても，家族に頼れることには変わりがないわけです。私の今までのことを考えると，それは言い尽くせないほど大切なものです。

正しい配偶者を選ぶことに費やす苦労は，他の重要な関係性にも拡がります。愛着を形成することによって癒されることがあるとわかると，彼らは友達や，近所の人々，同僚，そして親戚と団結して，代理家族を形成します。そこでは，悲しみも喜びも共有し，メンバー一人一人を支持し，帰属感を満たし，それぞれが互いにとってどれほど大切かをはっきりと言えるのです。

たとえば，アランの家族は，各々の混沌の中に孤立していましたが，現在のアランは，メンバーの子どもたちまでも含む友達のネットワークを持っていると言います。彼は私に，彼らの愛着の強さをこんなふうに説明してくれました。

　　友達の子どもがふらりとうちにやってくるのは，珍しくありません。しかし，重要なのは，彼らがやって来るのは，何かわずらわしいことがあるときだということです。友達と僕，僕たちは，同じ価値観をもっています。ですから子どもがあまりに怒ったり動揺したりして自分の家に帰れない時に，子どもに行く場所があることは，非常に安心できることなのです。僕は，友達のレスターの息子を高校2年生のあいだうちであずかりました。彼の息子は，自分の家ではだめだったんです。レスターが（とても）動転していたことは聞かされていましたが，彼は，僕が息子に彼を嫌うよう仕向けるのではないかとか，僕が自分の息子のようにレスターの息子を大事にしないのではないかなどと心配することはありませんでした。

問題の多い，生物学的家族を，自ら選んだ健康な家族と取り換える喜びは，バーバラの友達についてのコメントにも表れています。

　　毎年恒例のクリスマス・パーティでは，私が愛し，私を愛するすべての人々が訪れるのを玄関に立って眺めます。その時，自分がゼロから家族を作り上げたのを実感します。私を一生追いまわしたかもしれないジンクスを破ったこと

がわかります。

ポジティヴな関係性から生まれる癒しは,「心理学的リジリアンスと親密性への能力：傷ついた者はいかにして『うまく愛する』か」と題されたレジーナ・オコネル・ヒギンズ心理学博士の研究報告のテーマです[8]。その研究は,23人のリジリアントなサバイバーたちとの大規模なインタビューで構成されています。そのサバイバーたちは全員,子ども時代に,両親からの拒絶を感じ,できるところならどこででも愛情と支持を意識的に得ることによって自らを維持してきた人々でした。オコネル・ヒギンズ博士によると,こういったサバイバーたちが幼い頃から育んできた対人的スキルは,最終的には健康な成人の関係性へと開花し,与え過ぎや,与えなさ過ぎ,権力闘争や,満たされない依存性などによって,ふいにされることはないそうです。彼女は,こう言います。

> よその庭での種蒔きに熟練している人にとって,募集により集まった愛は,豊かに花開き,それによって再興する力を持っているのです[9]。

オコネル・ヒギンズ博士がインタビューしたリジリアントなサバイバーの1人にアンドレがいます。アランとバーバラのように,アンドレは,ポジティヴな関係性が心理的な傷つきを一変させることに気づいています。洞察に導かれて,彼は自分に正直になろうとする努力を支えてくれる人々に愛着を持ちます。アンドレは,建設的関係性という自分の考えを,ある特殊な鏡にたとえます。アンドレの描く鏡は,自動的に彼の考えを映すのではなく,親友にしか尋ねられないことを尋ねてくるのです。「あなたは本物ですか？」その直面化が,アンドレを自分の内面の深い部分で本当に考えたり感じていることを振り返るように強いるのです。鏡のアナロジーを解釈して,アンドレはこう言います。「『その種の関係性』が人生の一部になってもいいと思えるくらい,僕は十分に信頼していますし,自信もあります」[10]。

アンドレのようなサバイバーたちは,自分のニーズを明確に理解し,それに基づいた関係性を形成します。アンドレは,自分が自分の本当の感情を見失いがちであると知っているため,歯に衣を着せぬ人や,自分の考えに異議を申し立ててくれる人を求めています。ジャネットは,母親の病いの影響下で育った教師ですが,彼女は,自分のパーソナリティの「冷酷な」部分をなんとかした

いと私に言いました。彼女は「すばらしい」ユーモアのセンスがある人に魅力を感じています。「私がもっとも好きな友達は，もっともたくさん笑える相手です」と言いました。アンナは，「間違いを一度も犯さなかった」批判的な両親をもっていた若い獣医のアシスタントですが，ボーイフレンドと恋に落ちたのは，心から「ごめん。君の気持ちを傷つけていたとは思わなかった」と言われたときでした。そしてアラン，彼は，母親の激しい気分変容と，彼女の病いがもたらす孤独から逃走していた人物ですが，彼はコミュニティ感覚を切望していました。彼は，「本物の隣人のよしみ」がある土地に家を買いました。そこは，人々に所属感があり，7月4日をともに祝い，一方でプライバシーを尊重し，互いに助け合う場所でした。

　　ある時，幼い息子が，庭を歩き回っているうちに家の後ろ側にあるみぞの方へ入っていきました。近所の人が息子を見かけ，僕に「息子さんが今どこにいるか知ってますか？」と電話をくれました。小さなことでしたが，その出来事は，僕の深いところにある何かに触れました。他人の息子に気づくだけじゃなくて，わざわざ電話してくれるなんてね。子どもの頃，僕がどこにいるかなんて誰も知らなかったのです。

2．ダメージ・コントロール

　子どもの頃，サバイバーたちは親の問題を毎日目撃します。けんか，敵意に満ちた沈黙，卑しさ，悲しみ，そして孤独などです。害を与える方法をよく訓練されたせいか，リジリアントなサバイバーたちは，逆に「うまく愛する」ようになります。経験に逆らって，彼らは，他者に愛着をもつことが可能であり，安全でもあり得るという希望にしがみつきます。また，彼らは，関係性が慰めと安全の源になるのと同じくらい容易に，しなびたり爆発もするという暗い真実も知っています。彼らの洞察によって，親密性の能力を破壊してしまうような，過去からの長引く問題に注意を払う必要性が理解できます。

　たとえば，子ども時代に剥奪あるいはネグレクトされた多くのサバイバーたちは，他者に与えることによって（時に与え過ぎるものの）自らを満足させようとします。市場の行商人さながらに，子ども時代に切望したけれど手に入れることのなかった寛大さと注目を，以下のようにして，すべての通行人に売り歩くのです。

・友達の問題をいつまでも聴いてあげること
・コミュニティのなすべき仕事をボランティアで行うこと
・パートナーが気持ちよく眠っているのに，徹夜してまで家計のやりくりを考えること
・仕事では，自分の分だけでなく他の皆の分まで引き受けて働くこと
・子どもにとって完璧な心理的環境を提供しようとすること

ひたすら与えることと，「全部まかせなさい」症候群に駆られたリジリアントなサバイバーたちは，自分の弱さを知り，それがどんなに自滅的かを理解する洞察を持っています。制御不能の寛大さが自分を疲労困憊させたり，相手には呑みこまれてしまった感じを与えかねないことを知ると，彼らは，自分の「寛大さ」を抑制しようと慎重にステップを踏みます。たとえばバーバラは，子ども時代の剥奪されたという感覚を，完璧な妻でいることによって埋め合わせようとしました。その方策は裏目に出ました。夫の感謝で満たされるはずが，彼女は虚しさへと沈んでいきました。バーバラの気分が悪くなるにつれて，彼女の洞察は，ただひたすら与え続けることが無益な行為であることを見抜き，イニシアティヴが彼女を変化へと駆り立てたのです。彼女はこう言いました。

> 当時はまり込んでいた穴から自分を引っぱり出す方法は，自分のためだけに何かをすることだと決めました。しかも，本当に重要なことでないといけません。たとえば，両親が私みたいなバカにはできるはずがないと思っていた大学教育を受けることを思いつきました。それから実際に大学に出願するまでに，2年かかりました。最大の障壁の1つは，夫にそのことを打ち明けることでした。あなたは料理や買い物を覚えなければならないし，カープール（訳注：ガソリン節約などのために通勤通学の相乗りグループを作り，毎日交代で運転する取り決め）で出勤しないといけなくなるかもしれないと言うことです。私は自分が正しいことをやっているんだと本気で思えるまで，何時間も友達に話したり，女性運動の本を読んだり，頭の中で何度もそのことを繰り返し考えたりしました。それで，ようやく実行に移したのです。

与えることがおかしなことになっていくという気づきは，バーバラと同じくあなたをも促して，他者のニーズだけでなく自分のニーズも考慮するようにさせるかもしれません。しかし，その一方で，もしも子ども時代に欠けていたも

のを売り歩く市場の行商人という説明があなたにあてはまらないのであれば，逆の問題を考えてみるべきでしょう。つまり，情緒的にスクルージ（訳注：守銭奴。ディケンズ作『クリスマス・キャロル』の主人公）だということです。過去によって剥奪され渇させられたと感じることで，多くのサバイバーたちは，自分が一度も得ることのできなかったものを与えることは難しいと嘆きの洞察をするのです。

- 失われた子ども時代を取り戻し，自分が世話をされたいと願うため，いくらかのサバイバーたちは，子どもを育てるという要求に重荷を感じます。
- 家族の呪縛はもう解けているという証拠を切望するため，我が子の不完全さに押しつぶされてしまいます。
- 健康な依存性を，無力感やコントロールの喪失と混同するため，壁を作って，友達，恋人，そしてパートナーを「立ち入り禁止」にします。
- すぐに見捨てられたと感じるので，容易に怒り，落胆に耐えたり誤りを許すことに問題を抱えます。
- 乱用に対して用心深いため，自分の取り分が公平かどうか常に計算し，さしあたって割り勘を主張します。

　洞察が，「私が全部やります」症候群のリジリアントなサバイバーたちを救うように，難しい質問をしてそれに正直に答えることが，情緒的な乏しさに苦しむサバイバーたちにとっての救いとなります。人生におけるその他さまざまな障壁を取り除く時と同様に周到な決意をもって，彼らは，もっと寛大になろうという目標に挑みます。たとえば，ノリーンは，自分は，親密になろうとしてくれた人々の死体を山積みにしていると悟り，自らセラピーに訪れました。サンドラも同じく自らセラピーを求めましたが，それは彼女がティーンエイジの娘に対してしょっちゅう大声をあげていることに気づいたときでした。「母のようになっていると感じることには，どうしても耐えられませんでした。私には助けが必要だとわかったのです」と彼女は言いました。
　一方アランは，自作の「関係性プログラム」にエントリーしました。母の躁うつ病という重荷を背負ってから女性に対して感じるようになった怒りをコントロールするために，彼がどんな取り組みをしたのか聞いてみましょう。

家を出た時，僕は怒りに満ちていましたが，愛こそが大切だと知っていましたし，思いやりと愛情が人生の一部であってほしいと自分が願っているのも知っていました。でも，それは自然にはやってこなかったんです，本当に。男性といるときはよかったのですが，女性のことでは最悪な人間でした。相手にできないほど多くの女性とセックスしては，次々と捨てていきました。それは，ひどく恥ずかしいのにやめられない強迫症のようなものでした。自分がなんて虐待的なんだろうとわかり始めたのは，友達が女性に対して真剣になり結婚し始めた頃でした。僕は，自分の中に家族と似た部分を見つけたのです。「だめだ。ちくしょう。こんな方法じゃお前が欲しがっている愛は絶対に手に入らないぞ」というわけで，僕は男友達と親密に居つづける努力をしました。簡単なことではありませんでしたよ，彼らは結婚しつつありましたから。でも僕は，電話を絶やさないようにして，ジョギング仲間を2組見つけたんです。結婚がうまくいっている彼と5マイル一緒に走るのは，セラピーみたいでした。実際に，女性といる時の振る舞い方とか，セックスで優しくして女性を満足させる方法を教えてくれる男友達も何人かできました。そうやって骨を折りながら，徐々に進歩したんです。

昔のまずい性的関係にもかかわらず，アランの結婚は成功しました。私が彼に出会った時，彼と，妻のサリーは，結婚18周年を祝おうとしていました。彼は，賢く妻を選びました。サリーの頼りがいと，ぐらつかない愛情が，彼の女性に対する不信感を埋め合わせてくれるだろうとわかっていたのでしょうか。彼は言いました。「サリーといると，ものごとは決してコントロールを失って傾いたりしないだろうと確信するのです。彼女は落ち着いていて，一貫しています。そして何よりも，彼女は私を安心させてくれるのです」。

バーバラやアラン，サンドラ，そしてノリーンのようなサバイバーたちは，自分ばかりか他者が与え得る痛みのことを十分すぎるほどよく知っています。彼女たちのリジリアンスは，自分たちに与えられた無情さと皮肉を拒否し，愛とは価値あるものだという信念によって頑なに生きる意志なのです。関係性は権利だけでなく責任も含むのだと理解している，公平で，モラルがあり，洞察の豊かな人々。彼女たちは，収支を合わせることに熱心に自らをつぎこむのです。

3．儀式

休日や人生の節目というテーマは，サバイバーたちの最悪の思い出を，他の

何にもましてよみがえらせます。けんか。緊張。泥酔。家族の不和によって長いあいだ疎外されてきた行方不明の親戚。お祝いを忘れたり祝うことの拒絶。グロテスクなほどに不適切な贈り物。冷たい，偽りのやりとり。作り笑い。デザート直後の出口への直行。多くのサバイバーたちにとって，休暇は，自分たちが求めているのに，問題の多い家族には欠けているすべてを鮮やかに表すシンボルです。テレビや雑誌，そして店頭で，家族の連帯のセンチメンタルなイメージが報道される時こそ，サバイバーたちがもっとも孤独を感じるときなのです。

　子ども時代の祝日の儀式を思い出すことは，多くのサバイバーたちに感情的激動を引き起こします。「家族の結婚式や洗礼，誕生日を考えると，ミツバチの群集でも送り込まれたような大騒ぎになります」。現在自分の家族をもっているバーバラでさえ，こんなふうに言うのです。また，同じ出来事を思い出して，アランは「実家でクリスマスを過ごすことに触れるだけで，僕は震え上がりました」と言いました。家族のお祝い事についてサバイバーたちがコメントした中で，もっとも希望に満ちているのは，悲しみにリジリアンスが混ざったものでした。「私の家族には，過ぎ越し祭の正餐がありませんでした」と，サンドラはためいきをつきました。「ある年，ベルコヴィッツさんがチョコレートでコーティングしたマツァ（訳注：過ぎ越し祭で食べる種なしパン）をくれたので，私は，人形たちのためにそれで過ぎ越し祭の正餐を作ってあげたんですよ」。

　問題の多い両親と距離を維持し，他者と愛着ある関係を賢くもつことの保護的な価値を示したリサーチ・プロジェクト[11]で，私はさらに，リジリアントなサバイバーたちが過去の祝日の悪夢を繰り返さないことを保証しているのを示しました。お祝い事がどのようにして家族を引き裂いていくかを知っているので，彼らは，同じ状況を以下のことがらのための機会として十分に活用できる有利な立場にいるのです。

・関係性の編み合わせと団結
・健康な家族アイデンティティの表現
・過去，現在，そして未来のある，一つの集団への帰属感の創造
・より大きな文化，コミュニティ，宗教，あるいは少数民族集団との結びつき

バーバラは，5歳の誕生日のこと，母親の脅し，そして家を迷い出た最初の経験のことを思い出しました。また，その後は誕生日の度に，両親が決まって彼女の1年間の失敗を述べ立てたことも思い出しました。過去について慎重に「ワークし直す」ために，バーバラは夫と子どもたちと誕生日の儀式を作りました。それは承認のイベントです。

> 私たちは，みんなの誕生日を盛大にしました。私たちの伝統は，誕生日を迎える人は何でもしたいことができて，残りの家族はそれに従うというものです。しかも楽しく！ ある年，息子ははしごのてっぺんに登ってごはんを食べました。夫は，20年ほど履きつづけて汚れきったウォーキング・ブーツも含めて，靴を磨いてもらいました。私は寝室の家具を模様替えしました。

バーバラのクリスマスの話には，個人の好みに対する敬意と，家族メンバー全員の個別性への配慮が味わい深く添えられていました。

> 私たちは家族5人で，ティッシュペーパーは5色あります。それぞれが，お気に入りの色のティッシュをとるのです。毎年，ツリーの下のプレゼントも靴下の中の小物もすべて，その色のラッピングがほどこされます。いとこや友達，ご近所という家族以外の人からのプレゼントにも，みんな私たちの色が使われています。このことが娘にとってどんなに大きなことを意味しているかを悟ったとき，私は鳥肌が立ちました。私の色は，明るいエメラルドグリーンでしたが，娘が12歳の時，こう尋ねたんです。「ママ，もしも私の子どもが緑色を欲しいって言ったら，どうなるの？」って。

バーバラの満足が，個人の特徴を儀式の中に反映させることにあったのに対して，アランは，偉大で，もっともっと古い時代の伝統に参加することに慰めを見出しました。その伝統によって，彼の変色した近い過去は，彩色を施されたのです。彼は言いました。

> カトリックを受け入れた瞬間のことを覚えています。それはイースターの日曜日で，僕は大学生でした。当時の僕には，強い宗教心はまったくありませんでしたが，なんとなく，教会へ行かなければと感じたのです。ミサの最中，自分が高揚しているのを感じました。おそらく，音楽が僕を目覚めさせたのでしょう。僕は，たとえ自分には誇れる歴史が何一つなくても，拠って立つ家族が

なくても，しがみついていられる何かがあることがわかり始めたのです。自分には2000年も脈々と続いてきた伝統がある以上，世界中のどこにいても，僕は教会へ出かけ，ミサを行い，自分の場所があると感じられるわけです。そこには何の疑問もありません。僕は，宗教的人間になりました。そして，本当に神を信じています。しかし，宗教でもっとも好きなのは，自分がこの宇宙の中で，何にも結びつかず，はだかで漂っているわけではないのだという気持ちです。

リジリアントなサバイバーたちとのもっとも生き生きとした議論のうちのいくつかは，うまくいくようなお祝いを計画し参加することから感じる再生にまつわるものです。多くの人々は，そのような経験に非常に満足し，儀式を祝日や人生の節目に止めず，新しい伝統を始めるあらゆる機会へと飛躍させます。たとえばサンドラは，娘の毎週のシャンプーを，普通の日課から絆を作るイベントへ変えたことに特別な誇りを持っていました。彼女は言いました。

　　髪を洗うことは，娘が5歳の頃から，ただの洗髪ではありませんでした。それは「すばらしいトリートメント」でした。私たちは，その日のためにわざわざお店に出かけていって，シャンプーやコンディショナー，それからスプレーなど，すべての道具をそろえるんです。キッチンのシンクに頭をひたしてシャンプーしたら，互いに髪の毛をねじったり，ひっぱったりして，思い通りの形にします。それから互いにリンスを流し，タオルで乾かし，くしでとかしつけるんです。開始時間は，きっかり7時半で，しかも火曜日の夜と決まっていたんです。

誰にとっても，お祝い事は，集団や家族のアイデンティティという織物を織るものです。成功しているサバイバーたちにとって，新しい世代の儀式は，過去を補い，現在のポジティヴな自己イメージを強化し，希望ある未来へ手を伸ばすという意義があります。したがって，宗教的な祝日や誕生日から，髪を洗うなどの日常的な出来事に至るまで，リジリアントなサバイバーは儀式を重視するのです。彼らは，ママとパパとのお祝いのぞっとするような記憶に拍車をかけられて，儀式が，過去はもう終わったことの生きた証なのだと心に決するのです。

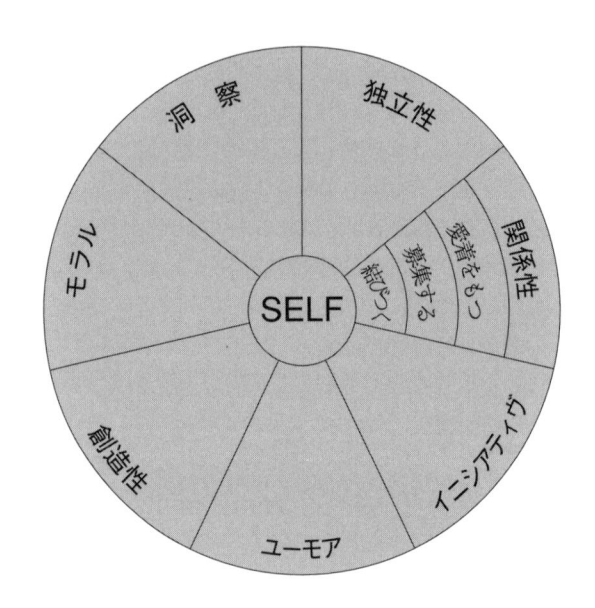

リジリアンス・マンダラ図：中心に「SELF」、周囲に「洞察」「独立性」「関係性（愛着をもつ・募集する・結びつく）」「イニシアティヴ」「ユーモア」「創造性」「モラル」

あなたのリジリアンスへ

　上記のリジリアンス・マンダラの，関係性のくさびに注目してください。あなたの家族生活をめちゃくちゃにしたけんかや，沈黙，そして憎しみを思い出してください。また，何かがもっとよくなるようにという願いや，実際に他の仲間を見つけに出かけたときのことも思い出しましょう。この章にあった例を参考にしながら，そういった記憶を用いて，あなたのストーリーを痛みではなくリジリアンスの周辺に組み立てて下さい。結びつくことと募集することについての以下の質問は，関係性を形成する初期のスキルを思い起こさせてくれるでしょう。また，愛着を持つことについての質問はあなたの現在の関係性を強化するのに役立つことでしょう。

結びつく

幼い子ども時代に：

1．あなたは，両親からの肯定的な注目を浴びる機会を探していましたか？
2．あなたは，家のそばを通りがかる大人や近所の大人からも肯定的な注目を求めましたか？
3．あなたは，人をひきつけるような魅力的なパーソナリティの持ち主でしたか？　また，自分のソーシャル・スキルに気づくことで，自己評価は上がりましたか？

募集する
もう少し大きくなってから青年時代に：
1．あなたは，家族メンバーの代わりになりそうな人々を探知するアンテナを張っていましたか？
2．あなたは，目ぼしい人を見つけると，気安く関係性を始めることができましたか？
3．一度始まれば，その関係性を保つことができましたか？
4．あなたが作り上げた関係性は，家族の中で感じた苦しみや落胆から，あなたをいくらかは解放してくれましたか？

愛着を持つ
大人になってから：
1．あなたは，関係性を重視し，それを，あなたが持つことのなかった健康な家族を埋め合わせてくれる方法だと考えていますか？
2．あなたは，相手への愛着を保つために自分が他者から何を必要としているかを知り，関係性を注意深く選んでいますか？
3．あなたは，親密性を障害した可能性のある，過去からのずっと長引いているダメージに気づいていますか？
4．儀式には絆を作る価値があることに気づいていますか？　あなたは，関係性を保ったり，その価値を認める方法として，お祝いや，伝統行事，そして世襲財産を利用していますか？

第 7 章
イニシアティヴ：問題にある楽しみ

定義：イニシアティヴは，自分自身を主張し，自分の環境を手なずけようとする決意です。リジリアントなサバイバーたちは，問題の多い家族という，渦巻く混乱と激動の真っ只中にある人生から，コントロールできる部分を切り開くことによって耐え抜きます。成功するサバイバーたちは，世界を構成する一つ一つの要素を自分の意志に従わせるときに，遂行能力と，力の感覚を築きます。イニシアティヴが初めて見られるのは，リジリアントな子どもが，問題の多い両親から受けるフラストレーションに背を向け，自らの好奇心の呼び声にしたがって探索 (exploring) に出かけるときです。引き出しを開けたり閉めたり，中を引っかきまわしたり，しばしばうまくいく試行錯誤の実験を行ったりして，リジリアントな子どもたちは，形ある報酬を見つけ，効力感を獲得します。就学年齢までに，探索することは，取り組むこと (working) へと発展します。リジリアントな子どもが皆，ずば抜けて優秀な生徒であるとは限りませんが，幼い頃，手当たり次第にしていた活動は，幅広い領域にわたって，焦点付けられ，系統立てられた，目的志向的な活動になっていきます。大人になると，仕事をやり遂げることで得られる満足感と自己評価によって，全力を尽くし成長を促進する計画を生み出すこと (generating) が，生涯の醍醐味となっていきます。

「壊れない子どもたち」[1]というタイトルの論文の中で心理学者ユリウス・セガールとハーバート・ヤーレスは，リジリアンスを，発達の道のりにそびえ

立つ「心理的エベレスト」を子どもが征服する能力であると定義しています。そのアナロジーをじっくりと考えていると，バリー・ビショップが何年も前に行った，スライド・ショーと講演[2]のことを思い出しました。彼は，アメリカ初のエベレスト登山チームのメンバーで，登頂に成功した3人のうちの1人です。講演当時，私はちょうどチャレンジ・モデルに基づいて仕事を始めようとしていた頃でした。

夜の講演を楽しみに待ちながら，ビショップは山の威厳と世界の頂上に立った高揚感について話すだろうと予測していました。彼のストーリーの「サバイバル」部分（私はそっちの方をもっと聞きたかったのです）は，ついででしかないだろうと思っていたのです。ところが驚いたことに，話は逆方向に進んだのです。頂上の壮大なスライドをいくつか示すと，ビショップは，残り時間を全部つかって，世界中でもっとも近づきがたい環境の一つとの闘いを語ることに専念したのです。

すさまじい天候と，危険が潜む土地の話を皮切りに，ビショップは，連日の登山の苦難を鮮やかに描き出して，聴衆を釘付けにしました。「あそこは，空想上の場所です」と彼は言いました。それからビショップは，山の厳しいコンディションでどんなことが起こるのかを事細かに述べました。高山で，凍傷のため足の指をすべて失ったり，吐き気や不眠，脱水症状や体重減少を経験したことなどです。もっとも動かされずにいられなかったのは，呼吸困難という，当然備わっているべき機能の障害についての話でした。

> 標高2万4千フィートでは，口を大きく開いて，あえぐように呼吸することを強いられました。太陽光が雪面で反射するため，口の中には，やけどで水ぶくれができていました。マール・ノーマンの化粧用ファンデーションを塗る頃合いでした。チューブを開け，それを人差し指の上にたっぷりとしぼりだして，口蓋に塗りつけ，残りを手渡しました。以前のアラスカ登山で，私は，暗い陰が偉大な日焼け止めであることを発見していました。もっとましな味にはならないものかとは思いますが，2万4千フィートの高さで，口蓋をやけどせずに呼吸できるというのは，ありがたいこと以外の何でもありません。

ビショップの話で，私は口に物を詰められたみたいに息苦しくなり，数分後には，空気を求めてあえいでいました。

頂上への最終アタックで，私は30ポンドもある登攀道具とカメラを余分に運んでいました。酸素はすでに底をつき，私は高山咳を患っていたため，すっかり定着したと思っていた，あえいでは歩くという交互のパターンが，中断されてしまいました。突然私は，横腹に，銃創のような鋭い破裂を2度感じました。おそらく踏み誤って肋骨が何本か折れたのだとピンときました。咳をする苦痛は耐え難いものでした。しかし，私は，歩いてはあえぐという規則的なリズムの中に，咳を挿入することによって，進み続けることができました。歩く，あえぐ，咳。歩く，あえぐ，咳。

　彼は話すのをやめて，実演し始めました。
　ビショップの苦悶の物語は，人々がどうにもならないことをいかにしてどうにかするのかという明白な問題を喚起しました。登山家ビショップは，自分やチームメイトがいかにして身体的な問題を克服したのかを説明しましたが，いかにして情緒的に生き残ったかについては，単にほのめかしただけでした。「90パーセントがメンタル，10パーセントがフィジカルです」と彼は言いました。「登りきる，登頂するというのは，思考パターンの問題なのです」。
　エベレスト登頂を成功させるのに必要な思考パターンとは何か，ビショップは言いませんでした。私は，彼がどのように精神力を保ったのかとあれこれ思いをめぐらさねばなりませんでした。なぜ彼は絶望に圧倒されて後戻りしなかったのでしょうか？　彼はどのように恐れをコントロールしたのでしょうか？　何が彼に山への挑戦を続けさせたのでしょうか？　彼の忍耐力の秘密は，彼の話の強調点の移し方に隠れているような気がしました。話の強調点は，登頂の勝利から離れ，登山隊が日々直面し，克服していった一つ一つの危機へと移っていったのです。その重み付けには，問題が発生する度にそれを一つ一つ解決していく達成が，彼に困難を切り抜けさせたことが，暗示されていました。
　数年後，私は，問題の多い家族のサバイバーたちとの会話で，ビショップには投げかけることのなかった種々の質問を尋ねる機会を与えられました。「あなたは，両親があなたの進む道に置いた『心理的エベレスト』という難局に，どうやってうまく対処したのですか？　あなたの思考パターンはどのようなものでしたか？」
　多くのサバイバーたちは，人生の道筋がどんなものであろうと自分がそれを左右するのだという変わらぬ信念を指摘しました。ノリーン（ありとあらゆる活動に没頭することによって，アルコール依存症の親から生き残った医学生）

は，サバイバーの典型的答をくれました。彼女は自分と家族のあいだに情緒的距離をおいたことで，深い自己信頼感が訪れたのです。彼女はこう言いました。

> 私はいつも，自分が家族の問題とは離れていて，異なっていて，そして抵抗力があると思っていました。だからといって，問題が私を傷つけなかったわけではありません。実際，私は傷ついていたのです。私にも確実に，不幸の分け前がありました。でも，私は，自分がコントロールすることができるものを見つけて，自分自身を有効にしようとしたのです。どんな問題であれ，コツコツ取り組めば，どうにか解決できる部分というのは，いつも少しはありました。私は，頂上に達するという偉業に圧倒されたりはしませんでした。私にとって，その偉業とは，外に出て，自分の思うように生きること，違った人生を持つことでした。私は混乱を打ち切り，一度に扱うのは一つだけにして，最後にはそこに到達するのだと信じたのです。

私は，ノリーンの内省にある自己主張，問題解決能力，楽観主義，そして個人のコントロールに対する信念，といったものを名付けて，イニシアティヴという言葉を使います。イニシアティヴは，サバイバーが自分の人生に責任を持ち，自分の遂行能力を示す明確な証拠を目撃するときに形作られるリジリアンスです。私は，エベレストの高さでの絶望からビショップを保護したリジリアンスと同様，無力感という本人を衰弱させる感覚に対してノリーンを元気付けたのが，イニシアティヴだったのではないかと思っています。

私は，ノリーンが微笑みながらもヘトヘトになって雪の中に登頂旗を立て，最新鋭の絶縁ギアが彼女の体を隅から隅まで覆い，苦しい寒さから保護しているというイメージを心に描きました。

「私のイメージは合っていますか?」私は彼女に尋ねました。

彼女は顔を輝かせました。

イニシアティヴの保護的な力は，ハーバート・J・レフコート博士の研究における鍵概念です[3]。実験心理学者であるレフコート博士は，彼が「内的統制の位置（internal locus of control）」と呼ぶ思考パターンが，極端な慢性的ストレスさえも軽減することができると主張します。レフコート博士によると，人生に影響を及ぼす能力は自分自身にあるという信念は，あなたを転覆させかねない外部の圧力を打ち負かします。レフコート博士は，人間および動物実験，彼の患者たち，そして，ノンフィクションのサバイバル・ストーリーの調査な

どにおいて, 彼の要点を説明しました。

たとえば, レフコート博士は, 飛行機を操縦中に墜落した患者が, その惨事から冷静に生き残ったという事例[4]を引用しています。負傷したその男性は, 回復のプロセスにおける自分の役割を放棄せず, 医療スタッフがやめたほうがいいと明言していたリハビリを秘かに行いました。彼の価値体系は, 個人的責任感を中心に展開していました。「さらに」とレフコートは, 続けました。「彼は回復についてただ悩んでいたのではなく, 墜落で破壊された飛行機に代わる新しい飛行機の購入を含めて, すでに新しい計画や冒険の追求へと惹かれていたのです」。

次にノンフィクションに目を転じて, レフコート博士は, 『ロスト』と題された, 太平洋で難船した3人の話[5]を要約します。1人は船主, 他の2人は船主の義理の弟夫婦でした。3人は, 転覆したトライマラン (三胴船) で73日間生活しました。

女性は海上で死にました。船主は, 自分の運命は神の手にあると堅く信じていた人物でしたが, 神の介在が実現しないので, 徐々に無力感に屈してしまいました。彼は救出された直後に死にました。義理の弟は, 対照的に, 天は自ら助くる者を助くと熱心に信じていました。遭難した瞬間から, 彼は, 自分たちがもつ資源を組織し, 社会的, 知的活動を計画して, イニシアティヴをとりました。自分の忍耐を振り返って, 彼は次のように述べました。

> 私は, エネルギーを節約し, もっている力をうまく利用すれば, 人は, 跡は残ったとしても, もっとも耐え難い苦難でも, 基本的に無事に通過することができることを証明しました[6]。

ここで表現された,「跡は残ったとしても, 基本的に無事」という概念は, あなたがもう既によく知っているテーマですね。これと同一のパラドックスが, チャレンジ・モデルの核心です。つまり, 家族の問題によってあなたには傷が残ってしまったものの, 同時に, あなたは強くされたかもしれないのです。リジリアンスとは,「口が焼けるなら, マール・ノーマンのファンデーションを出して, 太陽に抗議するのをやめましょう」という思考パターンです。

探索する（EXPLORING）

　「あれは取るに足らない出来事だった」とレナは言いました。「私が子どもの頃に苦しんだ侮辱に比べればね。でも，どういうわけか，それは子ども時代のシンボルとして私の記憶に書き込まれてしまったの」。
　「シンボルってどんな？」と私は尋ねました。
　「私の痛みのシンボルであり，そして……」。
　レナは赤くなって，言葉を詰まらせました。彼女は，言葉を探しているようでした。
　私は，その頃にはもう，リジリアントなサバイバーたちと十分話をしていたので，彼女がつまったところに言葉を埋めても大丈夫だと思えました。「抜け目のなさのシンボル？」私は尋ねました。質問と断定の中間にあるような声のトーンで。
　彼女の決まり悪い表情が晴れました。
　「先に言われちゃった」彼女はこう続けました。「これで，私がものすごく抜け目がないと思っていることは認めやすくなるわね。私は，生き残ることにかけては天才なのよ」。
　インタビューを始めて数分で，レナと私は，彼女が持っているサバイバーのプライドを見つけました。それは，すべてのリジリアントなサバイバーたちの心をかき回す痛みが練りこまれた，承認するようでいて動揺させる，決まりの悪いような空しさの混合物のことです。
　レナが7歳の時，学校の仲間たちのあいだでは，復活祭の休暇にサーカスを見に行く話で持ちきりでした。最初，レナは驚きました。彼女は，サーカスが町にやってくることすら聞いていなかったからです。それから，妬みと，裏切られた感覚が起こりました。なぜ彼女はのけ者にされてしまったのでしょうか？　なぜ彼女の両親は，彼女が普通の子どもたちとはとても違うと感じさせるようなことをいつもしていたのでしょうか？
　レナの両親は，ポーランド系移民の二世で，核家族の他に親戚も共同で生活していました。そこでは，コミュニケーションの大混乱と，さまざまなメンバーの不可解な出入りに悩まされました。彼女は，苦悶とユーモアが混ざり合った家族の場面を回想して，次のように述べました。

あそこは、「今何時？」と尋ねると、「ステーキが焦げてるぞ」みたいな答が返ってくる家でした。唯一、会話が成立するのは、陰口という形式でした。彼らは、互いの侮辱をとても注意深く聞いていて、いつも、もっとうまいこと言ってやろうと懸命になっていました。彼らが私のことを考えてくれたことは一度もありませんでした。ですから、今から思えば、自分の好きなことが、いつか彼らの心に届くと思うなんて、ばか正直も甚だしかったのです。その上、彼らは、4部屋しかないアパートの壁の外に広がっている世界に対処することが、ものすごく下手でした。たとえ彼らがサーカスのことを聞いたとしても、おそらく、見に行くのは危険だと考えたでしょう。そこで病気でももらってくるんじゃないかとか、そんなようなことを思ったのではないでしょうか。

収拾のつかない、怒り狂った紛争に巻き込まれて、ふらふらになるリスクを冒すことになるにもかかわらず、レナは、サーカスの大テントの話題を持ち出すことにしました。彼女は、裏通りにある隣人のごみバケツをかき回して、サーカスの新聞広告を見つけました。ピエロの写真があったので、これだとわかったのです。レナは広告をむしりとると、それを振りながら、期待に胸を躍らせて家に飛び込みました。

レナの人生において、この出来事は、あなたが聞きたいようなハッピーエンドにはなりませんでした。彼女のイニシアティヴは、サーカスどころか、悲しいことに、彼女を二重の敗北へ導いたのです。まずは、彼女の好奇心、興奮、そして仲間でありたいという希望が、片っ端から阻まれました。その上、彼女は、自分の無能さに、残酷なまでに直面させられたのです。

「いい加減にしてくれ！」父親はほえるように言いました。「ただでさえ始末することでいっぱいだっていうのに、こんな意味のないことにかまってられるほど暇じゃないんだよ」。

希望が水の泡となるのを見たとき、レナの表情は暗くなりました。しかし、彼女は、泡となって一緒に消えたりしませんでした。悲嘆と怒りが溢れてきましたが、彼女は素早く回復し、失望を払いのけ、他の選択肢がないかと探索に乗り出しました。両親がとりあってくれない、ということに急き立てられ、レナは自分を値打ちのあるものにするチャンスを絶え間なく調査する人になりました。

探索すること、これはイニシアティヴの最初のサインであり、あなたの環境を試し、操作することです。探索することは、洞察にバックアップされており、

レナの強みでした。苦い敗北にもかかわらず，彼女は，自分の行為が重要となる状況を絶えず探し，その一つ一つを，さも楽しげにリストアップしていきました。その過程で，レナは，自分がものごとを実現できる人間なのだという，否定しようのない明白な証拠を積み重ねていきました。

レナの初めての探索には，成人した彼女のパーソナリティを特徴づけるようなスタイルと同じ，勇敢な趣がありました。彼女は，家族を研究し，相互作用を評価し，絶え間ない口論の騒ぎの中で，どうやって自分の声が聞かれるかを考え始めました。

サーカスの一件の数日後に，家族は，法外な額の電話料金の請求書を受け取り，興奮状態に陥りました。続いて起こった騒動では，ののしりあいや，外へ出て行けという脅し合い，それに，もしも苦情を言えば家族は国外追放だというヒステリックな恐れが充満していました。

レナは腰を落ち着けて傍観していました。サーカスの件に比べれば，失うものは無に等しかったのです。失望という脅威から解放された彼女は，試してみることや，より図々しくすることに乗り気でした。嵐が静まった瞬間を捉えて，レナは不意に声を張り上げました，「誰か，電話会社に電話したら？」誰も彼女に注意を払わず聞こえてもいないようでした。怒鳴り声や金切り声の中で，気付かれることなく，彼女は，問題の請求書を拾い上げて，堂々とキッチンへ行き，一番上にある電話番号をダイヤルしました。新聞をザッと調べてサーカス広告を探したときと同じくらい頭が冴え渡っているのを感じながら，レナは，その番号が，問い合わせ用の番号だと推測したのです。

　　勝利1：彼女は正確に推測し，自分がこうありたいと思う，ふさわしい位置にたどり着きました。
　　勝利2：電話に出た人は，おそらく料金に間違いがあったのではないかというレナの説明を聞き，助けを申し出ました。
　　勝利3：レナは，自分の手柄を，壮大に誇示しました。彼女は，電話口の相手に，待っていてくれるように言いました。そこで，おじさんを電話口に出し，問題が消えてなくなるのをじっと聞いていました。ふう！　それからレナは居間へ戻り，家族の停戦を宣言したのです。
　　勝利4：レナの実験は成功しました。彼女は，家族の無能さという真空へと入り込み，影響を及ぼすことができるのだと知りました。また，彼女は，捕虜にされていた4部屋のアパートからの，最初の突破口を見たのでした。

「小さな子どもにしては上出来だったわ」と彼女は言いました。サバイバーのプライドを決まり悪がることは，もうありませんでした。

「確かに」と，私は答えました。

心理学者ロバート・W・ホワイトは，私たちの生まれながらの心的装置の一部は，有能でありたい，そして自分の影響が感じられるようにしたいという動機づけであることを示唆します[7]。有効でありたいという動因のことを，ホワイトはエフェクタンスの動機づけ（effectance motivation）と呼んでいますが，これが，なぜ赤ちゃんはガタガタ音をたてたり，おもちゃをまわりに投げたり，水たまりでバチャバチャとはねるのが好きなのかを説明するのです。なぜ，もっと大きな子どもたちが，図工やおもちゃの組み立てや料理が好きなのかを説明してくれるのも，それと同じ動機づけです。

達成は，なんと言ってもまずは，自分自身への報酬になるのです。また，自分自身を，原因や発起人として，自分の人生の主として，あるいはものごとを成功した結末へと導くことができる人として映す，鏡の役割も果たします。針に糸を通して，とれたボタンを縫いつけたり，故障したワゴンに車輪を再び取り付けるとき，あなたは，誰かがどうこう言う前から，自分に値打ちがあることを知っています。レナのようなリジリアントなサバイバーたちにとって，達成は，問題の多い両親が与えた傷を癒してくれるわけです。探索し，意志の赴く通りに環境を形作ることによって，リジリアントな子どもたちは，自分のために，自信と希望を強固にします。

遂行能力を実演することからもたらされる自己修復は，私がインタビューしたリジリアントなサバイバーたちの初期の記憶にも行き渡っています。アランは，精神分裂病の母親と現実を否定する父親をもって成長しました。彼は，母親が本当に「ぽーっと」していて，彼と妹が食べさせてもらえなかったときに自分のとった行動を思い出しました。

> ある日の空腹だった時，僕は，うろうろして，何も入っていない食器戸棚の引き出しを開けたり閉めたりしていたのを覚えています。最初，その活動は，お腹に鳴り響く鈍い音と，頭に鳴り響く絶望の大音響からの無目的な気晴らしでした。しかし，それから僕は，引き出しを階段のように配置すれば，戸棚に這い上がれると思い，その通りにしたんです。とても機敏な子どもだったんじゃないでしょうか。とにかくそこには，クラッカーがいくらか，それに，ピー

ナッツバターとジャムまでありました。外部の人から見れば，僕はカウンターの上に立っていたに過ぎなかったでしょうが，指をピーナッツバターの瓶に突っ込んでいた，その数秒間，僕は世界で一番高い所にいたのです。

　もしもアランの母親が二重に障害的だったとしたら，彼が戸棚へ上ったことは，二重の成功でした。彼は食べものを見つけただけでなく，自分の遂行能力を健康に味わったのですから。子どもたちの比較的小さな達成に対して大人がどっさり与えるうわべだけの賞賛とは違って，アランが感じたプライドは，本物で深いものでした。
　同じ確かさは，幼い頃に問題の多い家族の外で探索したというノリーンの話にも見ることができます。ノリーンの家族の断片化は，彼女に「全体性」への渇望を与えました。家の隣の空き地に散らばっていた，故障して廃棄された機械を拾ってきて，彼女は，渇望を満たす方法を発見したのです。積み上げられた廃物の一番上にあったのは，古いタイプライターでした。彼女は次のようなことを思い出しました。

　　　ローラーはだめだったけれど，キーは正常に動きました。私は，キーを一つずつ試していきました。一つ一つ動かせるたびに，どんどん興奮したの。私はスカートでタイプライターの塵を払って，家に持ち帰りました。まるで宝物を見つけたような気分でした。それから，何時間もかけて，つまりがとれるまでローラーをいじっていました。作業を進めているうちに，私は，完全に心を奪われてしまいました。タイプライターは私の世界になって，家族は一つの大きなぼんやりしたものへとフェードアウトしていったんです。一段落つく頃には，装置全体がどのように作られているのかを理解しました。私はタイプライターからラジオ，それからテレビにまで手を拡げました。何かがどのように作動するのかを知ることは，ある種特別な力をくれました。私の父はものすごく無力で馬鹿な人なの。電気掃除機が壊れたりすると，父は部屋の真ん中に立ったまま，本気でそれを蹴ったり怒鳴りつけたりするんです。

　ノリーンのストーリーからは，物を修理することが，いかにして自分自身を「修理」する助けとなるのかがわかります。心理学者セイマ・フレイバーグは『小さな魔術師』の著者ですが，トニーという子どもの事例研究で，この点を劇的に実証しています。トニーは，自分の世界への探索的な接近方法を発達さ

せることによって，自分の恐れを征服した子どもです[8]。

トニーが2歳の時，一番のお気に入りのおもちゃは，ポケットサイズのドライバーでした。肌身離さずもって歩き，ドアや，テーブル，それに椅子の蝶番をはずしたものです。トニーは，電気掃除機を特に恐がっていましたが，バラバラにして恐ろしい雑音がどこから来るのかわかると，その恐れは消えてなくなりました。成長とともに，物を分解したいという彼の衝動は，ばらばらにしたものを組み立てる必要性によって補われました。

4歳の時，彼は虫垂炎で緊急手術となりましたが，それは身体に傷を残しただけでなく，内的自己にも傷を与えました。体は自然に治癒しましたが，内的自己は，それとは別の問題でした。おびえた少年は，麻酔をかけられ，切り開かれ，縫合されるという考えを許容することができませんでした。すべてが彼のコントロールの及ばない作業だったからです。

術後，トニーは，親戚がもってきたおもちゃを拒み，その代わりに，古い，壊れた目覚まし時計を求めました。それから数日間に渡り，トニーは，自分が担当者になって，トラウマとなった手術を象徴的に再演しました。彼は時計を分解し，それを組み立てて，元通りにしました。その作業は，彼のコントロール感覚を回復し，傷ついた自己を修復したのでした。フレイバーグ博士が示唆するように，トニーの手術に対する不安は，彼と同じ年頃の子どもの正常な能力を越える，強力な動機づけを提供することになりました。大人になって，トニーは物理学者となりました。子ども時代の征服への動因を，一生の仕事に変えたのです。

ジャネット（精神的に病んだ母親によって困難な立場に追い込まれたと感じていたアトランタの学校教師）にとって，探索することへの動機づけは，恐ろしい空虚感でした。他の子どもたちが，親から愛や注目をもらっているとはっきりわかるようなことを得意気に示すとき，彼女は孤独の刺すような痛みをもっとも強く感じました。

1年生の時，ジャネットの先生は，ハロウィーンにコスチューム・コンテストをすると発表しました。それは，問題の多い家族の子どもたちにとっては，背筋がぞくっとするイベントです。親の助けを期待しても，がっかりさせられるしかありません。親が買うか作ったもので学校に現れようものなら，あなたは皆の嘲笑の的です。あなたは，おそらくその感覚をよく覚えているでしょう。ジャネットはこう言っています。

母が病気だったため，私は，母に頼みごとをすることにいつだって罪悪感がありました。ですから，顔の上にハンカチを置くとか，山賊になるとか，完全に不適切なものに甘んじていたんです。ハロウィーンの2日前に，何かを捨てようと思ってキッチンに入ったところ，私は，ごみの中に空っぽのシリアルの箱を見つけました。そして，それを取り出して，裏面のパズルを始めました。ゆっくりと，私はある考えを思いつきました。

創造性に導かれた探索によって，がっかりしている孤独な子どもだったジャネットは，支度の整った朝食のテーブルに変わりました。一言一言を楽しむようにして，ジャネットは，どのようにコスチュームを作ったのかを説明してくれました。彼女は，こう言いました。

私は段ボールの箱を見つけて，それにビニールのテーブルクロスを掛け，頭を通すことができるように，上に穴を開けました。それから，上面に，シリアルの箱，ナプキン，スプーン，そして軽いプラスチック・ボウルを貼り付けました。しめた！ 私はテーブルになりました。挙句の果てに，私はリボンで頭にかごを結び付けて，それにバナナを差し込みました。私は，もっとも独創的なコスチュームに贈られる最優秀賞を受賞したんです。

ジャネットは，友達の母親が撮ってくれた，完全なコスチューム姿の写真を見せてくれました。こぼれそうなほどの微笑みは，彼女のリジリアンスを物語っています。立ち止まることを拒み，積極的に探索し，発見したことをうまく使い，工夫の限界を押しのけることによって，ジャネットのような幼い子どもでさえも，困難からはね返ることができるのです。

サバイバーたちの探索の記憶は，容易に剥奪として組み立てられかねないものです。アランとジャネットは，両親のネグレクトを強調できたでしょうし，ノリーンは，貧困を非難できました。でも，それが何のためになるでしょう？ 彼らサバイバーたちが話すと，微笑みに悲しみが混ざる一方，彼らは，探索することが自分たちに次のようなことを可能にしてくれることもわかっているのです。

・問題の多い両親がやってくれなかったことを埋め合わせる
・形あるものごとの世界を支配し，それと関わる
・一生涯続くスキルを練習し，築き上げる

・自己価値という感覚を強固にする
・鏡をのぞいて，そこに映るイメージが「あなたならできる」と言うのを見る

取り組む（WORKING）

　私がこれから詳しく述べる実験と，それに類するいくつかは，イリノイ大学心理学部で行われたものです[9]。その目的は，見込みが乏しいにもかかわらず，ゴールを目指して取り組み続ける子どもの思考パターンについて記述することでした。取り組むこと，あるいは圧倒されるような障害に遭いながらも，心理的エベレストを登る道を進んでいくことは，イニシアティヴの発達の第二段階です。取り組むことは，試行錯誤の実験を越えた知的な段階で，より幼いリジリアントな子どもたちがしていた手当たり次第の探索に，目的と，立案，そして組織するという要素を加え，努力を一点に集中させます。

　取り組むことに関する次の実験に，子どものあなたが参加しているのを想像してください。あなたは小学5年生です。あなたと，クラスメートの19人の少年少女は，研究を行っている科学者たち数名に協力するよう依頼されました。科学者たちのねらいは，フラストレーションの中で歩みが止まる子どもたちがいる一方，どうして一部の子どもたちは骨を折りながらも進むことができるのかを理解することにありましたが，そのことは，知らされていません。代わりに，研究者たちは，あなたの参加を求め，子どもたちがどのように学習するかについてもっと知ろうとしているのだと信じさせます。この当り障りのない説明は，心理学の実験でボランティアを募集するために一般的に用いられる，妥当な，真実半分の方法です。

　やる気十分で参加しているあなたは，スクールバスで研究が行われる大学に出かけます。そこで，生き生きとした親しみのもてる女性から，あなたたちはディーナー博士だと自己紹介されます。一見したところ，ディーナー博士は，あなたの母親よりも1000倍くらいすてきな人です。彼女は，グループのみんなを部屋へと案内し，1人ずつ，個別のテーブルにつかせます。それから彼女は，積み木型のパズルを1セットずつ配って，それを解いてほしいと言うのです。彼女は，あなたが正しい解決を発見するとほめてくれるし，行き詰まると，いかにもすてきな女性らしく，手助けしてくれます。彼女の優しい手引きを受けて，あなたは毎回，熱心に新しいパズルにアタックします。積み木は収まる

第 7 章　イニシアティヴ：問題にある楽しみ　175

べきところに収まっていきます。あなたは，ゲームは簡単だと思い，完成すると，自分がとても賢い感じがして，椅子に深く腰掛けてくつろぎます。

　他の人すべてが終了すると，ディーナー博士はグループ全員の努力を賞賛し，新しいパズルを配ります。彼女は，考えをその場その場で声に出して考えていくようにと命じます。そうすれば，あなたの心がどのように働いているのか聞きとることができるからです。あなたは，再度取り組み始めますが，今回は，どんなふうにパズルを配置しても，ディーナー博士は机のそばをすっと通り過ぎ，「それは間違い」と言うだけです。

　あなたは気づいてはいませんが，彼女が作っている状況は，家に少し似ています。これなら勝てるという明白な方法はありません。目的は，あなたが敗北にどのように反応するかを確かめることだからです。

　トリックだとは知らず，あなたは，最初の成功によって元気づけられて，最後には正解を見つけられるだろうと期待してもいるので，できるだけ熱心に取り組み続けます。しかし，正解は見つかりません。一つ動かすたびに，ディーナー博士はやってきて，元気づけるように微笑むにもかかわらず，「それは間違い」という単語を繰り返します。それでもまだ，あなたは，彼女が母親よりはましだと思っています（結局，叫んだり，しかりつけたり，父親に言いつけると脅したりするかわりに微笑むのですから）。しかし，その差は薄れ始め，あなたの心は沈み始めます。

　あなたは，何を行い，考え，感じますか？　あなたは，無力感に陥りますか，それとも，やり抜きますか？　失敗は自分の能力不足のせいだと考え，成功する希望をあきらめ，いいかげんにやりますか？　それともあなたは，立ち直りますか？　がっかりするにもかかわらず，あなたは自分の好奇心と自己確信でやりとげますか？　何もかも忘れて積極的に飛び込んで，やれるだけのことをしますか？　あなたは山にとどまりますか，それとも，家に帰りますか？

　たとえあなたの家族が，いらいらするようなパズルを次から次へとテーブルに落としていったとしても，取り組み続けるならば，あなたはリジリアントです。

　リジリアントな思考パターンを理解するために，ディーナー博士は，研究の参加者が解明不可能なパズルに取り組んでいる最中に述べたコメントの記録を分析しました。彼女によると，最善を尽くし続ける子どもたち（彼女は，彼らを失敗に耐性のあるグループと呼んでいます）は，苦境に立たされている原因に驚くほど無関心でした。彼らの行為からもわかるように，彼らは，自己非難

したり,「私は,これができるほど賢くない」などの自分を卑下する言葉で自らを麻痺させることはありませんでした。また,失敗に耐性のあるグループは,個人の責任をはぐらかしたりしませんでした。パズルのことを「ばかばかしい」と言って,止めることを正当化しようというありがちな策略に助けを求める人は,1人もいませんでした。この実験によって明らかにされたリジリアントな思考パターンのイメージには,あら探しの要素や,犠牲者意識は不在だったのです。

　非難がましくしたり,なぜフラストレーションがたまるのかこだわる代わりに,ディーナー博士のリジリアントな子どもたちは,苦境への解決策を探しました。彼らに特徴的だったのは,脱線せずに進み続けることを目指すコメントでした。たとえば,「これを解くには,ゆっくりと時間をかけて,もっと一生懸命やらなきゃ」とか「難しくなればなるほど,もっとやってみないといけない」です。

　自分の建設的なフィードバックに影響を受けて,失敗に耐性のある（あるいはリジリアントな）子どもたちは,いずれは正解にたどりつくだろうという希望をもって,戦略を体系的に試したり変更しながら,不可能なパズルに取り組み続けました。最善の努力が失敗してしまった時でさえ,彼らはへこたれませんでした。「こんなのもう楽しくない」と言って降参した子どもとは対照的に,リジリアントな子どもたちは,力を尽くし,自分を試すことを楽しんでいるように見えました。多くが,「私は挑戦するのが好き」とコメントしました。

　この時点で,あなたは,この実験と問題の多い家族での現実の苦境との関連を,正当に問うことができるでしょう。あなたはこう尋ねるかもしれません。「学校が休みの朝に,微笑みをうかべた実験者の差し出す苛立たしいパズルに対して子どもの見せた熱意は,厄介で,がっかりさせる親に対する自分の反応について,実際何かを伝えているのではないでしょうか？」　私は,質問に対する答が,イエスであることを確信しています。

　子どもの頃に,不可能なパズルに直面したリジリアントなサバイバーたちは,心をねじ曲げる家族への解決策を追求することがはっきり勧めはしないものの,ある特別な形の満足感をもたらしたことを認めます。たとえば,自分の遂行能力を主張することによって家族の混乱を超越したレナが,言ったように。

　　　誤解しないで下さいね。家族の中でなんとかやりぬくのは,楽しくもなんと

もなかったんです。自分を主張することは、何か新しいものを買ったり、映画に行ったり、好きな人と一緒に過ごしたり、ぜいたくな休暇をとることみたいに面白いことではないんです。ああいう喜びは、単純です。比較的容易に手に入れることができるんですから。私が、家族の中で問題を取り扱うことから手に入れた満足というのは、はるかに複雑で、苦痛と交じり合ったような種類のものでした。そこにはいつも、緊張の高まりと解放がありました。それは私が自分のために何ができるかを知るという問題でした。

　ディーナー博士の研究結果やレナの発言にみられるように、現実の生活場面にいるリジリアントな子どもたちは、問題の裏側にある変更不可能な原因を探すことによって、自分自身を消耗させたりしません。また、自責することもありません。それどころか、成功したサバイバーたちは、自分の利益のために活動的であり続けます。

　私たちはすでに、ガールスカウトや学校での達成、それに家事の責任のイニシアティヴをとったり、それらに根を下ろすことによって、ノリーンがどうやってアルコール依存症の家族にある悲惨さと格闘したのかを見てきました。ノリーンは、次のように言いました。

　　　家では、規則は常に変わっていました。私は、何が誉められ、何が罰せられるか知ったためしがありませんでした。しかし、学校での取り組みは、信頼できる結果をもたらしました。宿題を終わらせることやガールスカウト、それに赤ちゃんたちは、確かなものでした。親が私に向かって荒れ狂っているときに、自分にいつもこう言うことができました。「どうぞ皆さん、お好きなように言ってください。お話の真実は、終わらせたワークブックの山、Aの成績、スカウトの飾帯につけたバッジ、それに、ごはんを食べてベビーベッドで静かに眠っている赤ちゃんたちの中にあるのよ」。

　ノリーンは、年下のきょうだいたちと一緒に見捨てられたことでつらい思いをしましたが、それと同じくらい、急場を助けて、母親に勝ったことを自慢にしていました。「私は、母がどんなに望んでもかなわないくらいの、いい世話人だわ」その言葉には、確信と、あまりにもはやく背中を押されて成人期に入れられてしまったという恨みの色合いが少しだけ含まれていました。

　人生の問題への解決策を見つける決意をすると、リジリアントな子どもたちは、手当たり次第の実験を止めて、自らを助けるために計画し、系統立て、最

良の努力をかき集めるようになります。活発な解決指向の思考パターンが，問題の多い家族の活力を失わせるような効果を無効にできる証拠は，以下のように多くの文化において認められています。

ジュネーブ（スイス）

1903年，7歳のジャン・ピアジェは，母親の精神病的妄想から自由になろうと奮闘していました。彼は，機械的装置を研究することによって，自分自身をしっかりと現実に据えました。さらに，化石と貝殻を集めることに深く没頭するようになり，また，蒸気機関を装備した自動車を創作しました。しかし，8年後に，母親の精神病の圧力は，彼の手に負えなくなりました。

15歳で，ピアジェは一時的に「壊れて」，入院しました。彼はぐらついていました。しかし，彼は自分の病気を管理しようとして，彼の内的な葛藤を象徴し，自己の内部にあって交戦している合理性と不合理性の要素を統合するような小説を書き始めました。小説を書き終える頃には，彼は十分退院できるほどになっていました。

数年後に，ピアジェは次のようなことを書いています。

> 母親の精神的健康の乏しさがもたらした直接の結果の一つは，私が，プライベートでありながらも架空ではない世界に逃げ込むために，子ども時代の非常に早い時期から遊びをあきらめて熱心な取り組みを始めたことでした。私は，現実からのどんな逸脱も常に嫌悪していました。それは，私の初期の生活に重大な影響を及ぼした要因（すなわち，母親の貧しい精神状態）に関連した態度でした[10]。

現在，ジャン・ピアジェは，子どもの合理的思考の発達について世界一著名な理論構築家と考えられています。彼はリジリアントなサバイバーでした。自らの観察を基に，ピアジェは取り組むことによって自分自身を救いました。母親の病気というパズルに彼が見つけた解決策は，思考の世界への永遠の貢献を生んだのです。

ボストン（合衆国マサチューセッツ州）

　ティーンエイジャーの頃，レナはいつからか始終働いていました。家族の実務管理を完全に引き受け，家族が引っ越す必要があるとなれば，アパートを見つけ，保険情報を記入し，毎月の支払いをし，彼らが利用できる，まともで廉価なクリニックを探しだしてやりました。彼女は思い出してこう言いました。

　　ある夜，宿題をしていると，おじが何枚かの納税申告用紙をもって私のところに来たんです。私は目を通して，こう言いました。「上に行ってきて。私の机の一番下の引き出しに，「税金」ってラベルが張ってあるフォルダーがあるから。それを持ってきてちょうだい。そしたらあとは私がやるから。そして，明日，年間総支給額と源泉徴収額とを記入する，納税の申告用紙を上司に頼んでもらってきてね。もしなくしても，上司がコピーをくれるはずよ」。

　レナは，家のことを切り回す過程で磨いたのと同じスキルを，個人的な強みにしました。彼女はこう言いました。

　　高校では，私は熱心な写真家になりました。私は，図書館にあった本の指示通りに，クローゼットの中に暗室をつくりました。バイトでためたお金で必要な備品はそろえました。よい材料とくず物の区別にかけては十分なエキスパートだったので，私は質屋や，中古のディーラー，それにガレージセールで設備を買っていました。知り合いになったディーラーたちは，私のほしそうなものが来ると，知らせてくれたものです。

　32歳になって，レナは，私のオフィスで腰をおろし，自分の達成に対する満足感と，家族の不能のために子ども時代を失ったことに対する憤慨とのあいだで揺れ動いていました。私は彼女のサバイバーのプライドに話しかけました。
　「あなたは，恐れる必要もないことを恐れる家族に育ちましたね。もの心つく頃には，あなたは働かなければならなかったし，自分の世界の周辺で自分自身の方法を学ばなければならなかったわけです。それがリジリアンスなのよ」。

マリン郡（合衆国カリフォルニア州）

多くのリジリアントなサバイバーと同様，ジェフリー（母親の死後，妹たちを世話した10代の少年）は，自然に救いを求めることによって自給自足の感覚を見つけました。彼は，高校3年生のある秋の午後に，帰宅して，学園祭でデートする相手がいることを父親に伝えようとしたことを思い出しました。

「父がなんて答えたと思いますか？」ジェフリーは私に尋ねました。「家政婦はまた賃上げしろと言っている。あの女，俺があの女なしでは暮らせないのを知ってて，搾り取ろうとしてるんだな。どうすればいい？ 解雇するか，それとも望み通りにしてやるべきか？」

ジェフリーは，その時プツンときて，家を出て行かなければならなかったと言いました。彼は丘へ向かい，12マイルのハイキングをしました。ある時はジョギング，残りはいい速さで歩きました。ジェフリーはスポーツ選手ではありませんでしたし，運動もしていませんでした。しかし，彼の身体のスタミナは，本人を驚かせ，彼の内的自己にまで浸透しました。そして，ある計画が実を結び始めたのです。

その週，ジェフリーは，ヨセミテの高地での3日間のバックパッキングとロッククライミングの旅行手続きをしました。父親は現金を愛情の代わりと考えていて，金銭は自由に使えたので，旅行や設備費用の支払いに問題はありませんでした。

旅行の日の朝，ジェフリーと他に5人，そしてインストラクターは，5マイルをバックパッキングしました。マーセド川に着くと，彼らは一晩キャンプしました。肩は痛みました。ジェフリーは今までバックパックを運んだことなどなかったのですから。しかし，彼は，体を鍛える感じが好きでした。テントを張り，父親の哀れな依存からはるか遠くにいることを感じて，思い出せる限りで最高の睡眠をとったのです。

朝になると，ハーフ・ドームの西側面で，ジェフリーはアイゼンをつけて腰にロープを巻き付けました。自分の恐れを克服して，岩を上へじりじりと動いていたとき，彼は父親の弱さに飲み込まれることへの解決策を見たのです。彼が自然に立ち向かう方法は，限界まで取り組み，力を集め，打ち勝ちたいという意志を証明することでした。ジェフリーはこう言いました。

残りの高校生活で，僕はあらゆる機会を捉えて，より大きくてよい挑戦をすべくアウトドアへと向かいました。レーニア山，あれは僕のもっとも難しい冒険でした。あの山で，僕は，父親のことは二の次にして家を出る決意をしたのです。僕たちは，11時までに頂上に到着し，太陽が強く，雪が柔らかくなってなだれになる前に下山できるようにと，暗やみの中でヘッドライトをつけて，午前3時に出発キャンプからスタートしました。5時間ほど進むと，僕たちは，飛び越えなければならない，細い氷河の割れ目に行き当たりました。その距離は短くて，1フィートほどだったのですが，割れ目はとても深くて，底を見ることはできませんでした。3人がおじけづきました。私も，その1人でした。
　「これから，君たちに選んでもらいたい」とリーダーは言いました。「登ってもいいし，ここに残ってもいい。残りたいなら，寝袋に入りなさい。私が結びつけて，ピッケルで固定しよう。そうすれば，暖かくて安全だ。5時間ほどで下山するから，途中で君たちを拾うよ」。他の2人は，寝袋の方を選びました。僕は恐怖を自分におさめて登りました。人生の中で，あれほど懸命に，恐れを食い止め，疲労と戦ったことはありません。下山する時には，時が来れば，家を出るつもりだと父親に言えると信じて，ほとんど疑いませんでした。

　ジェフリーは，学校ではのらりくらりと，しかし，問題なくやっていました。家では，父親の目に臆病でおびえている小さな少年が映っているのがわかっていました。しかし，自然界に出ると，ジェフリーは自分自身に最高のものを求めました。ロープ，アイゼン，そして腰に吊られたピッケルで飾られて，鏡をのぞくと，そこには男性の姿が映ったのでした。

カリ（コロンビア）

　今日，何百，おそらく何千もの6歳から青年に及ぶ年齢の少年が，小さなグループになって街を徘徊しています。彼らは，大人の監督なしで生きており，単純労働や物乞いをしながら，最低限の稼ぎでかろうじて生計を立てています。ユニセフは，これらの少年を，見捨てられた子どもとして公式に分類しました。
　カリの少年たちのような，若い路上生活者は，アメリカの都心部の貧しい地域だけでなく，コロンビアや，その他のラテンアメリカ諸国，ヨーロッパ，アフリカおよびアジアの国々に渡って見られます。彼らの母国は，ストリートチルドレンを社会的に捨てられた人とみなし，彼らを蔑んでいます。スペイン語

圏の文化では，彼らは，チンチ（ナンキンムシ）とか，ギャミン（浮浪児）と軽蔑的に呼ばれます。実のところ，彼らは，運命を克服しなければならないあらゆることに取り組んでおり，リジリアンスの真髄なのです。その多くが成功します。

社会の基準に逆らって，ストリートチルドレンは，自分たちのことを，"El Hijo de Nadie"（誰の子でもでもない子ども）と誇らしそうに呼びます。さらに，そのフレーズは，みんなの集合歌のタイトルでもあります。その言葉は，「協定」によって互いを支える「兄弟」を指すのですが，自らの手で責任をとっていこうというストリートチルドレンの決意の証言なのです。

J・カーク・フェルスマン博士は，6カ月間にわたって300人を超えるカリのストリートボーイとインタビューをしました[11]。彼が観察した活動と本人たちから聞いたストーリーは，究極の困難の中で生きている子どもたちと大学研究所で作ったパズルセットに取り組む子どもたちとは，基本的に同様のリジリアントな思考パターンを共有していることを示していました。

フェルスマン博士によると，ストリートチルドレンは，家がないことで自分を非難してはいませんでした。社会の不正を認識する一方で，少年たちは，犠牲者の罠の中で自分自身を動けなくするよりも，貧困への解決策に注目していました。激しく叩かれるといった劇的な出来事があって衝動的に家出したという報告は，ほとんどありませんでした。それどころか，彼らは，無計画でも無目的でもない決定を下して，戦略を練ったのです。彼らの物語のほとんどは，意識的な問題解決や，より良いものの希求，注意深い立案，慎重な行為，そしてゆっくりと他へ移っていくことといったものでした。親元を去る前に，ストリートチルドレンはたいてい，あらかじめ様子を見て，仲間同士の堅いサポート・システムを確立し，賃金を得る手段を固めていました。1人になると，食物，衣類および避難場所を備えるために，小さな集団の中で団結しました。無力という圧倒するような情緒的感覚に逆らいながら，彼らの有能な行動は，グループの物理的な存続を確実にしたのです。

たとえば，1人のメンバーが政党の横断幕を寝具に使用する考えを生み出したときは，グループ全体が誇りと備えを確保しました。別のメンバーは，カラフルな布をとってくるためにビルを登りました。また，2人が，廃品の中から針と糸をあさってきて，その掘り出し物を，粗雑な，でも役に立つ寝袋に縫い上げたのです。

全体として，フェルスマン博士がインタビューした 300 人の少年は，不法居住者居留地で親とともに暮らしている同等の子どもたちよりも，身体的に健康でした。フェルスマン博士は，「ギャミンたちには，心理的な問題がないわけではありませんでしたが，深刻で顕著な病理がなかったことは印象的でした」と述べました。博士は，ストリートチルドレンの方がより良い状態だったのは，責任を引き受け，協力的に働き，互いに情緒的に関わりあうという彼らの能力に起因すると考えました。
　カリでの滞在の終わりに，フェルスマン博士は，自らを誇り高き征服者と見なすストリートチルドレンの考えを共有しました。彼の態度は，既成の権力組織にありがちな軽蔑よりも，畏敬の念に近いものでした。子どもたちの苦闘という威厳と，人生のもっともきついパズルに取り組みつづける決意に対するフェルスマン博士の深い尊敬は，彼の記述を通してはっきりと現れています。

　　　街中の車の流れにさっと出たり入ったり，屋外のレストランで物乞いをしたり，市バスの中で小銭を求めて歌ったり，公共の噴水で入浴したり，捨て犬の中で丸くなって一緒に眠ったりしながら，ぼろを着た少年たちは，家族や，学校，教会，そして国家という在来の施設からのサポートをほとんど（あるいはまったく）得ずに，人間の成長と発達という，しばしば非常に入り組んでいる道のりをなんとかやってのけるのです。そのような逆境の真ん中で，ギャミンたちは，人間の力強さと脆弱性の交差点に立って，自主選択による子ども同士のグループを作ります。彼らの日常生活の大部分は，彼らの子ども時代にも同様に認められる，忍耐とリジリアンス，そして適応の表れなのです。

　取り組むことは，自分のニーズに気を配りながら，問題の多い家族の問題を解決することへの実際的で徹底的なアプローチです。ゴールを設定することによって，フラストレーションにもかかわらずやり通すことによって，そして成功を主張できるところで主張することによって，リジリアントなサバイバーたちは，永続する力強さを作り上げます。
　あなたは，自分のした努力や，試みた戦略，および自分のために設定し問題の多い家族が足を引っ張るにもかかわらず到達したゴールによって，リジリアンスを測定することができます。人生にあなたを制させるのではなく，あなたが人生を制する限りにおいて，あなたはリジリアントなのです。

生み出す（GENERATING）

　J・カーク・フェルスマン博士は、1つの質問を胸に持ってコロンビアのカリへ行き、別の質問を持って帰ってきました。彼は、地球上の忘れられた子どもたちが、「成長と発達の入り組んだ道のり」をいかにして進むのかを知ることに乗り出したのです。彼は、自分の人生のことを非常にオープンに話してくれた、抜け目がなく耐久力のあるストリートチルドレンは、どうなっていくのだろう、と考えさせられていました。

　答を手探りしているときに、フェルスマン博士は、以前ストリートチャイルドだった、ある年輩の男性を見つけました。その紳士は、優しく答えました。「さて、それは状況次第ですね。どんな人だって、どうなっていくんでしょう？　確かに、あなたのおっしゃる通り、ギャミンたちは、賢くて強い。彼らはサバイヴします。しかしそれでも、どこへ行き、何を見つけ、誰に会うかによるんですよ」[13]。

　心理学者や精神科医に質問してみて下さい。そうすれば、答の代わりに質問をもらうことになるでしょう。何年もストリートで磨きをかけられた、奸智に長けたコロンビアの紳士は、フェルスマン博士を逆にやりこめました。あたかも「私がここにあなたと存在していること自体が、十分な答ではありませんか？」と言うかのように、彼は、1つの質問に、3つの問いをつけて返しました。言い表せない困難の中で成長した場合、人はどこへ行くことができるのか？　何を見つけることができるのか？　そして、誰と出会うことができるのか？

　リジリアントな子どもたちがどこへ行き、何を見つけ、そして、誰に会うか知ることを目的とした研究で、フェルスマン博士とジョージ・ヴァイラント博士は、アメリカの都市のスラム地区にいる男性75人の人生を追跡しました[14]。彼らは、カリの子どもたちと同様に、全員が極貧で、社会的に恵まれない家族の中で成長しました。子ども時代には、だいたいが1人で残されていました。家庭生活は、アルコール中毒や精神病、あるいは少なくともどちらかの親に逮捕歴があったりして、込み入っていました。その75人は、核都市ハイリスク・グループと呼ばれましたが、多くの人はうまく暮らしていました。フェルスマン博士とヴァイラント博士によれば、その男性たちの成功が実証している

のは,「私たちの生活における好ましいものごとは将来の成功を予測するが,好ましからざるものは,永久に私たちをおとしめない」ということでした。

　フェルスマン博士とヴァイラント博士は,リジリアントな核都市男性たちがグループとして,取り組むことから生み出すことへという,イニシアティヴの最高点に達する過程を進んでいくことを見つけました。生み出すこととは,一見解けそうにない難問に向かう熱意のことです。テーブルに落ちているパズルを解決する以上に,生み出すことは,問題に魅力を感じることです。つまり,計画し,行動し,厄介な問題をうまい結論へと導くことへの強い興味なのです。生み出すことは,全力を尽くすこと,達成すること,そして他の者が続くモデルになることです。

　ビルは,核都市男性の1人でした。14歳の頃,彼は,天才でもスーパーキッドでもありませんでした。ただし,労働倫理は彼の内的自己にしっかりと根付いていました。フェルスマン博士とヴァイラント博士が記述したように,ビルは,環境に対して有能で,秩序立った関わりをしており,困難で混乱した家を最大限に利用するキャパシティや,成功への期待を持っていました。彼の家族の貧困と近隣での見境のない不法行為について話し合っているとき,ビルは,なぜ盗みをしなかったのかと尋ねられました。彼の答には,個人の満足と,サバイバーのプライドが,断固として表されていました。「盗む必要はないんです」と彼は言いました。「必要な分は稼げばいいんですから」[15]。確かに,ビルは働いてお金を稼いでおり,かねてからそうしていたのです。

　47歳で,ビルは,成功した核都市男性の典型でした。グループは全体的に,イニシアティヴと関係性のバランスがとれているためか,生産的で,思いやりと共感の能力を示し,他者の成長,安寧およびリーダーシップに対して一様の責任を負っていました。多くは結婚しており,心から子どもたちとの時間を楽しみ,肉親を越えた友情をもっていました。勇敢な個々人である,彼らの人生は,時には逆行したり,複数の要因が彼らに対抗して働くにもかかわらず,支配と遂行能力のパターンを示していました。あなたのように,彼らは,破壊的な過去によって,消えない印をつけられていました。しかし,離れて立って広い視野を持ち,人生のストーリーを達成やリジリアンスの周りに組み立てることによって,リジリアントな核都市男性たちは,いっそう引き立ちました。グループのスタミナを説明する際,フェルスマン博士とヴァイラント博士は次のように述べています。

私たちが仮説的に指摘したのは，ハイリスク・グループにいる成功した男性たちが……初期の困難な記憶から解放されてはいないということです。大切なのは，彼らが思い出して感じるスタイルなのだと推測できます。……大抵の人たちは，過去を引き出すことができ，その痛みや悲しみに耐えることができます。そして，その際に，それを力強さの源として利用するのです。……（この視点は）彼らの生き方にある「生み出す」という特性を告げているようです[16]。

　ビルのように，多くのリジリアントなサバイバーたちは，自分の人生を形作るのに積極的な役割をとることによって，逆境を強みに変えるわけです。彼らは，問題に1人で対処することに慣れていて，十分に練られた実際的なスキルや，フラストレーションに対する耐性，それに心理的な地雷原を通ってゆっくりと進むための洗練された才能を持っています。多くがいちかばちかの冒険をする人たちです。失うものはほとんどないので，彼らは危険を冒し，人生は楽なはずであるという期待を持たず，自分の遂行能力を試すような障害に果敢に取り組むことを糧とします。

　国会議員であるスティーヴン・ソラーツを例に上げましょう。私が，リジリアントなサバイバーたちの事例研究を集めていた時に，彼の個人的なストーリーが報道されたのです[17]。ソラーツは，初期の記憶について述べるときには，無表情になり，子ども時代の痛みをまだあらわにしていました。ソラーツが10歳の時，父親が2度目の離婚をし，彼を幼児の頃から育ててくれていた継母は，突然出て行ってしまったのです。幼いソラーツは，おばと住むためにブルックリンへと送られました。「私は継母が大好きでした」と彼は言いました。「彼女に再び会うことはありませんでした」。当時，彼は，生みの母親が生きていて，彼女もまた自分を捨てたことは知りませんでした。

　ソラーツは，壊れるか憤怒するか，あるいは永久に打ちのめされたとしても不思議ではありませんでしたが，そうはなりませんでした。代わりに，彼は，次々にゴールを設定しては到達することによって不幸な逆境に対する戦略を立て，自分自身を保護したのです。

　最初に，ソラーツは，情緒的に家族の代わりになってくれる友達をつくることによって，自分自身を社会的に防護しました。夏の黄昏時にふたりは，コンクリートのポーチにスポルディーン・ボールを打ち込んでは，延々と夢を語り合いました。ベティおばさんの家での孤独と格闘して，読書に走ったりもしました。伝記，歴史書，それに百科事典をむさぼるように読みました。彼は，政

治に首を突っ込み，1956年には，相棒たちにアドレー・スティーブンソンのプラカードを準備させたりしました。キャンペーンの方法を独学し，彼は実質上，学校のあらゆる最高のポストを勝ち取りました。彼は，中学校のクラス委員長，高校の「生徒会長」，そして大学の学生組織の副会長になり，自己の力強いコラージュの中で，次々に自分の遂行能力イメージを設定しました。

　19歳で，解決できそうにないパズルに再びぶつかるまでは，すべて順調でした。しかし，大学が休みのある日，彼は，父親がおじに書いた手紙を偶然見つけました。そこには，ソラーツの生みの母親がまだ生きていることが記されていたのです。その時まで，ソラーツは，本当の母親は死んでいるだろうと思っていました。彼は，この話題をタブー視していた父親から情報をせがんだりはしませんでした。「僕がとても若かった時」とソラーツは思い出して言いました。「おばと同じ街区の小さな少女が，『あなたのお母さんはどこにいるの？』と言ったんです。僕は言いました。『お母さんはいない』彼女は言いました。『誰にでもお母さんはいるのよ』僕は言いました，『僕にはいないよ』」。

　2度も捨てられていたというつらい現実に直面して，ソラーツは，自分のエネルギー，知恵，そして勇気を終結させて大胆な企てを生み出しました。彼は，おじと連絡をとり，母方の祖父を紹介してもらいました。ソラーツは言いました。「電話をかけた時，祖父は，誰でも耐えるべき苦難を抱えて生きていかなければならず，僕の受難は，僕が決して母親に会えないことだと言いました。それで，会話は終わりました」。しかし，ソラーツの決意に終止符は打たれませんでした。祖父の発言は，彼の計画の火に油を注ぐことになったのです。

　ソラーツは，母親の第二の夫でブルックリンの店頭オフィスで働く弁護士の名前を見つけました。友達を連れて，ソラーツは，手に入れた住所の場所へと赴きました。通りの向こう側にある公衆電話ボックスから，友達が電話をかけてその弁護士を呼び出すあいだに，ソラーツは，誰が電話に出るのか（つまり，彼を母親の元へ導いてくれる人を）見ようと窓をじっとのぞきこみました。その後，ソラーツと友達は，その男性を家までつけていったのです。

　彼の目的地は，ソラーツがおばさんと一緒に住んでいた場所からたった数マイルのところにありました。ソラーツは，立ち止まって，家をじっくりと見ました。ドアをノックするわけにもいかないので，代わりに電話をかけました。どんな話をしたのかと尋ねられると，ソラーツはこう答えました。「僕は，彼女が僕に会いたいかどうかを尋ねました。彼女は，イエスと答えたんです。そ

れで，私たちはコーヒー・ショップで会いました。僕は，どんな事情があって，なぜ出て行ったのかを聞きました。彼女は教えてくれました。そのことは，今でも僕たちだけの秘密なんです」。

少年時代の心痛が現在に及ぼす影響について話すと，ソラーツはつらそうにしましたが，そのことで，彼の考えが支配されることはありません。彼は言いました。

> それはおそらく，自己評価を高める要求と……成功することによって，家の周りでも，学校でも，仲間の信頼を勝ち取るという要求を引き起こしたんだと思います。僕が常に，なんらかの役職に立候補していたのは，誰の目にもあきらかでした。でも，ある点では，この仮説の真実は，僕が自分の人生でやる義務があると感じていることに関係した別の動機づけに取って代わられました。つまり，世界をより良い場所にしたいという動機づけです[18]。

リジリアントなサバイバーたちは，自分の痛みを，いつまでも嘆かれるべき運命としてではなく，解決されるべき問題として扱います。かつて無力感を感じた多くのサバイバーたちは，全力を尽くし，成長を生み，遂行能力と有効性の感覚を吹き込む，生み出すプロジェクトによって，効力感を獲得するのです。

仕事中毒と混同されないように言っておくと，生み出すことは，喜びと承認，そしてクオリティー・オブ・ライフを添えてくれます。仕事中毒は，あなたのエネルギーを低下させ，独占し，あなたの人生のバランスを崩します。仕事中毒と生み出す力のある人との違いは，専念する問題や課題によるものではありません。両者の違いは，スタイルの基礎にあるのです。

たとえば，オードリーは仕事中毒でした。虐待のある家族に育った彼女は，アメリカインディアンの土地所有権問題を是正することによって，子ども時代の侮辱を修正しようと努力しました。無料奉仕のケースへのこだわりで知られていた法律事務所の新星オードリーは，午前7時にはオフィスに着き，午後9時頃まで残っているのがしばしばでした。申立書を書いたり，裁判の準備の時には，徹夜が当たり前でした。アメリカインディアンのことになると，オードリーはまったく我を忘れていました。

オードリーには多くの同僚がいましたが，友達は少数でした。結婚は破綻しそうでした。また，子どもたちは，彼女にほとんど会えませんでした。母親業

に関する罪悪感を緩和するため，彼女は，2人の子どもが小学生の時に，3番目の子をもうけました。彼女は産後1週間で，搾乳器をもって職場に復帰しました。正午と，午後4時には，タクシーの運転手が，家で待っている乳母のところへ母乳を届けました。四方八方に引っ張られて，オードリーはたいていいつも不安で，不幸でした。

リジリアントなサバイバーたちも，過去にあった自分自身の無力感を無効にするために，アメリカインディアンの盗まれた土地の返却など，立派な主義に自らを投げ入れます。しかし，生み出すことは，子ども時代の痛みを少なくします。仕事中毒のように，子ども時代の痛みを売り払って，さまざまなブランドの苦痛と交換したりはしないのです。たとえば，レナは，オードリーと同様の不正と戦う熱意をもっていました。しかし，彼女は，生産的でありたいという要求と，個人的な生活への権利とのあいだの折り合いをつけるよう気をつけていました。核都市男性たちのように，レナは思いやりのある人で，いい結婚をし，思春期の娘2人と意欲的に関わっていました。それと同時に，気力をくじくようなプロジェクトにも興味を持っていたのです。

家を出た後，レナは，写真の才覚を映画製作へと発展させました。家族の中で磨いた大胆さ（彼女が建設的な抵抗と呼び，私が生み出すことと呼んだものです）は，彼女が彼女であることの証明でした。「たやすいことだと，私は退屈してしまうんです」と彼女は言いました。「ものごとがあまりにも簡単になると，興味を失ってしまうのです」。

私がレナに会った時，彼女は，生み出すスタイルに完全に適した事業に首をつっこんでいました。それは，公にはよく融和しているというイメージで通っているけれど，背後には人種的な緊張が隠れているという，郊外のある高校の醜聞を暴く映画です。学校の経営陣は，その発覚を恐れて，レナの接近を断固として拒絶しました。「そのことが，私を本当に前進させたんです」と彼女は言いました。

その拒絶は，レナが家族の中で使っていた，恐れを知らないサバイバルのスタイルを発揮させました。彼女は，プロジェクトの許可を追求するのをやめ，問題は自分で何とかすることにして，直接行動に出たのです。混沌を強みに変える方法を知っている彼女は，コミュニティの混乱に身を沈め，控えめな姿勢を維持しました。

レナは，地元の溜まり場になっている，学校の近くの食堂に行き始めました。

そして，彼女ならではのきわどいスタイルで，インタビューした子どもたちの信頼を得て，簡単に溶け込んでいきました。また，学校の守衛さんたちに取り入って，廊下やランチルーム，それに学校のトイレにも入れてもらいました。不法侵入罪で逮捕されると，罰金を払い，数日間おとなしくして，それからまた舞い戻りました。正面玄関で追い払われると，裏門に回り，そこに鍵がかかっていれば，窓からの侵入を試みました。レナは，計画に賛同してくれる親たちにも協力を求めました。さらに，2人の教育委員会メンバーの支援も取り付けました。

プロジェクトに入って6カ月がたった頃，レナは，言葉巧みに取り入って，いくつかの教室に入り込むことができました。1年間，押したり，詮索したり，なだめたり，純粋にノーと言う答えを聞き流しながら，彼女はプロジェクトを完成しました。テレビで公に放映されると，映画はべた褒めの論評を受け取り，映画が取り上げた学校に，いくつかの重大な変化をもたらしたのです。

サバイバーのプライドに満ち溢れて，レナは私にビデオテープをくれました。その一コマ一コマに，私は彼女の生み出す力の印を見ることができました。なだれや，崩れてくる氷や，猛烈な風にもかかわらず，彼女は山にとどまり，登り続けました。私は，彼女が頂上にたどりついたことを知らせることができるのをうれしく思います。

あなたのリジリアンスへ

イニシアティヴのくさびに注目して，次の頁のリジリアンス・マンダラを見て下さい。子ども時代に，無力で無能だと感じたときのことや，あなたが，自己主張するために試みたことをいくつか思い出して下さい。本章の情報や例を用いて，あなたの記憶を，ダメージではなくリジリアンスの周辺に組み立てて下さい。探索することと取り組むことについての下記の質問は，あなたが，イニシアティヴの初期のサインを思い出すのを助けるでしょう。生み出すことに関する質問は，あなたが今より大きなイニシアティヴをとるよう促すかもしれません。

探索する

幼い子ども時代に：

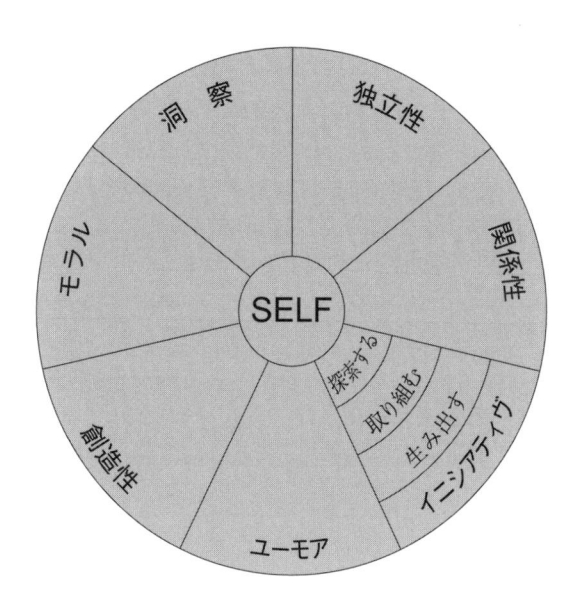

第7章 イニシアティヴ：問題にある楽しみ 191

(図：SELFを中心とした円。洞察、独立性、関係性、イニシアティヴ（探索する、取り組む、生み出す）、ユーモア、創造性、モラル性)

1. あなたは，何にでも首をつっこみ，両親の勢力範囲を離れたところでの建設的活動に関わることを楽しみましたか？
2. あなたは，物や機械を見つけてきては実験しましたか？
3. あなたは，自分の身体的なニーズのいくつかを，自分でうまく大事にしたり，弟や妹をじょうずに世話しましたか？
4. あなたは，幼い頃にもった，自分はものごとを達成できる人だという感覚を思い出せますか？

取り組む

もう少し大きくなってから青年時代に：
1. あなたは，自分を家から定期的に連れ出してくれる，アルバイトや，ボランティアをしましたか？
2. あなたは，学校で何かを成し遂げましたか？
3. あなたには，真剣になれる趣味や他の活動がありましたか？
4. 問題にぶつかったとき，解決策を考えましたか。それとも，フラストレ

ーションの中で身動きがとれませんでしたか？

生み出す

大人になってから：
1．あなたは，自分自身を政治的あるいは社会的な活動家だと思いますか？
2．あなたは，向上を目指すコミュニティ・プロジェクトに参加していますか？
3．あなたの経歴は，あなたの人生に意味を与え，道しるべとなっていますか？
4．あなたはリーダーですか？
5．あなたは，自分が引き受けるプロジェクトと個人的なニーズの調和を達成していますか？

第8章

創造性：何でもないことを価値ある何かに
ユーモア：重大なことを何でもないことに

定義：創造性とユーモアは，あなたの避難所となり，あなたの人生の内容を好きなようにアレンジし直せる，想像の安全な港です。現実という車輪を回しつづけるリジリアンスとは対照的に，創造性とユーモアは，現実を裏返しにします。どちらも，遊ぶこと（playing），つまり，あなたが実際に包囲されていたときにスーパーヒーローやプリンセス，それに，宇宙探検家や凶暴な獣の真似事をすることから始まります。時がたつと，遊ぶことを推進する想像力豊かなエネルギーは，形作ること（shaping），つまり芸術作品の制作へと導かれます。青年期には，多くのリジリアントなサバイバーたちが，執筆活動や音楽，絵画，あるいはダンスに首をつっこみ，問題の多い家族と自分自身の傷ついた感情による束縛を破るのです。成人したサバイバーの中には，形作ることが，構成すること（composing），つまり，高度な創造的活動へと発展する人がいます。しかしながら，たいていのリジリアントなサバイバーは，遊ぶことへの強い衝動を，ユーモア（ばかげたこととひどいこととを混ぜ合わせること）と，その組合せで笑うこと（laughing）へと方向付けます。創造性とユーモアは，互いに関連するリジリアンスであり，あなたが破壊への道を進むのを止め，打ち砕かれるような経験からあなた全体が一体となって浮上してきたことの明白な証拠なのです。

　裏切られても正直に行動し，何度も傷つけられても共感性を持ち，表裏のあ

る言葉しか聞こえないところにいても率直に話し,拒絶されても思い切って親しくなろうとし,かまわれたいのに独立し,今まで何一つ十分うまくいかなかったのに生産し,ひどい育てられ方をしたのに上手に生きるためには,想像が必要です。あなたは,今現在の人生の先を見通して,人生はどうなり得るかを心に描く必要があります。想像は,リジリアンス・マンダラのそれぞれの区分に光をあてます。ユーモアと創造性のくさびの上には,想像の光が直接照り輝き,悲劇の中の喜劇,混沌の中の秩序を明らかにするのです。

　フロイト派の分析家たちは,ユーモアと創造性が,現実を裏返しにする魔法のような力をもった,相互に関連したリジリアンスであると認めた最初の人たちでした。フロイト自身も,ユーモアには,重大なことを何でもないことにしてしまう力があることに気づいていました。フロイトによれば,ジョークの鏡をのぞけば,困難は縮み,自己が人生よりも大きくなっていくのが見えるのです。

　「ユーモア」[1]という論文の中で,フロイトは,ジョークの力を,ある罪人を引き合いに出して次のように記述しています。その罪人は,月曜の朝に絞首台にひかれていく途中,あごを突き出し,開き直って「ふん,今週も幸先がいいぞ」と宣言するのです。死に直面して,その罪人は,賢明にも苦境を退け,苦しむのを拒否します。フロイトは言います。「(彼の自我は) 外界からのトラウマを絶対に近づけないようにするばかりでなく,そのトラウマも自分にとっては快楽のよすがとしかならないことを誇示するのである。……『ねえ,ちょっと見てごらん,これが世の中だ。ずいぶん危なっかしく見えるだろう？　ところが,これを冗談で笑い飛ばすことは朝飯前の仕事なのだ』」[2]とでもいうものなのです (一部改変)。

　ジャック・マクダフィーは,ユーモアを使って,苦い現実を単なる子どものゲームに変えてしまうリジリアントなサバイバーです。ジャックは予定外にできてしまった子だったので,親にとって重荷でした。母親は売春婦で,ある夜,酔っ払った勢いで妊娠してしまったのです。あえて中絶したくなかったので,彼女は「有給休暇」をとって出産しました。そして,病院から出るとすぐに,ジャックを祖父のところに残して蒸発してしまったのです。男やもめの祖父は,「子育ての基本中の基本さえ知らない人」でした。そして,ジャックはそのことを知っていました。

祖父は，進行癌のように，僕の命を奪い取らんばかりでした。少なくとも1日に一度は，自分がいかに苦しい星の下に生まれたのかを嘆いていました。「神の受難はたった1つだったのに，俺には2つある」とブツブツ言っていました。最初の受難が母親で，2つ目は僕のことでした。

　ジャックは，絶望をしぼませる方法を知って打ち勝ちました。彼は，本気で面白おかしくなろうと決めた日のことを話してくれました。祖父にしばりつけられ，自分がひどい窮地にあると思ったので，ジャックは心の中でこう言ったのです。「こんなのはばかげている。コメディアンになろう」。

　面白おかしくなるというジャックの最初の実験は，学校で行われました。2年生の時，彼は芝居を始めました。彼はこんなことを思い出しました。

　　インテリ・ボビー：原作ジャック・マクダフィー，主演ジャック・マクダフィー，監督ジャック・マクダフィー，制作ジャック・マクダフィー。子どもたちはおなかが痛くなるほど笑いころげて，先生も僕を気に入ってくれました。それを見たとき，僕はこう思いました。「これで，スーパーに強盗に入らなくてもいい。僕にはもっとましなことができるんだ」。

　ジャックは，ワシントンでもっとも面白いコンサルタントを競うコンテストで，2年連続優勝しています。また，年に二，三度は，ガーヴィンズ・コメディ・クラブでの飛び入りOKの漫才に参加して，満場を笑いの渦に引き込んでいます。そのときのことを彼はこう言います。

　　世界一大きな交響楽団を指揮しているみたいです。ステージに立って，ジョークをとばし，みんなを笑わせるんです。しかも，観客はみんな私についてきます。「さあみんな，サウジアラビアに行こう」と私が実際に言えば，全員立ち上がって，ついてくるでしょうね。

　リジリアンスは，痛みを爆発させるよりも，痛みの方向を変えようとする能力です。朝起きて，鏡を覗き込んで，19世紀の大強盗ジェシー・ジェームズではなく，ハメルンの笛吹き男の姿をみることです。その選択に間違いはありません。あなたは，ユーモアの心理的な報酬を獲得するために，コンテストで優勝したり，ウッディ・アレンになる必要はありません。リジリアントなサバイバーたちは，失望を小気味のよい笑いで日常的に打ち負かしているのです。

フロイトが初めてユーモアについての心理学的視点を提案してから,彼の後継者たちは,フロイトがジョークに見出したのと同じ変容マジックが,創造性にもあることを認めました。フロイト派の人々によると,どちらのリジリアンスにも,心の内なる想像へ向かうことによって,過酷な現実を裏返しにする力があるのです。ユーモアが,重大なことを何でもないことに降格させてしまう一方で,創造性は,何でもないことを価値ある何かへと引き上げます。一語一語,一筆一筆,一音一音,芸術家は空しさを埋めていくのです。完成した作品は,あなたが破壊への道のりを止めた証を写しだし,くずのように無価値なものにも命を吹き込む鏡なのです。精神分析家のハンナ・シーガル博士は次のように言っています。

> あらゆる創造は,かつては愛され,かつては完全だったけれど,今は失われ残骸となったもの,つまり荒廃した内的世界と自己の再創造なのです。私たちの中にある世界が破壊されるとき,その世界が生命を失い,愛がなくなるとき,最愛の人が粉々に砕け,どうにもならない絶望の淵に立つとき,そのときこそが,私たちが新しい世界を再創造し,かけらを再び拾い集め,死んでいるバラバラの破片に生命を吹き込み,人生を再創造しなければならないときなのです[3]。

ターニャ・ステンプルは,薄っぺらな紙で世界を創造しました。ターニャは3歳のとき,扁桃腺を切りました。彼女の父親は,母親がはじめて妊娠したときに「ずらかった」ので,当てにできませんでした。母親は,正式に精神疾患の診断を受けたことはなかったものの,あまりに不安定で,自分の世話さえままならず,子どももほったらかしていました。ターニャの扁桃腺摘出手術は,ただでさえ乏しい母親の力をさらに消耗させることになりました。子どもを病院から家に連れて帰る代わりに,ステンプル夫人はターニャを子どものための郡営救貧院に預けたのです。

ターニャのストーリーは,慢性疾患を抱えた子どもや見捨てられた子どもたちの施設の特集の一部として,1950年にワシントンポスト紙に掲載されました[4]。金属製のベビーベッドに寄りかかってカメラの方へ手を伸ばす,人を動かさずにはおかないような彼女の写真が,ストーリーと共に紹介されたのです。ターニャは,懇願するような黒い目の胸を打つほどに美しい子どもでした。

それから何年もたって私のオフィスで腰を下ろし,ターニャは,施設にいたことを覚えていないと語りました。ある年上のいとこが施設を訪ねたことがあ

って，彼女にワシントンポスト紙の記事のことを教えたのです。その写真を見るのはショックでしたが，その下にある見出しは，ターニャをまったく驚かせませんでした。記事は，切り抜いた紙人形の世界を創造することで，彼女がいかにして日々を過ごしていたのか語っていました。その記述は，施設を出てから母親と一緒に暮らすようになった，5歳から7歳までの期間のターニャの記憶を確かなものにしたのです。彼女は言いました。

> 母と一緒に生活していて，私はものすごく一人ぼっちだと感じました。私は，手の込んだ切り抜きの人形や人形の家，家具，それから洋服なんかを作って，それをつかってストーリーを演じさせることで，私の空っぽの世界を人でいっぱいにしました。中には，何日も続くストーリーもありました。それからもちろん，私が何回も繰り返すお気に入りのストーリーもありました。

現在，ターニャ・ステンプルは，新進気鋭の詩人で短編作家です。彼女の言葉のリズムと，メタファーの中のありそうもない組合せは，彼女が自分自身の中にある良さを見ることのできる鏡なのです。彼女はこう言いました。

> 私が最高にいい気分になるとしたら，一つにはそれは，本当に歌うように書けている自分の作品を読むときです。時々，私はただ，自分がそれを書いたという考えを味わいながら，同じ一節を何度も何度も読み返すことがあります。こんなに美しいことができるなら，私にはたくさんの良さがあるに違いないと思うんです。

ターニャは，話しているうちに声が割れて，泣き出しました。けれども，彼女の涙は，心の中にある幼い頃の痛み（それは現れつつあった創造性の最初のサインでした）と，彼女の作品にある復興の力との結びつきをぼかしはしませんでした。彼女は説明してくれました。

> 私にとって，書くこととは，思いやりのある繊細な母親とそのとても幼い赤ちゃんとの愛情関係のようなものです。執筆のために腰を下ろすと，私は，暗闇，つまり言葉が答えようとして待っているところへ降りていくのです。言葉は，私の意のままにやってきて，喜びと慰めと，それから私の形のできあがっていない考えに形をもたらしてくれます。書くことは，困難ですし，時には耐えがたいほど困難なこともありますが，私の人生の，不老不死の霊薬なのです。

リジリアンスは，アルコールやドラッグにつぶれるのではなく，自分のガソリンで空高く飛ぶことです。文を書いたり，絵を描いたり，それから音楽やダンスからぞくぞくするような快感を得るために，たぐいまれな才能は要りません。ただ，自分自身を，創造的な手段で表現してみるという実験が必要なだけなのです。リジリアントなサバイバーたちの多くが，ひそかな芸術家であり，公衆の認知を求めてはいませんし，気づかれることを避けてさえいます。自己の喜びのために取り組むとき，彼らは，言葉や絵の具や音符や爪先立ちのダンスを，魔法の癒しの醸造物へと配合してしまうのです。

創造性とユーモアは，同じリジリアンスの親戚同士で，つらい現実を裏返して，次のようにしてくれます。

・苦しみを力強さに
・痛みを喜びに
・敗北を勝利に
・的外れなことを有意義に
・重大なことを何でもないことに，何でもないことを価値ある何かに

日本には次のようなことわざがあります。「裏には裏がある」[5]。

遊ぶ（PLAYING）

問題の多い家族にひっかかってしまったあなたは，多くの耐えがたい時間を遊ぶことによって埋めてきたかもしれません。その選択はリジリアントだったことになります。幼い頃の想像豊かな活動は，おそらく，逆境を乗り越えるあなたの最初の試みを示しています。

さらに読み進める前に，子どもの頃に書いた詩や，あなたを惹きつけて離さなかったストーリーを見つけてきましょう。あなたが描いた絵や，シリアルの箱とか余りもののボタン，何かのひもを集めて作ったもののほこりを払いましょう。お気に入りだったゲームやファンタジーを思い出しましょう。ここでの目的は，あなたの若い想像の蓋をあけ，あなたが遊んだゲームの表面下にある復興の力を明らかにすることです。

遊ぶことは，ユーモアと創造性に共通の原形です。私たちの言語に，その絆

は残されていますし, リジリアンス・マンダラへの結びつきにも表れています。たとえば, レクリエーション（再創造）は, プレイ（遊び）の同義語で, 新しい命を与えるとか, 心や体をリフレッシュするという意味に関係しています。また, ユーモアは, ワードプレイ（言葉遊び）です。演劇はプレイで, 俳優はプレイヤー, そして, 脚本家は, ご存知のように, プレイライトと言います。

『詩人と空想すること』[6]という論文の中で, フロイトは,「プレイ」のことを Spiel と言うドイツ語では, 喜劇（Lustspiel）は文字通り「楽しみの劇」であり, 悲劇（Trauerspiel）は,「悲嘆の劇」であることに注目しました。遊びとユーモアと創造性との関連をさらに詳細に考察する中で, フロイトは次のような修辞疑問を提起しました。

　　　遊んでいる子どもというものはみな, 一つの独特な世界を創りだすことによって, あるいはもっと正しく言うなら, 自分の世界のものごとを自分のお気に入りの新しい方法で再脚色することによって, 詩人のように振る舞っているといっても差し支えないのではないでしょうか？[7]

私も, 遊ぶことという言葉をフロイト派の意味で用いることによって, あなたが, 意識的あるいは無意識的に現実生活の困難を清算していくときの想像力豊かな活動をすべて含めたいと思います。魔法の鏡である遊ぶことは, 時間と状況を逆転します。つまり, 大きいものを小さく, 小さいものを大きく, 悲しき放浪児を王様や女王, スーパーヒーロー, 棟梁, それから凶暴な獣に変えてしまうのです。

たいていの子どもにとって, 遊ぶことは, 情緒の修復を達成するための自然な手段です。運動場や幼稚園, それに保育園に行ってごらんなさい。そうすれば, 想像が働いているところを目の当たりにできるでしょう。たとえば, こぶや打撲の傷を癒したり, 黙っていなさいというプレッシャーに逆らって声をあげたり, 気がくじけるような経験の後に再び自己の全体性を取り戻すところです。問題の多い家族の子どもたちにおいては, 遊ぶことの重要性は高められ, 遊ぶ能力は大いに発達する可能性があります。成功したサバイバーたちは, 無数の状況や役割で, あるいは何かになりきって, 逆境と闘う技術を試すのです。

ジャネットを例に上げましょう。荒廃していく母親と共に, 孤立した土地で逃げ場を失っていたジャネットは, 逃亡のドラマを何時間も演じていました。

彼女は，幼い少女と神がかったスピードで走る怪物，秘密警察，そして悪党の絵を，数え切れないほど描きました。彼女は，広々とした野原の向こうにある丘から家までギャロップで馬を走らせたり，家の回りの一番高い木々やフェンスに上ったりしました。夜には，木々のあいだを走って身を潜めたりして，敵陣の背後にいるスパイを真似て遊びました。昼間，母親が二重扉で封鎖された寝室で眠っているあいだ，ジャネットは，『ラプンツェル』の物語を演じました。

「大広間」の階段室は，ラプンツェルが嫉妬深い母親に幽閉されている塔でした。ある人形がラプンツェルに抜擢され，長い金髪の三つ編みが，手すりの一番高いところから下階の床に垂れ下がっているロープになりました。ジャネット自身はと言うと，隔離されて絶望した乙女ラプンツェルを救出する王子の役を引き受けました。三つ編みのロープをぐんぐん登って吹き抜けの頂上に達すると，彼女は，はちきれんばかりのプライドと自信でレールの向こう側に身を投げ出し，ラプンツェルの人形を持ち去るのでした。

ジャネットのミニチュアの人形は，ハリー・ホウディニとサンティニ大王として生を受けました。彼女は，父親が捨てた木製のたばこの箱に人形を入れて，慎重に封をして，バスタブに隠し，誰にも信じられないくらいすばらしく脱出が際だつよう巧みに工作しました。一方，彼女のぬいぐるみの動物たちは革命的な大部隊で，邪悪な王の城内の土牢に襲い掛かり，無実の捕虜を解放しました。時に，ジャネットの脱出ゲームは，ファンタジーと現実のあいだの一線を危うくも越えていました。彼女は，少なからず喜んで言いました。

> 母はうさぎを飼っていて，ずっと納屋の檻に閉じ込めていました。あるとき私はそこに忍び込んで，うさぎの家族を1羽残らず外に放してやりました。するとうさぎたちは，そこらじゅうを走り回って，母のばらを食べ尽くしました。

リジリアントなサバイバーたちが以下のことによって，孤独や恐れ，怒り，混乱，そして失望を裏返しにするところならどこにでも，遊びに宿る不思議な力を見ることができます。

- くまのプーさんや，そこに登場するトラのティガー，ロバのイーヨー，そしてカンガとルーの熱心な集まりに参加する
- ターザンと一緒に，ジャングルのぶどうのつるにぶらさがって揺れる

- 7つ頭の火を噴く恐ろしいドラゴンを殺す
- 素敵な陶磁器をテーブルに用意し，毎日4時になると人形たちをハイティー（訳注：お茶と夕食を兼ねた食事）をもてなす
- 捕獲困難なホワイト・タイガーを求めて，世界の最高峰の山々を渡り歩く
- 最愛の人形たちを手厚く扱う
- 青髭（訳注：フランスの伝説で，無情残忍で，次々に6人の妻を殺したという男）も恐れる海賊の一団と一緒に海をほしいままにする
- 踊りながらスラム街を脱出して，スターになる

　アンソニー博士は，精神病の親をもつ子どもについての研究で，リジリアンスが実際に働いているところを見るために，遊びが物語になる性質を利用しました[8]。研究スタッフは，子どもたちに美術工芸の材料を与え，家での生活はどんな風に感じられるか作品にしてみるよう求めました。エレンはアンソニーの研究においてもっとも創造的なサバイバーの1人でしたが，彼女は自分のリジリアンスの鍵となる城を創り出しました。
　6人姉妹の1人として，エレンは，躁うつ病の母親からの容赦ない，意地悪な言葉の暴力にさらされていました。彼女の父親はサディスティックな傾向のある精神病質者で，母親同様，つきあいにくい人でした。アンソニーによると，エレンは両親の激しい非難にもかかわらず，平静を保ちました。また，学業の上でも，社会的にも，情緒的にもよく育ちました。
　お城を作ったことについて尋ねられると，エレンは，家庭での耐えがたいプレッシャーや押し付け，敵意，そして混乱にもかかわらず，いかにして健康を保つことができたのかを明らかにしてくれました。あるイメージを浮かべて，エレンは，自分をプライバシーの中に囲いこみ，コントロールを発揮し，まったくの混沌に秩序を課したのでした。彼女は，城のことを，外でのものごとが「荒れ」たときに引きこもることができるようにとアレンジした「小さな空間」だと述べました。城のもっとも重要な部分は，鉄の扉です。彼女はその扉を持ち上げて，自分を中に入れ，「敵」から逃れ，それから扉を降ろして，誰も彼女の防衛を破れないようにするのです。城内でエレンは，個人の境界に対する敬意によって，バランスのよい協力関係を得て，スムーズに機能する世界を想像しました。彼女は，笑いながらこう言いました。

まるで，あらゆるものが機能し，皆が力を合わせて働く世界，そして，人にはやりたい仕事があり，誰もそれを止められない世界にいるみたいでした[9]。

　エレンは，気後れもせずにサバイバーのプライドを述べて，インタビューを終えました。

　　私はこの城の女王です。私の人生をだめにするかもしれない人はどんな人であれ，城には入ってほしくありません[10]。

　遊ぶことは，リジリアンスです。なぜなら，エレンが想像上の城に課した秩序，ジャネットがごっこ遊びで達成した自由，そして，あなたがファンタジーの中に見つけた力は，現実にもとどまるからです。精神分析家のアルバート・ソルニット博士は次のように述べています。

　　遊びは，子どもの自己という感覚，能力，そして自分の生きている現実を変えることにおける有能さを拡張していきます。その意味で，遊びは，どうしたら自分の世界を積極的に形作ることができ，必要以上に無力感を感じたり，依存的にならないでいられるのかを，子どもが安全に探索できるようにするのです[11]。

形作る（SHAPING）

　バーバラ・ハドソンの短編『アラベスク』では，ケイトというリジリアントなサバイバーが，妹のアーデンに，奇怪で凶暴な母親の怨霊をどうやって追い払うかを教えています。ケイトが示すテクニックは，形作ることであり，創造性とユーモアの第二段階です。形作ることは，遊びを洗練したもので，あなたの想像に秩序と努力を与え，芸術の生産を目指します。
　『アラベスク』の幕開けでは，ケイトの責任感やトラブルを感知する才覚と，母親の無分別や向こう見ずな奔放さが対照的です。

　　時々，アーデンの母親は，真夜中に2人を起こして，家を掃除しようと言うのでした。最初は，アーデンが4歳の頃でした。部屋は暗く，母親は広間の明

かりに照らされて立っていました。
　「起きなさいよ」と母親が言って，頭上の電灯をつけたので，アーデンには，ドアの上から天井にまでパチパチとした明かりが見えました。姉のケイトが，隣のベッドから起きてきました。天井は青色で，彼女たちのベッドは白色でした。母親は柄物の古着を着て，テニスシューズをはいていました。「さぁ，掃除を始めるわよ。お父さんが帰ってくる前にね」そう言うと母親は，くるっと後ろを向いて行ってしまいました。カーペットの上では優しく，階段を上るときにはよく響く太い足音が，鳴りました。間もなく，ストラヴィンスキーの「火の鳥」が家中に響き始めました。
　「さあ，いらっしゃい」ケイトは妹の腕をひっぱります。「ベッドから出るのよ，さあ起きて」。
　「ママは何をしてるの？」アーデンは尋ねました。
　「ちくしょう」9歳のケイトは言いました。「知るわけないでしょ」。
　アーデンは，姉がそんな言葉を言うのを聞いたことがなかったので，こわくなりました。
　ベッドが整えられて，壁の下にある裾板の塵まではらわれると，彼女たちはキッチンのテーブルに集まり，コーンフレークを食べました。母親の話。「私は今日，リビングを塗りかえようと思うの。ケイト，あなたが学校から帰ってくるまでには，アーデンと私とでリビング全体にペンキを塗っておこうと思うの。何色にすればいいかしら？」母親は次にアーデンの方を向いて言います。「私の小さな天使さん，あなたは何色がいいと思う？」
　アーデンは心配になりました。どうやって壁を塗るのか，まったく見当もつかなかったからです。「わかんない」彼女はぽつりと言いました……。
　「大変だ」ケイトは長い金髪をひとすじつかんで，きつくきつくねじりました。「あなたは，私と一緒に学校へ行ったほうがいいわよ。私は，あなたを連れて行くべきね」[12]。

　ストーリーが展開するにつれて，ともすれば精神を錯乱させるような家族の中で，ケイトは正気の声となります。彼女は自分を擁護し，見たものを伝え，母親の破壊的な行動のことを父親に突きつけます。そして，アーデンを害から遠ざけるのです。姉妹は，ケイトの強さから，そしてとりわけ互いの親密性から恩恵を得ます。
　やがて，ケイトが大学へ行ってしまったある晩に，母親はキッチンのテーブルに頭をぶつけて死にます。夏休みに帰省したケイトは，ひどい姿のアーデン

を見つけます。バスタブに座り込み,服こそ乾いていましたが,苦悩でずぶぬれになっていたのです。そこでケイトは,9歳の頃からの特徴であった思いやりと知恵で,アーデンに手を差し伸べ,バスタブから出し,形作ることがいかに人を正気に保つのかを教えるのです。

　「さあ,こうするのよ」と彼女［ケイト］は言いました。アーデンは彼女についてリビングへ行き,そこでケイトは,東洋系の敷物の中央に立ち,(訳注：バレエの基本姿勢であるアラベスクの)第一ポジションで,肩を引き,あごを上げ,両足のかかととふくらはぎと両手の指先を合わせました。「こうするのよ。お母さんのことを考えて」。そして,彼女は,つま先立ちして,くるりと回り,軸足を踏み出し,片方の腕は前へ動かして上半身を持ち上げ,もう一方の足と腕は後ろでゆっくりと持ちあげていきました。「お母さんのことを考えなさい,それからお母さんを他の何かに変えてしまうの」。
　それは,アーデンが今までみた中でもっとも美しいアラベスクでした。ケイトの指先からつまさきまでの,長くてスムーズな円を描くような動きと,カーペットの上にまっすぐに,そしてしっかりと伸びた足。「わかる？」とケイトが尋ねました。
　「うん」アーデンはささやきました。「わかると思う」[13]。

　リジリアンスは,家でのひどい経験を芸術へと形作り,被害者の姿勢を,誇り高く,美しい構えへと転換する能力です。青年期には,多くのサバイバーたちが,文筆や音楽,芸術,スポーツ,あるいはダンスをよりどころにして,自己の内的な苦悶を表現し,混乱に秩序をもたらします。絶望に創造性の秩序を与えることによって,リジリアントなサバイバーたちは,傷ついた自己を癒すのです。
　私が本書を執筆するに当たってインタビューを実施している間,創造的な青年だった多くのサバイバーたちが,かつての作品の見本をもってきてくれました。悲しみをありのままに表現した物語や詩を書いたり,絵を描いたりした人がいました。たとえば,次の詩を紹介しましょう。

　　　Iter Vitarium
　　　私は,黒い礁湖で
　　　人生の誘惑の水をさまよう

私は，月の光が乾かした涙を探す
　　　「ねえ，あなたの娘はどうなるの？」
　　　私は，苦しみながら沼地を進む
　　　それが私の絶望の手がかり
　　　孤独の人生こそが
　　　私の祈りの答え [14]

　「これのどこにサバイバーのプライドがあるのかしら？」と詩人は半分疑うように，そして半分希望をもって尋ねました。
　「完全に覆われているわ」と私は答えました。「でも，とにかくあるのよ」。
　彼女は，なんとかそれを見せてほしいと願いました。
　「痛みに対処するために，相手を選ばずセックスに明け暮れることもできただろうに，あなたはそうしなかった。妹をいためつけることもできたのに，そうしなかった。沈黙を守り，あなた自身の中で縮こまっていることもできたのに，そうしなかった。あなたは，痛みが再び戻ってきてあなたにつきまとって悩ませたりしないような方法で対処しましたね。詩を創ることによって。それに，あなたがどんなにひどい気分であっても，その詩や，あなたが書いた他の作品はすべて，あなたにとってプライドの源になるの。隠れたプライドが，あなたを動かして，この詩を今日ここに持ってきてくれたのではないかしら？」
　「それは新しい見方だわ」と彼女は言いました。その見方を認めるかどうかを迷いながら。
　他のリジリアントなサバイバーは，『アラベスク』に登場するケイトの方にもっと似ています。悲しみを，あるがままの形で表現するよりも，芸術に変容させるのです。
　ジャネットの例を紹介しましょう。彼女は10代の頃，母親を亡くしたが，その喪失を音楽に変え，彼女の創り出す音符に乗せて空高くへと飛ばしてしまうことで，母親の病気とその結果の死に持ちこたえました。彼女はこう言いました。

　　　音楽は私の世界を美しくしてくれたし，平和をくれました。私のチェロは，悲しみと，生きていたいという意志に満ちた力強さを大きな音で奏でました。私は，リサイタルのステージに上がり，弓をもってこう言うのが好きでした。「私は，ひそひそ話でしか言えないようなお母さんの犠牲者とは違うの。私は本

物で，あなたたちの注目に値する音楽家なんだから」。

ミカ・ゲインズの例を見てみましょう。彼は，描くことによって，障害を受けた体に，力強さと上品さを表現しました。崩壊した，貧しい家族の子どもである彼は，8歳の頃，ひき逃げ事件に遭って30フィートも投げ飛ばされ，重度の麻痺が残りました。怪我をする前，ミカは絵を描くことに興味をもっていて，何人かの偉大な画家の絵を上手にコピーしていました。「僕はミケランジェロが好き」と彼は言いました。「特に，神様とアダムが指を触れている天井画が好きなんだ」。

ミカは，事故によって，気晴らしの芸術から描くことへの熱中と自分自身のスタイルの発展のための起動力を得ました。彼が日々，自分を哀れむことを拒絶できたのは，真っ白なキャンバスを埋め始めると自分の中にこみ上げてくる力の感覚のおかげでした。「描くことでそういう感情は全部出ていくんだ。感情に流されることはないよ」。

私がミカに会ったのは，彼が18歳の時で，場所は，間に合わせのホーム・スタジオでした。そこで彼は，絵を描くテクニックを見せてくれました。ミカの手は，両方とも震えていてコントロールすることができません。彼は，ブラシを左手に持ち，ひじで支え，右手でキャンバスまで持っていくのです。大胆な筆遣いと，鮮やかな色で描き出された貫禄のある人物像が彼のキャンバスを決定づけます。彼が生まれ持ってしまった背景は，抗し難いとまでは言わずとも，しばしば彼を脅かすものです。スタジオの周りを案内しながら，ミカは，『ジャーニー』の前で立ち止まりました。これは，彼が，ギラギラと光るオレンジ色の太陽の下で，ボートをこぎながら広々とした水面を渡っている自分自身を描いたものです。ミカは，『ジャーニー』を一番の作品だと言います。それを示しながら，彼は，創造過程において自分のリジリアンスをどのように実感するのか説明してくれました。

> 僕の絵筆は，「できる」を意味しています。絵は僕の生命のもと。そしてキャンバスは，僕の世界，宇宙，そして僕が自分をまるごと引き受けるという夢のような感情なんだ。

ジャック・マクダフィーの例を思い出してみましょう。彼は，高校に入ると，

ユーモアのレパートリーを,「インテリ・ボビー」のような自然に出てくる一人芝居から,家での悲惨な状況をものともせず笑い飛ばす,洗練されたものへと拡げていきました。ジャックは何時間もかけて,製本も全部自分で手がけたジョーク・ブックを作り,1冊1ペニーでクラスメートに売りました。「全部自筆なんです」と彼はニヤッと笑って耳打ちしました。「飛ぶように売れましたよ」。

ジャックのコミックに目を通しながら,私たち2人は,彼の一筆一筆が彼の苦境をいかに表現し,同時にそれを裏返しているのかを見ることができました。私たちが一緒に解釈したあるシリーズには,強そうな2人組(ピートとその相棒)が登場していました。

「すべては計画通りだった」これがジャックの最後の宣伝文句です。健康な挑戦とサバイバーのプライドの香りがします。

(マンガ)	(私たちの解釈)
上半身裸のピートとその相棒は,ビーチで出会いました。2人は,男らしく固い握手を交わして挨拶しました。	祖父と暮らしているジャックは孤独だったので,友達だけでなく,人に見せたくなるような力強い体を自分に与えました。
ピートとその友達は,敵を殺し,死体を埋めるために,ある島へ旅立ちます。	家では自分の意見を人に明かさないジャックは,怒りのはけ口を作り,捕われの状態から脱出することを望んでいます。
仕事を終えて,恐ろしいことをした2人組は,ヘルメットとすね当てを外して下着になりました。	ジャックは,怒りを表すことによって安堵感を見つけます。やっと,自分を保護する情緒的武装をいくらか解除し,少しリラックスして,その気楽な感じを楽しみます。
少しして,2人はそろそろ家に帰る時だと決めました。彼らは水に飛び込んで,本島へと泳いで帰りました。	ジャックは,自分の怒りに対する罪悪感を洗い流しました。これでようやく彼は現実へと戻り,自分の人生をもっと引き受けていけます。

リジリアンスは，雨しずくのあいだをぬって歩くためのよろい1領でも，魔法の力でもありません。また，あらゆる打撃から回復する能力でもありません。リジリアンスは，あなたの痛みを「価値ある何か」へと形作るために，芸術という形の秩序を受け入れる意志なのです。リジリアンスは，空を飛んでいるときの楽しい気持ちを表すこと，そして，自分をコントロールして，よりよい旅であるために地球へと戻ってくることなのです。

笑う・構成する（LAUGHING AND COMPOSING）

　患者さんたちが凝り固まった視点に閉じ込められてしまったときのためにと，一目置かれている同僚が，究極のリフレイミングを勧めています。英語に見切りをつけ，フロイトのドイツ風伝統の権威をふりかざして，彼はこう宣言するのです。「Mann tracht und Gott lacht. 人間はあくせくし，神は楽しむ。だったら神を演じようじゃないか！」彼は，患者さんたちにこう勧めているそうです。

　創造性とユーモアは，神の宇宙的視野であなたの問題の多い過去に立ち向かうことと関連するリジリアンスです[15]。どちらも，遊ぶことから始まり，遊ぶことへ戻ってきます。リジリアンス・マンダラの1つの円弧から次のより外側の円弧へと進むにつれ，あなたは，少しずつ着飾っていきます。ハイヒールの靴を履く，バイキングのヘルメットをかぶる，スーパーマンのマントをかける，女王陛下御用達のローブをまとう，そしてさらに，神様のメガネをかけて，新鮮な自分を見てみるところまでいくのです。

　構成すること（創造性の成人した段階）と笑うこと（ユーモアの成人した段階）は想像力に富む躍進ですから，あなたは今の自分を超え，自分が見たものを表せるようになります。少し離れれば，近くでは見えなかったパターンや可能性に気づくことができるでしょう。笑うことは，大真面目なことの中にばかばかしさを発見することであり，それを面白いジョークにして話すことです。構成することは，あなたの痛みの中にある成長と強さの潜在性を見抜き，芸術においてそれを伝えることです。

　『1937年5月に戻って』[16]は，宇宙的視野から構成された詩です。シャロン・オールズという詩人は，神を演じることで，時間と空間の壁を壊すのです。彼女の言葉が連れていってくれるのは，何年も前のキャンパスであり，そこで

は，彼女の両親は若い恋人同士で，子どももおらず，これから及ぼす害のことを知りもしないのです。現実離れした考えがオールズの気づきを呼び起こし，心にしみるような質問を真正面からつきつけるのです。つまりそれは，多くのサバイバーたちが心に抱いてきた質問です。「もしも私に決定権があったなら，そして今わかっていることを知っていたとしたら，私は生きることを選んだだろうか，それとも生まれないことを選んだだろうか？」

『1937年5月に戻って』
私には彼らが大学の正門に立っているのが見える，
私には父がぶらぶらと歩いているのが見える，
黄土色のサンドストーンのアーチの下には
赤いタイルがきらきら，ゆがんだ
血のプレートのように彼の後ろで光っている，私には
母が軽い本を何冊か小脇に抱えているのが見える，
小さなレンガで作られた柱の傍に立ち
錬鉄製の門は彼女の後ろでまだ開いている，その
剣のような先端は，5月の風に黒くそびえる，
彼らは卒業しようとしていた，彼らは結婚しようとしていた，
彼らは子ども，彼らは愚か，知っているのは
無垢だということ。彼らは決して誰も傷つけようとはしなかった。
私は彼らに駆け寄り，そして言いたい。止まりなさい
やめなさい。彼女は間違った女性，
彼は間違った男性，あなたたちはやってしまうでしょう，
そんなことをするとは想像もつかないようなことを
あなたたちは子どもに悪いことをするでしょう，
あなたたちは聞いたこともない方法で苦しむでしょう，
あなたたちは死にたくなるでしょう。私はあそこに駆け寄って
5月終わりの太陽の下で，そう言いたい，
私に向いた，彼女の渇望して，かわいらしく，空虚な顔
彼の哀れで，美しく，未踏の体
でも私はそうはしない。私は生きたい。私は
彼らを手にとって，男と女の
紙人形のように，バンバンぶつけ合ってやろう，
腰を，火打石のかけらのようにぶつけて，
火花を起こしてやろう。私は言うのだ。
やるであろうことをやりなさい。そして私がそれを語ろう。

オールズの詩は，怒りから人生への献身へ，犠牲者の罠から自分自身のリジリアンスへの感謝へという旅の記録です。他のサバイバーたちと同様，彼女も，リジリアンス・マンダラの強力な創造性のくさびで，痛みを真剣な芸術的意図へと変換しています。「私は生きたい……やるであろうことをやりなさい。そして私がそれを語ろう」と，彼女は言っているのです。
　「創造性とは」，精神分析家のジョン・リックマン博士が言うには，「古い世界の廃墟に新しい世界をつくること」です[17]。再生への希望は，多くのリジリアントなサバイバーたちを，創造的な方向へと後押しします。私が患者として出会ったり，研究のためにインタビューしたリジリアントなサバイバーの中で，プロの芸術家だったのはたった1人だけでした。たいていの人は，執筆や，絵画，ダンス，あるいは音楽を，真剣な趣味として続けていました。彼らは夜に，週末に，それから休日に取り組んでいました。
　「一体どうして？」と私は尋ねました。この本を書く苦しみを味わっていたからです。
　彼らはためらいもなく答えてくれました。彼らの答はすべて，「古い世界の廃墟に新しい世界をつくること」というテーマに同意するものでした。

　　自己の信頼性：創造的な状態にあるとき，私は，ありのままの本質的要素を究めます。自分をはぐらかしたりしません。私は私です。心に浮かぶ言葉は，全体性です。絵を描いているとき，私は全体だと感じ，本物だと感じるのです。それは，私の家族と生活するときのひび割れたような感情と正反対のものです。
　　自由：ダンスをすることと新しい動きを学ぶことで，私は，慣れたものを置き去りにし，私の体を，いいえ，私自身を，不確かさへと引き渡すのです。そして，それはいい気分です。不確かさは，以前のように恐くはありません。未知のことを試せるほど自分を信頼するに至ったのだと知ることは，私がもう両親の承認を求めてはいないと確信することなのです。
　　美しさ：私は醜さから生まれました。私は醜さに震え上がります。私は，何としても美しさを作り出さなければと感じます。
　　力：私は自分自身の世界をつくり，自分自身の力を知っています。私が育った方法とは大違いのことです。
　　結びつき：芸術においてあなたが自分のストーリーを語るとき，あなたは人々に触れます。そして，1人ではないと知るのです。あなたが感じていることを他の人たちも感じていることを知るのです。

コントロール：4つの角で区切られたキャンバスに問題をはめ込むとき，傷は決して私を圧倒するほど大きくなることはないと知っています。

モラル：私は，なれるものすべてにならなければならないという義務感を持っています。創造することは，究極のストレッチです。両親と家で暮らすのは，身が縮むような思いでした。

喜び：それは，体を超えた，恍惚にもっとも近い経験です。そして，それは，私が持てるとは決して思わなかった感情です。

ユーモアの歴史が示すのは，笑うことが，芸術を構成することと同様の再生する性質をもっていることです。聖書の聖人たちはこう助言しました。「楽しい心は良薬のようである」。20世紀のはじめに，医者たちは，心臓や肺，呼吸器系を刺激し，体にあるモヤモヤをくまなく一掃するために，笑いを推奨しました[18]。もっと最近では，『笑いと治癒力』[19]において，ノーマン・カズンズが，マルクス兄弟（訳注：アメリカのコメディアン・映画俳優の一家）の映画と「どっきりカメラ」の再放送を大量に服用して，命に関わる膠原病をいかに自己治療したかを証明しました。さらに，研究の前線では，自分が苦しむのを見ているとき，リジリアンスと，神に近づき，演じ，そして笑うことのあいだに関係があることを，心理学者たちがどんどん証明しているのです。

ウィリアム・フライ, Jr.博士と，メラニー・アレン博士は，プロの喜劇作家についての研究において，ユーモアのある人は自分にもっとも痛みを与える状況を作品に組み込んでしまうという結論を出しました[20]。作家たちの才能は，悲しみの真っ只中でのもっともおかしな瞬間に私たちの意識を傾けるところにあります。フライ博士とアレン博士によると，ユーモアは単なる逃避にとどまりません。あなたの問題を笑うことは，「しっかりしたアイデンティティ，つまり，絶え間ない爆発や不安定の真っ只中にいても以前よりは安定していられるアイデンティティを築く手段」だと言うのです。

研究において，フライ博士とアレン博士は，ネイサンというプロの喜劇作家の人物像を示してくれます。インタビューのあいだ，ネイサンは，子どもの頃やっていたように，まぶたを裏返したり，遊んだりして，ドタバタ喜劇を演じていました。彼のおどけたしぐさは，彼が語っていたトラウマから，明らかに気をそらせることになっていました。

ネイサンは，「そこら中に緊張がある状態」で育ちました。彼の家族はほとんどお金をもっていませんでした。父親は，「大いなる夢想家で，金が入って

くるのを夢見てはぼんやり待って」いました。母親は待つのをあきらめて，心配するばかりでした。夫婦の共通の基盤は，けんかでした。ネイサンは，彼のユーモアと両親の不和との関係をこのように述べました。

> 私が子どものころ，いつもお前はおかしな子だね，と両親が言うんです。そこで，私は見た目に面白おかしくし始めました。何か書きたいとは思わなかったけれど，「おもしろくしていたい」と思っていました。苦し紛れだったと思います。たいていのことは苦しみから生まれるんです。私は，どなりあってばかりの家族で育ちました。両親はいつも怒鳴りすぎて発作でもおこしそうなほどの緊張の中で生活していました。それに対する唯一の防衛は，笑い飛ばすことでした。そこにあるおかしさを見つけるんです[21]。

ネイサンは，続けて，ユーモアのある防衛を詳しく教えてくれました。

> 私は，キッチンの両親がよく見える所にノートと鉛筆を持って陣取り，両親に得点をつけたものでした。とどのつまり，私は他に何が「やれた」と言うんでしょう？　彼らは私にはまったく注意を払いませんでした。私は大体，立会人だったんです[22]。

セラピーにおいて，リジリアントなサバイバーたちがしばしば犠牲者の罠から脱出の一歩を踏み出すのは，彼らが自分の状況の中にユーモアを発見することによります。「私を見て」と成功したサバイバーは言いました。家族のみじめさについて話しながら，涙が彼女の顔をつたってこぼれ落ちていました。「あなたは，私が世界で一番苦しんでいる人だと思うでしょうね」。彼女のリジリアンスにおけるユーモアの役割について書くよう求めると，彼女はこう言いました。

> 私たちの時代の，もっとも偉大な隠れた悲劇役者と生活することの直接的結果は，生まれてこのかた，誰も，何事も，真面目に受け止めないようにしてきたことです。時にはそれが自分にとって損だったこともあるでしょうけれど。たとえば私から見ると，最後の審判には多くの喜劇的な潜在性があるんです。そんなことを言ったら，審判が終わる頃には，私は神様と大きなトラブルを起こす羽目になるでしょうね。

私が書くことを選んだのは，母親との人生という混沌に秩序を与えるためで，ユーモアは，母親の断固として冷たい態度を相殺する唯一の方法でした。いつあきらめてもいいくらいの時であっても，生きる方法を探しているわけですから，頭は，抜け目がありませんね。紙の上では，何が起こるかを選ぶようになり，たとえ獣のような力をもつすべての言葉と徹底的に取っ組み合わなければならなくても，そのことを気楽な風に書いてみようとします。私があらゆる言葉を用いて闘う相手が，母親の物の見方であり，私が勝った時，その勝利は私に想像できる何よりも甘い味がするんです。

　グループ・セラピーでは，リジリアントなサバイバーたちは，飛びぬけて優れた喜劇役者です。たいてい，新しいグループを作って3度目のセッションまでには，「これ以上のことできる？」という元気のいいゲームがはじまり，メンバーは，もっともばかげていて，もっとも悲痛な家族のストーリーを互いに競い合います。彼らは泣かないように笑うのです。

　　うちの母は，躁状態の時，ネグリジェ姿で通りを走り回ったの。次には何が起こるのかまったくわからなくて，私は恐怖に怯えていました。母がついに入院したときには，ものすごく安心したわ。精神病院を悪く思ったことなんて一度もありませんでした。精神病院というのは，家族が休暇をとれるように建てられた場所だと思っていたんだから。

　　最近，アリゾナへ行って，母に会ってきたんです。その日は私の誕生日で，母は，私にプレゼントをあげようと大騒ぎしていました。プレゼントはマッサージ券でした。母のくれた券が使えるというので，私たちは母の住んでいるアパートの地下にあるヘルスクラブへ下りていきました。デスクの向こう側にいた男性が値段を言った時，彼女は私の方を振り返ってこんなことを聞いたんです。「もしもあなたがそんなにも太ってなかったら，こんなに高くはないわよね」って。

　　うちの母は約束破りの女王です。新しい服を買ってもらえるとか，スケートにいけるとか，パーティにいけるとか，宿題を手伝ってもらえるとか，私にさんざん期待させておいて，母にその気がなくなることが何度あったことか。まるで，母は特別にデザインされた，格納式の乳首を装備しているみたいでした。それは母の胸にあって，豊かで，期待できそうで，魅力的なのに，私が唇を近

づけると，バン，と彼女はそれを引っ込めるんです。

　これは，私の愛情に満ちた母親からの手紙です。「親愛なる我が娘へ。手紙を書く方が，私にとってはずいぶん楽です。あなたに，『お母さん，聞きたくない』と言われずに，言いたいことをそのまま言えるんだから。だから聞いて，愛するあなた。私の愛しいあなたは，完全にずぼらな人だわ。あなたの家は糞の家。あっちもこっちもぐちゃぐちゃ！　あなたの冷蔵庫からいらないものを捨てておきました。くさった桃，トマト，レタス，賞味期限の切れた缶詰も。整理するのよ，ねえ，あなた。重曹は，封を開けて置いておくこと。臭いをとってくれるから。試してみて。こんなふうに，私はいくらでも続けられるんだけど。あなたは，私がヘアスプレーを使うのをすごく恐がっていたわね。そんなことを思うんだったら，あなたの家の細菌はどうなのよ？　そしてその部屋の汚さは？　階段の手すりにぶらさがってるあなたのハンドバッグ！　あれがあるおかげで，なんて美しい玄関になってるんでしょう。覚えてるわよ，何年も前に，あなたがつきあってた若い男の子が，服を着たままうたた寝をしたからって，あなたけんかしたわよね。彼が変わってくれない限り彼とはつきあいたくない，って言ってたわよね。我が娘の，麗しき繊細さは一体どこへ行ってしまったのかしら？」

　ある意味で，笑うことは，敵を追い払うための原始的な魔法の公式のようだ，と心理学者のアルバート・ラップは示唆しています[23]。あなたは，敵のミニチュアの蝋人形や，ぬいぐるみを作ります。それから，アブラカダブラとか，マンボ・ジャンボとか，訳のわからない呪文を一通り唱えながら，それに釘を突き刺すのです。そんな儀式が敵を打ち負かす見込みはありそうもないのですが，一方で，勝利を勝ち取ったような気分にさせてくれるので，そういうことが，あなたの怒りを晴らしたり，緊張を和らげたりするのも頷けます。

　ユーモアは，ばかげたこととひどいことのあいだのどこかに位置するリジリアンスで，それは同時にどちらでもあり，どちらでもないのです。小説家ヘルマン・ヘッセの言葉を借りると，ユーモアは，精神が強くなり弾力を持つような第三の王国なのです。ものごとを大真面目に捉えてはいけません，というのも，真面目さは，時間というものに高い価値を置きすぎるのです。「しかしながら，永遠において時間は存在しない。永遠とはただの一瞬にすぎない。冗談を一つ言えるくらいの」[24]。私は，問題の多い家族のサバイバーたちを元気付けるのに，これ以上のアドバイスは考えつきません。

第8章 創造性：何でもないことを価値ある何かに　ユーモア：重大なことを何でもないことに　215

あなたのリジリアンスへ

　次の頁にあるリジリアンス・マンダラの，ユーモアと創造性のくさびに注目してください。息苦しくなったり，傷ついたときのことや，内なる想像の世界へと向かったときのことを思い出してください。そういった記憶を用いて，ダメージよりもリジリアンスの周辺にあなたのイメージを組み立ててください。遊ぶことと形作ることについての以下の質問は，あなたのリジリアンスの初期のサインを思い起こさせてくれるでしょう。構成することと笑うことについての質問は，あなたが，人生にさらなるユーモアを加えたり，現在，創造的な活動に腕を試す後押しをしてくれるかもしれません。

遊ぶ
幼い子ども時代に：
1．あなたは，自分の時間の大半を想像力のある遊びに費やしましたか？
2．あなたが遊んだゲームや演じた役が，現実に直面する勇気と自信をあなたが取り戻すのに一番の助けでしたか？

形作る
もう少し大きくなってから青年時代に：
1．あなたは，芸術を真剣に追求したり，ちょっとかじったりしましたか？
2．あなたの芸術は，あなたの傷ついた感情を，偽りようのない形で表現してくれましたか？
3．あなたは，芸術やユーモアを用いて，あなたの家族状況や，あなた自身の困難な感情を，それよりはよい何かに変えようとしていることに，気付いていましたか？

構成する・笑う
大人になってから：
1．あなたは，芸術的な趣味や職業に関わっていますか？
2．創造することで得られる肯定的な感情は，あなたの過去の痛みを帳消しにしてくれますか？

[図: SELFを中心とした円。外側に「洞察」「独立性」「関係性」「イニシアティヴ」「ユーモア」「創造性」「モラル」。ユーモアの内側に「笑う」、創造性の内側に「形作る」「構成する」、その内側に「遊ぶ」]

3. あなたは，自分自身の痛みのことを笑い飛ばせますか？
4. あなたは，自分の問題の多い家族にあるばからしさを認められますか？
5. あなたは，ユーモアを使って，自分を嫌な気分から引っ張り出し，他人とのあいだの緊張を和らげることができますか？

第9章
モラル：神聖でない世界の神聖さ

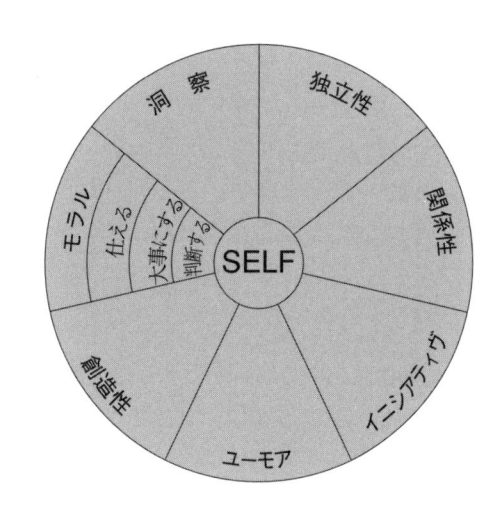

定義：**モラル**，つまり，見聞ある良心的活動[1]とは，充実した良い人生を願うことです。問題の多い家族に生まれた強い子どもたちに，最初にモラルの種が蒔かれるのは，彼らが傷つき，それがなぜなのかを知りたがり，日々の出来事の善悪を判断（judging）し始めるときです。青年期になると，判断することは，礼儀正しさや思いやり，正直さ，公平さというなんらかの主義を大事にすること（valuing）へと枝をひろげていきます。リジリアントなサバイバーたちは，他者の苦しみにこたえることによって自らを修復するので，弱者のために戦い，自らを大義に捧げ，家には秩序を課そうとします。成功した成人のサバイバーたちにおいては，モラルは，私的満足や個人の修復を越えて，義務という様相を帯びてきます。仕えること（serving），つまり，施設やコミュニティ，そして世界に時間とエネルギーを捧げることによって，リジリアントなサバイバーたちは，個人的自己を，人類の自己へとつなげるのです。

モラルの議論を最後までとっておいたのは，このリジリアンスが，その他すべてのリジリアンスと似ていながら，そのすべてを超越しているからです。他のリジリアンスは，過去を過去のものとします。モラルもそうではありますが，さらに，より良い未来を志向します。他のリジリアンスは，傷ついた自己の修復を目指します。モラルもそうですが，さらに，世界までも改善しようとします。他のリジリアンスはサバイバーたちが満足なセルフ・イメージを見ること

のできる鏡です。モラルもそのような鏡ですが，さらに，人間性が大成されるのを垣間見ることができる鏡なのです。

　モラルが，初めてリジリアンスとして登場したのは，問題の多い家族という文脈ではなく，崩壊する社会という背景に対してでした。1960年代のアメリカを襲った政治社会的混乱の最中，児童精神科医のロバート・コールズと，妻ジェーンは，南部の人権運動に参加しました[2]。政治家というよりむしろ人間性の研究家であるコールズ夫妻は，周囲に渦巻いている学校での人種差別危機を，ストレスがいかに子どもたちを心理的に消耗させているかを示す機会として考えました。2人はニューオーリンズへ出かけ，以前は白人のための学校だったところに，初めて黒人の子どもたちが入っていき，次々とドラマが展開するのを目の当たりにしました。しかし，コールズ夫妻は，そこに関わった生徒たちの情緒的ダメージを見つけるのではなく，モラルの不屈の力を明らかにしたのです。

　妻ジェーン・コールズにとっては，その発見は驚きではありませんでした。偉大な文学作品の中で明らかにされる人間性の神秘について何年も議論してきた英語教師として，彼女は，力強さと勇気の泉の存在を知っていたからです。また彼女は，自分の生徒たちが，深刻なモラルの問題にも十二分に取り組めることを知っていました。

　一方，彼女の夫は，南部地方の騒然とした日々に見たリジリアンスに圧倒されてしまいました。医者であるコールズはそれまで，進行する病いのプロセスを見るのに専念していたので，リジリアンスのダイナミクスを認識するには，まず，医学修練の頃からなじみのあるダメージ指向と離れる必要がありました。受けて然るべきジャブを妻から頂戴するに至るまでの，内面的大改造は，彼にとって大変な苦痛を伴う経験だったことでしょう。

　最新の著作『子どもの神秘生活』において，コールズは，医学部，小児科そして精神科で受けた教育について記しています。皮肉たっぷりのユーモアを織り交ぜ，彼の先輩たちがいかに安直に「深刻な問題」とか「重大な情緒的困難」などという診断を下しているか，いかにすみやかに「長期治療」を処方しているか，そして，「よい精神衛生」を有しているなどという奇妙な言葉を使って，いかにしぶしぶ患者の回復を認めるか思い出しています[3]。あるスーパーヴァイザーが「精神的健康」という言葉を使ったとき，コールズの同期の精神科レジデントが，その定義を求めました。すると，いつもは多弁な先生が，「いい

質問ですね」と，いつになく言葉少なになり，精神的に健康な個人には欠けている病いの特徴を使って答えたのです。「深刻な行動化がないこと」，「性格の障害がないこと」，「神経症がないこと」など。「どんな人でも多かれ少なかれ神経症であることは，すでに私たちの知るところだったのに」とコールズは締めくくっています。

　ダメージに重点を置くことに疑惑を持っていたにもかかわらず，コールズのトレーニングは，私と同様に実を結びました。児童精神医学の研修を終える頃には，あらゆる精神的苦痛の「通」であると自負していたほどです。彼は，病理について以前感じていた危惧を，まんまと心の奥底へしまい込み，子どもの精神疾患を診断する仕事を喜んで受け入れ，やる気十分でボストン子ども病院を後にしました。ある時，同僚のマリアン・プットナム博士という賢明な先輩がコールズに，レッテルを貼ることには慎重になりなさい，と注意しました。コールズは感銘を受けはしましたが，ダメージの視点を放棄するのを相変わらず渋りました。

　「誰にでも問題はあるんだけど」とプットナム博士は言いました。「私たちは，その問題にどう対処するかによって，区別されるだけなのよ」。

　このシーンを描きながら，コールズは，以前は自分の指導者へと向けていた皮肉たっぷりのユーモアを，今度は自分自身に向けはじめます。彼はプットナム博士の言葉への自分の反応を，こう名づけました。「その手の『問題』と格闘する5年の研修を終えたばかりなのに，もう専門家気取りでいる人間の，哀れな泣き声」。

　「それはそうでしょう」彼は反論しました。「でも，『問題』にも良い悪いがあるでしょう」。

　「そうです」とプットナム博士は答えました。「だけど，自分の問題がいくら深刻でも，他の人より上手に対処している人もいるし，問題は全然深刻に見えないのに，その問題のためにもうだめになってしまっている人もいるでしょう」。

　コールズは，今でもプットナム博士の話を聞いたときに感じたどうしようもない不安を思い出します。「もしもある人がひどい問題を抱えているならば，つまり，その人はそういった問題とうまく生きていくコツも持っているわけで」彼はあれこれ思いを巡らせました。「そうであるなら，僕は何を考え，何をすべきなんだろう？　僕は，自分の足下が崩れるのを感じ始め，黙り込んでしま

いました」。

　コールズの呆然自失の表情を察知して，プットナム博士は言いました。「多分，その時どきで，人々について違った考えをするのがベストなのよ。私たちは，彼らがどんな『問題』を持っているか強調し過ぎるべきではなく，彼らがどうやって人生を乗り切ってきたかを大事にするべきなの」[4]。

　そのような会話をして間もなく，コールズは，初心者としての精一杯の自信と病理学訓練の成果をしっかり携えてニューオーリンズへ出かけ，学校での人種差別危機を観察したのです。著作『子どもたちの感じるモラル』で，彼はそこで出会った子どもたちのストーリーと，彼自身のモラルの芽生えを語っています。

　ニューオーリンズでコールズの注目の的だったのは，市の人種差別撤廃を先導した，ルビー・ブリッジズという，6歳の黒人の子どもでした。彼女は，連邦警察官らに付き添われて登下校して，残忍な妨害を加えてくる暴徒集団を切り抜けました。彼女の試練は，何カ月も続きました。

　ルビーが危険な道を歩くとき，コールズは，ありったけの科学的客観性で，彼女を横から事細かに観察しました。妻がいぶかる一方で，彼は，ルビーや，彼女を知る人々にインタビューしました。ルビーの食習慣や，睡眠のパターンも追跡しましたし，さらには，学者気どりで，彼女が休み時間になるのを待ったりしました。ルビーは強く見えましたが，コールズは見たままの姿がすべてではない，と自分にも周囲にも言い聞かせました。「遅かれ早かれ，彼女は破綻する。ルビーの落ち着きは，防衛にしてはかなり長もちしている。彼女は，自分の恐れと不安を認めない。おそらく，あのようなあからさまな危険をものともしない妙な落ち着きは，反動形成か抑圧だろう」。

　ルビーが崩れるのをコールズが待てば待つほど，彼女は強くなっていきました。

　この時点で，ジェーン・コールズが（私にもなじみの）夫婦の相互作用に割り込んできます。夫コールズが，ルビーに内在する動機付けや葛藤を分析しようとすればするほど，妻のジェーンは，ストレス下での少女の処理能力を強調しました。夫が，ルビーの年齢の子どもを発達の一番下の段階に置く発達理論に訴えれば訴えるほど，妻は，ルビーのモラルがいかに暴徒を超越して彼女を高めたかを懸命に指摘しました。コールズが，ある精神医学理論のドグマをつぶやいていると，彼女は，こう口を挟みました。

あなたは，あの子がまるで児童相談所へ行く瀬戸際まで来ていると思わせるようなことばかり言うけれど，彼女は自分で歩いて校舎に入っていくわよ。それに，どんな脅威があってもね，堂々と振る舞っているし，我慢のならない妨害者たちに対して笑いかけたりもするの。夕べなんて，あの子，彼らのために祈ってさえいたのよ！[5]

　ジェーン・コールズの巧みに意図された当てつけは，夫の心を新しい可能性に開きました。「6 歳のルビー・ブリッジズは，全世界に対して自分の人格をはっきり示している」という妻の意見に回り道をしながらも同調したコールズは，ルビーに苦痛のサインが現れるのを待つのをやめました。その代わり，彼は彼女の力強さの源を探し始めたのです。彼の探索は，リジリアンス・マンダラの最後のくさびである，モラルの再生の力を同定しました。

　生きるためには目的という感覚が必要だ，とコールズは言います。私たちは，なぜ朝起きるのかを知り，なぜ毎日を過ごすのかを知る必要があります。あなたの答が明確であればあるほど，あなたはリジリアントです。徐々にでしたが，コールズは，ルビーには岩のような目的感覚があるがゆえに壊れることはないだろうと考えるようになりました。義務感に駆られて，この幼い子どもは，自分のレベルを試して，自分が追い込まれた混沌とした世の中を最高に正そうとしていました。苦しい日も，そのあくる日も，彼女の深いモラルの感覚が，外から浴びせられる中傷と，内から脅かす恐怖から彼女を保護してくれたのです。

　コールズは，「モラルのエネルギー」という言葉を作り出して，ルビーの勇気の源を表しました[6]。モラルのエネルギーは，生命を維持する力であり，サバイバーを引きずり下ろそうとする困難に耐えさせ，向上させてくれます。

　ルビーが 9 歳になったとき，コールズは彼女を再訪し，彼女の勝利とニューオーリンズでの苦しい試練についてインタビューしました。経験によって学んでいた彼は，今回，彼女のたくましい姿をかんぐったりはしませんでした。ストレスに対する遅延反応的徴候は認められませんでした。彼女の信念は不変で，3 年前の行動に流れていたのと同じモラルのエネルギーが燃えていました。経験を振り返って，彼女はこう言いました。「私たちは，ほんの少しだけ神に近づいたのね。だから，私たちは少しよくなれたの」[7]。

　コールズがニューオーリンズに滞在していたあいだのストーリーは，彼が観察に行った危機を語ると同じくらい，彼自身のモラルとの悪戦苦闘や前進を語

っていました。「レッテルを貼るのは，ほどほどにしなさいね」と，賢い同僚がかつて忠告してくれていました。数カ月フラストレーションを抱えて過ごし，コールズはとうとうマリアン・プットナムのアドバイスに従い，妻の優れた感覚に同意しました。安心できる診断分類を脇へ押しやり，コールズはあえて，ルビーと共に子どものリジリアンスという未知なる領域へと足を踏み入れたのです。

判断する（JUDGING）

　虐待された子どもたちは，自分が殴られて当然だとか，厳しい体罰はしつけとして受け入れられると感じているのでしょうか？　心理学の教授であるシャロン・ヘルツバーガー博士は，両親から虐待を受けている子どもたちにこの問いを投げかけました[8]。「正直に答えてほしいの」と彼女は言いました。「あなたたちの答えは，誰にも言わないから」。
　ヘルツバーガー博士によると，研究に参加したすべての子どもたちが，快く答えてくれたそうです。実際，多くの子どもたちが，しきりにインタビューされたがったのです。ここに，彼らの答をいくつか紹介しましょう。

　　　他の家族は，子どもを，延長コードで追い立てたりしないと思う。それに，子どもを裸足にして外に追い出したりしないんじゃないかな。

　　　僕は，普通の人間みたいに扱われるべきだと思う。

　　　ちょっとしたことをしただけなのに，子どもを虐待するのは，人にすることとしてよくないことだと思う[9]。

　これらの発言は，幼い子どもの判断能力を示しています。判断することは，リジリアンス・マンダラのモラルのくさびにある最初の円弧で，あなたの愛する人に対しても善悪を見分けることです。このリジリアンスは，苦痛にも恐ろしいものにもなり得ますが，悪い行いの本来あるべきところに責任を置くことによって，問題の多い親の脅威から保護してもくれます。判断することは，家族の悪をあなたの外に押しやり，あなたの善を手放さないように助けてくれま

す。ノリーンの場合，父親は，夕飯の席でとりわけ残忍でしたが，彼女は私に次のように語ってくれました。

> 私はいつも，父が意地悪な機械のような人だと感じていました。それ以外に思えたことなど，まったく記憶にありません。それに，私や家族の誰かが父から暴力を受けるに値することをしたとは一度も思いませんでした。私には自分自身の基準がありましたし，私に過失があったときは自分でわかりました。父の残虐さは父の問題で，私とは何の関係もないことだと理解していました。実際，父のことは，私の家族で育ったことの中で最悪の部分の一つでした。父にはわけもへちまもなかったんです。父がしたことは，私たちがしたこととあまりに無関係でした。

他のサバイバーたちも幼い頃に，親はしばしばやり過ぎであるという気づきがあったことを思い出しています。彼らの関心事と望みは，若者がもっともよく知っている正義の守護者に関連づけて表されました。

- 警察官：私は，両親が逮捕されるのではないかといつも心配していました。
- 神：私は，神が両親に罰を与え，聖フランチェスコが私を救ってくれるだろうと思っていました。私の部屋の壁には，特別なくぼみがあったので，そこを聖堂にして，何時間でも聖フランチェスコに祈りを捧げていました。
- 学校：私は，校長先生や担任の先生が私の家で起こっていることを調査して，両親に知らせるだろうと信じていました。
- おとぎの国：私は母が意地悪な魔女だと思っていて，私の知っているおとぎ話の魔女たちが罰せられたような方法で，母も懲らしめられるだろうと思っていました。

ダンは，オコネル・ヒギンズ博士が「うまく愛する」リジリアントな大人に関する研究[10]の中でインタビューしたリジリアントなサバイバーですが，彼は『オズの魔法使い』のストーリーがいかにして彼のモラルの権利を明確にする手段となったかを思い出しました。その映画を見た週に，母親が彼をあまりにひどく虐待したので，彼は家出して，祖父母の家に行こうとしました。彼は言いました。

『オズの魔法使い』のことを考えていて，本当のパワーは……善が悪に対して勝利をおさめることだと実感しました。それを見るのは，すばらしいことでした。……2番目は，ドロシーがルビー色の靴をずっと履いていたことでした。彼女にとってはそんなことどうでもよかったでしょうが，僕は心の中でこんな風に思ったのです……。「僕と同じだ……，僕もルビー色みたいな靴を履いてる。もしも自分の人生をちゃんとしたいなら，'僕にもできるんだ！'」それは，とてもはっきりとした感覚でした……パワーはいつもそこにありました。そこにあると「知って」いないといけませんでした。

ダンのように正確なモラルの判断を下す能力は，ヘルツバーガー博士の研究における若いサバイバーたちにも見られます。危害を被った子どもたちが，ひどい仕打ちを見定めることや，それについて話すこともできることを彼女は発見しました。抜かりないサバイバーたちは，母親ないし父親に傷つけられることは間違いで，普通ではなく，不当であることに深く気づいています。多くは，他の子どもたちよりも頻繁に，かつ厳しく罰せられたことを認識しています。ヘルツバーガー博士がなぜそうされたのかと尋ねると，彼らはノリーンやダンの言葉を同じように繰り返します。もっともよくある答は，「うちの母［あるいは父］は意地悪だから」というものでした[11]。

ヘルツバーガー博士による判断することについての研究は，子どもにおけるモラルの発達の初期段階を理解しようという，高まりつつある研究努力の一部です。たとえば，善悪の基準を形成し始めるのはいつかを確定する，一連の興味深い研究において，心理学者のジェローム・ケイガン博士は，歩き始めの幼児の集団を，おもちゃでいっぱいになった実験用のプレイルームに連れてきました[12]。多くのおもちゃは完璧なのですが，いくつかのおもちゃはわざと破損箇所を作ってあります。たとえば，ある人形の顔には，黒色のクレヨンが塗りつけられていたり，ある縫いぐるみの動物は，頭がとれていたりシャツのボタンがもぎとられていたりするのです。いいおもちゃがいっぱい揃っているにもかかわらず，19カ月になった幼児たちは，壊れたおもちゃに夢中になりました。ケイガン博士の観察では，「子どもたちは，壊れたおもちゃを母親のところへ持って行くのです。そうして，壊れた箇所に注意を向け，動物の頭がとれたところに指を押し付けて，『直して』とか『気持ち悪い』と言って，何かがおかしいことを示すのです」。

ケイガン博士は実験から，子どもたちがモラルの基準を早くに発達させるよ

うだと結論付けました。だいたい2歳前後には，物や人や出来事のあるべき姿のイメージを内的に形成するようです。動物には頭があるはずで，人形の顔はきれいなはずで，シャツにはボタンがついているはずなのです。

　さらに，両親は善良であるはずだ，とロバート・セルマン博士 13) が付け加えました。彼もまた，幼い子どもにおけるモラルの発達を研究しています。セルマン博士は，子どもたちが，7歳までには，よい親の持つ基本的な特性について明確な見解をもつことを見出しました。彼が言うには，思いやりが，子どもたちの一番の関心事なのだそうです。親は，子どもの感情に気づき，気を配るはずなのです。2番目に大事なのは，寛大さです。7歳児が言うには，親は子どものためなら，何か大事なこと（たとえば時間など）を進んであきらめるはずなのです。

　大規模なインタビューを行った結果，セルマン博士が結論づけたのは，幼い子どもたちは，えてして自分をだまそうとはしないということです。7歳児たちは，母親や父親が誤りを犯しがちで，子どもを不当に罰することもあることを知っています。また，子どもに対して不親切で，気持ちの出し惜しみをしたり，思いやりがないのは間違いだという考えを保持します。

　判断することの初期能力を示した典型的な事例は，ジョン・チーヴァーの短編『悲しみのジン』14) に見ることができます。主人公は，9歳のエイミー・ロートン。お金持ちの家の，かわいそうな小さな少女です。彼女の両親は，見栄っ張りで，子どもの世話を怠り，偽善的でした。彼らは飲み過ぎてもいました。エイミーはリジリアントで，両親を見透かしていました。

　両親にはシーッ，シッと追い払われ，いつも無関心なベビーシッターと一緒に閉じ込められても，エイミーは創造的な子どもで，飽きることなく本を読み，ピアノを弾くことで自分をいつもハッピーにしています。彼女はまた，モラルのある子どもで，両親の偽善の薄っぺらなベールの向こうにある正体を，簡単に見破ることができます。ある時，彼女の父親は，ジンを飲んで酔っ払い，独善的に家政婦をくびにしてしまいます。エイミーはひるみます。その女性は，エイミーが何でも打ち明けられる，家中でたった1人の大人の親友だったので，彼女はひどく腹を立て，父親のお酒をいつも流しては捨てることにするのです。しばらくすると，父親は，空になった5本目の酒瓶を見つけ，ベビーシッターのヘンラインさんに，酒を飲んだことを咎めます。その後の喧騒が，エイミーを生き返らせます。彼女の部屋のある階から沸き起こる叫び声を聞きながら，

彼女はうすうすわかるのです。

> 大人の世界の哀れな腐敗を。なんて品のない，壊れやすいものだったんでしょう。使い古しの黄麻布みたいに，愚かさと誤りで継ぎ当てされていて，役立たずで，醜くて，でも彼らには，それが無価値だと決して分からない。そして，それを指摘すると，彼らは憤然とするの[15]。

　暗闇の中で，エイミーのモラルの見方には，最初一点の曇りもありませんでした。しかし，訴えられたベビーシッターが警察に電話をかけると，エイミーの判断は，一瞬のうちにぼやけてしまいました。エイミーは恐くなり，罪悪感に沈みました。父親の一族を結果的におとしめる一連の事件を起こしてしまったのは自分だと考えたのです。そんなプレッシャーの下，彼女はいつしか父親の見せた小さな親切を思い出してかき集め，家出を決心するまでに自分を追い込みました。しかし朝になり，父親の上機嫌ぶりと，ヘンラインさんをくびにして自己満足していたことをすっかり忘れている様子を見ると，エイミーの明晰さが回復します。判断力が回復すると，家を出ていく計画は，恐怖によってなされた決心から，モラルの選択にまで高められました。彼女は，両親の堕落から距離をとり，家を離れ，自立しようとするのです。
　エイミーは，リジリアントな子どもならではの落ち着いた慎重さでその日一日を過ごし，バレエのレッスンに通い，友達と昼食をとり，それから電車でニューヨーク・シティへ向かいます。かつて彼女がそこに住んでいた頃の知り合いと一緒に生活しようと決めるのです。大人の読者の目から見ると，エイミーの脱出計画は悲しくもあり，同時に希望に満ちてもいるでしょう。私たちは，そこに絶望的な子どものファンタジーのあらゆる要素を見つけることができますが，その一方で，エイミーの確信と整然とした考え，そしてゆるぎない楽観主義も見ることができるのです。
　午後遅く，計画通りに，エイミーは駅へと向かいましたが，一度も振り返ったりしませんでした。駅に着くと，彼女は駅長のフラナガンさんから片道チケットを買います。
　この上なく皮肉なことに，フラナガンさんは，彼女を「救おう」として仲裁に入ります。彼は，父親のロートン氏に警告し，ロートン氏はエイミーを家に連れ帰ってしまいます。哀れで盲目的なフラナガンさんはプラットホームに立

ち，エイミーに「ホーム・スウィート・ホーム（なつかしの我が家）」こそ彼女の居場所なのだと教えることで，父親らしい責任感を満たそうとします。父と娘を比較することによって，読者はストーリーに描かれていない 2 人の人生をこんなふうに想像します。エイミーの子ども時代の高潔さは，成人としてのモラルある人生を育てる土壌となり，彼女の慎重さと決意は，最後には彼女が渇望する独立性へ通じるであろう，と。

大事にする（VALUING）

　ニューオーリンズでのルビー・ブリッジズとの出会いに引き続き，ジェーンとロバート・コールズは，彼女に見られたのと同じ不屈の精神が困難を抱えた他の子どもたちにも見られるかどうかを調べに世界中に出かけました。彼らの研究は，アメリカのスラム街や移民キャンプ，ブラジルの貧民街，そして南アフリカの委任統治指定国にまで及びました。腐敗と蛮行がまかり通る土地で，コールズ夫妻は，子どもたちが，思いやりや公平さ，そして品位を大事にしていることを発見しました。大事にすることは，寛大な精神の活動で，ほとんど何も得ていない時にも与えることができる力のことです。大事にすることの恩恵は，自尊心と大事なものごととの結びつきを得ることです。
　『子どもたちの感じるモラル』においてコールズは，彼が出会った寛大な精神をもつリジリアントなサバイバーたちとの会話を記しています。そのうちの 1 人は，リオ出身のエドゥアルドという少年です。そしてもう 1 人はあなただったかもしれません。世界中のどこかの都市や街路にいる，高潔なモラルを探求する決意を秘めた子どもです。
　コパカバーナ・ビーチの小さな起業家であるエドゥアルドは，自分のウィットをよりどころにして，靴紐を売ったり，うちの露店に寄るといいと通行人に提案したり，洗車を請け負ったり，裕福な人をつかまえて，荷物やビーチ・チェアを運ぶ手伝いを申し出たり，あるいは，単に小銭の施しを請うことで生活していました。エドゥアルドは，残忍な継父と，不安定な母親から逃げている最中でした。未亡人の母親は，安心にすがりつこうとして次々と男を換え，母の行きずりの男たちが，子どもたちの生活にも出たり入ったりしていました。
　エドゥアルドは，自分の高徳を顕示したり，偽善的な熱弁を振うことを楽しむ人物ではありませんでした。しかし，その少年と時間を共にすればするほ

ど，コールズは，エドゥアルドの言葉にちらちらと光る創造的なモラルの見方を見ることができました。その少年は，自分が住んでいる汚れた世界に住みついているばくち打ちや麻薬のディーラーや，それに売春仲介人とは自分が違うことを示したいと希望をもって話しました。一方，公平で哀れみ深い彼は，聖職者たちであれ，人々が費用を負担しているからこそ純潔を主張できるのに自分だけが正しいと思っている点を指摘し，彼らからも自分を区別しました。「悪い人たちが，教会で牧師に軽蔑的に扱われるのを聞くのは，好きじゃないんだ」と彼はコールズに言いました。

ある夜，コールズと2人でリオのスラム街を見わたせる屋根の上に座っていると，エドゥアルドは，彼のリジリアンスの本質を示すような記憶を蘇らせました。彼は，おばの死にまつわる痛ましい事情を話してくれたのです。エドゥアルドの話から，私たちには，他者への思いやりのある配慮や，残虐さへの隠し立てのない非難，中身のない敬愛への嫌悪，そしてとりわけ，絶望に打ち勝つモラルの力が見えてきます。さぁ，エドゥアルドの話を聴き，あなたも自分自身の中に同じものを見つけてみましょう。

> 僕の母には妹がいて，彼女も僕たちと一緒にリオへ来ていました……。おばは，とても信仰の厚い人で，牧師や尼僧の言葉を1つももらさず聞いていました。それが間違いだったんです……。ある日，男たちの一団が彼女を見かけて，……彼らは彼女を連れ去って，何度もヤッたんです，多分百回くらい。そんなこと誰もわかりませんよ。彼らは，教会の近くでおばを見つけたんです。
>
> それで，信じられますか？ 牧師はおばに触れたがらなかったんです！ 後になって，牧師の掃除婦が言ったんですから！ ……彼は，持っていた電話で尼僧を呼び出したに違いありません。尼僧がやってきて，おばの手当てをしたんです。そうしたらおばが話し出したんで，彼らはおばを家に帰らせました。……おばは帰ってきて……その途端に泣き出しました……一度も泣き止むことはありませんでした……人生の終わりまで，本当には泣きやみませんでした。おばは，あの日以来長くは生きなかったんです……[16]。

人生最後の日に，おばはエドゥアルドを呼び出しました。彼女は，もう長くはないと思うと告げ，彼のことを心配しました。彼女の苦しみの光景に恐れ，慈悲の心を持ち，責任を感じ，そして深く動かされたエドゥアルドは，教会が認めなかったことを与えたいと思いました。彼は，リジリアントな子どもたち

がしばしばそうであるように，最後の儀式でスピリチュアルな豊かさを達成した見事な言葉を返してくれました。そのシーンを説明するときのエドゥアルドのプライドを聴いて下さい。

　人生最後の日に，おばは僕に会いにきました。……おばは僕に，何があったかを知っているか尋ねました。僕は，だいたい知っている，と言いました。するとおばは，男たちは善き人ではなかったけれど，自分もそれほどの価値がある人間でもないと言ったんです！　僕は腹が立ちましたが，おばはただ笑っていました。彼女は，自分が死んでいくのはうれしいけれど，天国へ行けるかどうかはわからない，なぜなら牧師があのことを憶えているからだと言うんです！　僕はさらに怒りがこみあげてきました！　……するとおばは，神はいつだって戻って来てくださるし，神は何人でもあられるのよ，と言いました……。
　僕はもう，なんと言っていいのやらわからなかったんです！　恐くなりました……おばはもう長くはないのが目に見えていたんです！　僕は，何かいいこと，何かおばを元気にさせること，それにおばが聞きたいことや聞いて笑顔になるようなことを言いたかった。それなのに1つも思い当たらなくて。でもそれからおばに近寄って，こう言ったんです。「神はおばさん自身かもしれない」って。……もしかして，間違ったことを言ったのではないかと思って，一瞬恐くなりました。……それからおばは僕をじっと見据えて，今までにみたことがないくらいの一番大きな笑顔を僕にくれたんです。おばはその後，誰とも口を聞かず，翌日に死にました。僕たちは牧師を呼びましたが，彼はおばの体に対して，あまり親切ではありませんでした。僕は，その牧師が他の遺体にはよくしていたのを見たことがありました。彼は表裏のある人です……もしも神が奴の体に入られたら，すぐさま誤りを悟り，5秒で彼の体を離れることでしょう！

　エドゥアルドの説明にある勝利は，結末のユーモアにぎっしり詰まっています。私は今，これを書きながら，彼を心に描くことができます。笑い，それから最後のすばらしく華麗な言葉を発する手前で思いとどまる彼を。つまり，その言葉は，サバイバーのプライドの宣言，神聖でない世界にある神聖な子どもの誠実さの宣言なのです。エドゥアルドは，最後に言うはずだった暗黙の言葉をここに記したとしても，まったく気にしないでしょう。「もしも神が奴の体に入られたら，すぐさま誤りを悟り，5秒で彼の体を離れることでしょう。でも，もし僕に入られたなら，神はすばらしい選択をしたことを知って，本当に

長い間そこにおられるでしょうね」。

エドゥアルドのストーリーが示すように，サバイバーたちはモラルによる論理的思考ができ，それに基づく行為が，彼らの住まう腐敗した世界を超えたところへと彼らを高めるのです。たとえば，ノリーンのアルコール依存症の家族では，コパカバーナ・ビーチに負けず劣らず，見聞ある良心が唯一の救いでした。

ノリーンは，苦境によって消耗し，誰にも何も与えられなくなってもおかしくありませんでした。彼女は，両親を真似て，家族のスタイルにしたがって弟や妹たちに接することにより恨みを晴らすことだってできました。あるいはまた，近所でトラブルメーカーになったり，学校をドロップアウトしたり，孤独を愛する人になっていたかもしれないのです。しかしノリーンは，そのどれでもありませんでした。代わりに，彼女は，善悪の区別が失われ，懲罰が不合理に加えられる家族に，モラルの秩序を課そうという，良心と思いやりに駆られたのです。

ノリーンは，エドゥアルドと同じく，うぬぼれて自分の美徳を顕示することなどありませんでした。しかし，セラピーにおいては，彼女が自分のリジリアンスという考えを受け入れるにつれて，自分のモラルを自分の手柄にし，自分の寛大さによっていかに恵まれたかを理解することができるようになりました。

ノリーンの話を聴いてみましょう。

> 寛容の問題でした。私はあらゆる苦しみを見て，耐えられなかったんです。最悪だったのは，父が，自分の身を守ることのできない小さな妹や弟たちを狙うことでした。父は，内心は臆病者のいじめっ子で，私では手ごたえがないとわかると，彼らの方へ移ったんです。私は，小さなきょうだいたちを守らなければ，と感じました。それはモラルによる義務で，私が避けることのできないこと，分別のある人間なら誰しもするようなことです。

「それであなたは実際何をしたのですか？」と私は尋ねました。

> いろいろやりました。まず，きょうだいたちに，やりとりのコツを教えました。どうすれば，父の機嫌が悪いのを見抜いたり，酔っ払っていることがわかるのかを教え，彼らが逃げられるようにしました。他には，彼らが食事のこと

で父親の機嫌を損ねるのを避ける手助けもしました。たとえば，冷蔵庫に入っている父の特別な食べ物がなくなっているのを気づかれないように，チーズがほしいときには，パッケージの真ん中から一切れの半分だけを抜き出すとか，ジュースは，飲んだら水を注ぎ足して薄めておくとか，そういうことです。何かが壊れたら，ちゃんと直したのか，邪魔にならないところに置いたのかを確かめました。彼らがそういった仕事を正確にやらないときには私が手伝って，父の怒りの鉾先をまともに受けないようにしました。彼らはとても小さかったからです。けんかが起こると，彼らを暴力から遠ざけ，何があったか忘れてしまえるように彼らを楽しませるのが，自分の役割のように感じていました。そういうときは，彼らを2階に連れて行って，本を読んであげたり操り人形をとってきたり，おしばいをしたりしました。両親のけんかで家がぐらぐらと揺れているときには，きょうだいたちの注意をそこからそらすようにしました。

「きょうだいたちに，そんなにも多くのことをしてあげたんですね。それに，自分で自分の面倒を見るだけでなく，彼らの世話までして，あなた自身は子ども時代を失ってしまいましたね。あなたにはメリットがありましたか？」

　　背を向けて見捨てることができなかったんです。違いを生み出すことが，私の任務のように感じました。それで，ものごとを変えられたことがわかったとき，私は自分が重要で強いんだと感じたし，そう感じられたことが，ゆくゆくは出て行ってやるんだという希望の糧となっていたんです。

多くのリジリアントなサバイバーは，青年時代に，無責任な家族の中で責任ある役割を取ることで，自分の良心をはたらかせていたのです。たとえば，あなたは次のようなことをしていたかもしれません。

・料理，掃除，買い物といった家事を肩代わりした
・両親は疎遠にしている親戚に，バースデー・カードを送った
・ノリーンのようにきょうだいを守ったり，宿題を手伝ったりした
・働いて，家計を助けた

負担は重かったかもしれませんが，あなたは，自分が引き受けるに値する自尊心を自分のものだと主張すべきです。

青年時代には，問題の多い親の欠落を埋め合わせようとするよりも，断固とした態度を取り，変化を求めて闘ったサバイバーたちもいるでしょう。アランがその1人でした。母親の診断未確定の躁うつ病と狂乱した行動の話題に関して，無力でしかない父親に，直面化したのです。アランの見解の背後にあるモラルの論理的思考を聞いてみましょう。

> 僕は，父親には愛人がいて，家でしかるべきことを行わずに逃げ出してしまうことを知っていました。僕が言いたいのは，もしも愛人がほしいならそれはそれでいいけれど，父には，僕たちへの責任もあって，それを果たす必要があるということなんです。当時の僕には，父に抵抗しつづける勇気がありました。それは，家の中が苦しい状況だったからというだけではありません。僕は，自分が正しいということも知っていて，決して引き下がらなかったんです。父がとうとう母を病院へ連れて行った夜には，父ののどをひっつかんで，すごい勢いで叫びました。僕はそのことをとても恥ずかしく感じたものです。おそらくもっとよい方法があったでしょうから。でも，あの時が分岐点となって，あの恐ろしい直面化にプライドを持ってもよいと思えるんです。

慈悲と思いやりに動かされて正しい行為を大事にし，リジリアントな子どもたちは，家庭の第一線で腐敗と戦います。「なぜ彼らはわざわざそうするのだろう？」コールズは，旅で出会った悩める子どもたちを思い出しながら，あれこれと思いを巡らせました。ある日，その当惑をエドゥアルドと共有したのです。その少年の答は，期待を裏切りませんでした。モラルの想像に飛びついて，彼は，いかにも彼らしく，こんなふうに考えを話してくれました。「僕たちは，しばらくここにいて，もしもラッキーなら，僕たちを好んでくれる人たちを後に残して去るんだ。僕たちの名前が話に出ると，その人たちはにっこり笑って，拍手をしてくれるんだよ」。

仕える（SERVING）

娘の卒業パーティを計画しながら，サンドラ（募集することによって集めた愛情で育ったリジリアントなサバイバー）は，お祝いなのに予期したほどわくわくした気持ちになれず，逆に不安を感じ始めました。「私は，家族を引き合わせることに，気が進まなかったんです」と彼女は言いました。サンドラが，

友達にその不安を打ち明けると、今度はその友達が、前の晩にみんなにディナーを作って、プレッシャーをやわらげてあげると言い張ったのです。サンドラは、こう言いました。

　　友達のアリスは、私の家族のことを知っていました。私の家族がやりあっているところを見たことがあったんです。彼女が、彼らに巻き込まれようとするなんて、信じられませんでした。私は、彼女に感謝するどころか、彼らは絶対に、あなたの料理にけちをつけたり、ご主人のあら探しをしたりするわよ、と言いました。

　友達の寛大さと思いやりにとても感動したものの、サンドラは、それに報いることができる方法を考え付くことができませんでした。結局、彼女が行き着いたのは、モラルある活動、つまり、「世界にお返しすること」だったのです。別の友達の息子が結婚する時、サンドラは、結婚式の翌朝、ブランチを用意して、遠くから来たゲストをもてなしました。その意思表示は、私利私欲のない与えるという行為の伝統の始まりとなり、サンドラの周囲にひろまって、現在も続いています。今や、サンドラとつながりのある人々が、重要な家族の問題に自分の家族だけで対処することはめったにありません。彼女の例に感動した人は、たいてい前夜のディナーや、当日のランチや、翌日の朝食を手伝うのです。

　わずかしか与えられたことのないサンドラは、子ども時代の情緒的剥奪を思い出しながら、「世界にお返しする」という自分の要求を感謝という感覚に結びつけました。彼女は言いました。

　　過去に私のような家族生活を送ってしまうと、ものごとがとても違ったものになりかねないということを忘れずにはいられないのです。私は、人生にあるよいものごとがいかにもろいものであるか、そして、そういったものごとがいかにたやすく消えてしまったり、形が変わってしまうかということに、深く気づかされてしまいました。確かに、過去のひどい日々も私のものですが、自分に今あるものに対して感謝するという永続的な感覚も、同じように私のものなのです。それは、報いたいという恩義と、そうしなければという義務の感覚です。豊かにある時には神に生け贄を差し出すようなものなのです。

　子どもの頃から、サンドラは、両親の争いの害悪がどのようにして彼らの全

存在に侵入し，彼女の存在をも圧倒する脅威であったかを見てきました。彼女の人生にあったスウィートなことは，すべて彼女が自分で養ったものでした。同様の境遇にある，非常に多くのリジリアントなサバイバーたちのように，彼女は家族のいる家を越えて，自分のために達成した善いことを他の人々にも伝えることに献身しました。私は，世界にお返しするという彼女の個人的倫理を，仕えることと呼んでいます。それは，リジリアンス・マンダラのモラルのくさびにある最後の円弧です。仕えることは，あなたの情緒的，物質的豊かさを周囲にひろめることによって，あなたの住まう世界をよりよくすることです。仕えることは，次のようなことです。

- あなたの家計に，慈善心の富んだ寄付を組み込む
- 近所の公園を歩いている時に，ゴミを拾う
- 自ら進んで読み書きのできない人に教えたり，血液銀行で働いたり，政治改革を支持する
- 休暇中にひとりでいる友達の面倒をみる
- 友達を放射線治療に連れていくために，大好きなエクササイズのレッスンをあきらめる
- 公平でない，偏見ある報道に対し，編集者に手紙を書く
- 迷子になった子どもに出くわすと，親を探す
- できるなら，友達が起業するための資金を貸す
- 貧窮しているクライエントには，基本料金を割り引く

ジェームズ・アンダーソンは自作『俗人省』の中で，仕えることは，顔のない官僚機構によって運営され，複雑でしばしば理解に苦しむ問題に包囲されている社会での生活によって引き起こされる，個人の崩壊という問題を解決できると提案しています。リジリアントなサバイバーであり，聖職者であったアンダーソンは，モラルについて熱心に関心を払っていました。あらゆる人々を対象にした彼の著作では，私たちの一人一人に，個人的関心事を超越し，共通の利益のために貢献することを勧めます。普遍的なメッセージを送ろうとするアンダーソンの意図を削ぐわけではありませんが，私たちの地球と社会の崩壊をいかにして止めるかという彼のトピックは明らかに，問題の多い家族のリジリアントな子どものジレンマであると言うのが公平だと思います。

アンダーソンによると，克服の鍵はモラル・リテラシーということになります。つまり，正しく適切で，公正で，公平なことと，楽しくエキサイティングで，安心でき，実質的なこととを区別することです[17]。その区別を知っている人の例として，彼はジョーンという，老人ホームのボランティア局で真に仕える（参加するのとは対照的に）女性のストーリーを上げています[18]。

他の局員は，保険の問題や，合法的な設営条件を満たしているかということにもっとも関心を寄せていましたが，彼女はそれとは違って，クオリティ・オブ・ライフ，つまり，モラルの問題を問いかけることによって，局員としての責任を果たしました。「この施設に住む人たちが自分の人生を自分でコントロールできるよう援助するには，どうすればいいのだろうか？」，「ホームを超えた，より大きな外のコミュニティとのつながりは，どのようにしたら養えるだろうか？」，「多くの人たちがそうしているように，ただ座って死を待つのではなく，住人たちが生産的でい続けられるよう励ますには，何を提供できるのだろうか？」といった問題です。

局員たちは，ジョーンは度を超えていると思いましたが，彼女は老人に関する研究を調べ，ホームの人々と語り合いました。住人たちの中には，買い物ツアーを企画する人もいる一方，もしかしたら，ホームを追い出されやしないかと，こわごわ専門スタッフにしたがう人がいることも発見しました。このような観察結果を局へと持ち帰ったジョーンは，ミーティングの流れを劇的に変えはしませんでしたが，それでも住人たちに今よりも少し独立性を与え，彼女の世界の片隅では，思いやりと公平さを高めるような変化を生み出したのです。

アンダーソンの基準を用いると，私の知っているリジリアントなサバイバーたちは例外なく，ジョーンのようにモラルに通じた人々であると言えます。困難を克服してきているので，彼らは，人生の卑劣で狭量な側面を処理するのに必要なものは（おおかたの人々よりも）既に備わっていると感じます。失うものはほとんどないと感じながら成長してきた人の多くは，いちかばちかに賭ける人たちでもあります。正しいことをするために冒す危険を恐れないのです。

ノリーンを例に上げてみましょう。彼女は，残忍な父親から赤ちゃんたちを守った若い医学部の学生です。彼女は，解剖学の試験を受けに行く途中，たかりにあっている老年の女性に出くわしました。10代の少女たち3人が，官庁の壁の方へその女性を追い込んでいたのに，警備員はそばに立って傍観していたのです。ノリーンは，幼いきょうだいたちのおむつが汚れていたり，泣いた

り，お腹を減らしているのを無視できなかったのと同じように，その場面を見過ごすことができませんでした。試験を受け損ねるかもしれないというのに，敢えて彼女はその騒ぎに踏み込み，激しく抗議し，少女たちを追い払い，呆然としている女性を助けたのです。

特有のユーモアで，ノリーンはその場面を皮肉りました。

　　　私は警備員を押しのけ中へ入りました。セキュリティ・バッジをつけていなかったので，入れてくれなかったんです。それから，立ち止まって署名してから入るよう求めるフロントデスクの女性のそばを走って通り過ぎました。次に，最初にあったオフィスに押し入り，電話を使うために，抵抗する秘書を軽くひと突きしなければなりませんでした。もうちょっとで不法侵入罪と暴行罪でつかまりそうでしたよ。

彼女は，話しながら，クスクス笑いました。

私も笑いましたが，同時に，こう尋ねる必要もありました。「話してしまえば面白いですが，その時はそんなに面白くはなかったでしょう。何があなたをそこまで突進させたのですか？」

「私は，いじめに耐えられないんです」と彼女は言いました。

「あなたは，いじめがとても嫌いなので，自分の安全もかまわず，試験を無断欠席して，1年かけて勉強した解剖学をふいにするつもりだったのですか？」

「そうです」と，彼女は，一瞬のためらいもなく答えました。

アランについて考えてみましょう。彼は，母親の躁うつ病と家族にもたらすひどい結果を認めるよう，何年も父親を急き立てていました。その時に彼を駆り立てたのと同じモラルの勇気は，1セントも逃さないような利潤追求と，従業員のための名誉ある職場作りとを意識的に選択しながら，日々の商業不動産業の仕事に努める現在の彼に，はっきりとあらわれています。

アランは，彼の会社における民主主義と平等主義に精力を捧げています。あらゆる階層の従業員の現状も常に把握しています。彼のオフィスのドアは開いていて，自宅の電話番号にも連絡できるようにしてあります。用務員さえもアランに電話をかけます。一つにはアランがそれをすすめるからですが，彼が本当の友達だからでもあるのです。アランは，彼らの子どもの名前や個人的問題，それにお祝い事まで知っています。彼はこう言います。

中には，私は無能で，本当はもっと大きな利益をあげることができるのに不平をもらす人がいるのを知っています。そういうことは，あまり気にしていません。すべての人に私を愛してもらう必要はないからです。私はただ，自分が正しいと思うことをやっていて，それが気にくわない人も，結局は同調してくれると信じています。私は彼らにも従って，正しいことをしているわけですから。

バーバラは，あなたが第 1 章で最初に出会ったサバイバーです。彼女は，両親から慢性的に不正に攻撃されたと感じながら育ちました。セラピーの経過中，彼女は陪審員としての務めを命じられました。彼女は，その言葉の示す任務に真の意味で仕えました。

それは，娘に猥褻な振る舞いをしたことで告発されている 28 歳の男性の裁判でした。最初，バーバラは，自分の情緒的虐待の経験によって，客観的にはなり得ないのではないかと心配していました。子どもの方に同情するだろうと思ったのです。ところが，驚いたことに，彼女は証言を聞くにつれて，その男性の無実を確信するばかりだったのです。彼に対してなされた不正について，とりわけ苦痛だったエピソードを，彼女はこう話してくれました。

この男性と，10 年も連れ添って生活している女性，そしてその 3 人の子どもたちは，とても貧しかったので，いつも同じダブルベッドで寝ていたのだということは，とてもはっきりしていました。検察側の女性弁護士は，犯罪があったと疑われる日の朝，この男性が娘と一緒に寝ていたという事実で，事例全体を構成しました。彼が娘に何かしたという証拠は，これっぽっちもありませんでした。それなのに，ブランドものの服で完璧に正装したその弁護士は，子どもと同じベッドにいたことをどうやって正当化できるのかと，こぼれんばかりの軽蔑をこめた声で尋ねたんです。その男性は，ぐうの音も出ないようでした。とうとう彼はこうつぶやきました。「それ以外にどうしようもなかったんです」。私は胸が悪くなりました。

裁判の終わりに，判事は，バーバラが 2 人の補充陪審員のうちの 1 人だったと告げ，彼女を陪審員からおろしました。「私は，一言も言えずに法廷を出なければならなかったんです！」彼女は，いまだに憤慨覚めやらぬ声で言いました。

他の人なら，やっと仕事に戻れると思って，安堵のため息をついたかもしれ

ません。バーバラも聖人ではありませんでしたから,彼女は,デスクに山積みになっている仕事を片付けにかかれるのを喜びました。しかし,任務と責任,そして仕えるということの問題を,頭から追い出すこともできませんでした。彼女は言いました。

> あの卑しいドラマの証人となって,私にも何か影響を与えられるかもしれないと思ったところで,結局外されてしまうなんて,そんなひどいことはありません！ 無実の男性が罪をきせられるかもしれない,そして,私はそうなることを止められたかもしれないのに,と考えると,さらにひどい気分になりました。

バーバラは,評決が出たかどうかを知るために,陪審員の審議期間中,毎朝判事室に電話をかけました。4日目にして被告人の有罪判決が出たとわかると,彼女はいきりたち,声を上げて泣きましたが,自分にやれる唯一のことをすることによって,意志を実行しました。彼女は,判事と弁護士に手紙を書き,告発や反対尋問,懲罰など,彼女が両親から受けて知り尽くしている数々のテクニックを駆使した議論によって,その家族がどんなに粗末なサービスを受けてしまったのかを感じるままに伝えました。「どうしてこの問題は,裁判所ではなく,社会福祉機関に委ねられなかったのでしょうか？」と彼女は尋ねました。「それに,どうして,裁判のために使われる費用からほんの少しだけを使って,この家族にいくつかのベッドを買ってあげようと考える人がいなかったのでしょうか？」

元来,たった1人で人生に乗り出したせいか,成功したサバイバーたちは,他者に対する思いやりと関心をもっています。彼らは,自分で用心する必要性も知っています。彼らのリジリアンスは,ヒレルという聖人が紀元前1世紀に提起した,次のような人間の根本的な問いに対する答の終わりなき探求なのです。

> もしも私が自分のためにいるのでなければ,誰が私のためにいてくれるだろう？
> もしも私が私のためだけにいるのであれば,私は一体何者だろう？
> もしも今ではなければ,いつなのだろう？

第9章 モラル：神聖でない世界の神聖さ 239

あなたのリジリアンスへ

　モラルのくさびに注目して，あなたのリジリアンス・マンダラを完成させましょう。親が間違ったことをしていると思ったので，引っ込みがつかなくて，親にはむかったときのことを思い出しましょう。あるいは，あなたのきょうだいや，家族の他のメンバー，あるいは家族以外の誰かを助けるために，何かをあきらめたときの出来事を思い出してみてください。本章の例を利用して，あなたの記憶を，剥奪された感覚や怯えではなくモラルの周辺に組み立てて下さい。判断することと大事にすることについての質問は，あなたの初期のリジリアンスに気づかせてくれるでしょう。仕えることについての質問は，現在のより大きなリジリアンスへとあなたを導く助けとなることでしょう。

判断する
幼い子ども時代に：
1．あなたは，親のあなたへの行動が間違っているかもしれないと思いましたか？
2．あなたは，「よい」親がどういうものかを確定する基準をいくらか持っていましたか？
3．あなたは，親に傷つけられたことを誰かに話しましたか？
4．あなたは，大人になったら変わろうと決意しましたか？

大事にする
もう少し大きくなってから青年時代に：
1．あなたは，思いやり，正義，誠実，そして公平さといったものに価値を置きましたか？
2．あなたは，弱者と自分を同一視したり，弱者のために立ち上がったりしましたか？
3．あなたは，親が少しも責任をとらないときに，それを代わりに埋め合わせていましたか？
4．親の偽善や，卑劣さ，残酷さを見たとき，彼らに対して毅然として立ち向かいましたか？

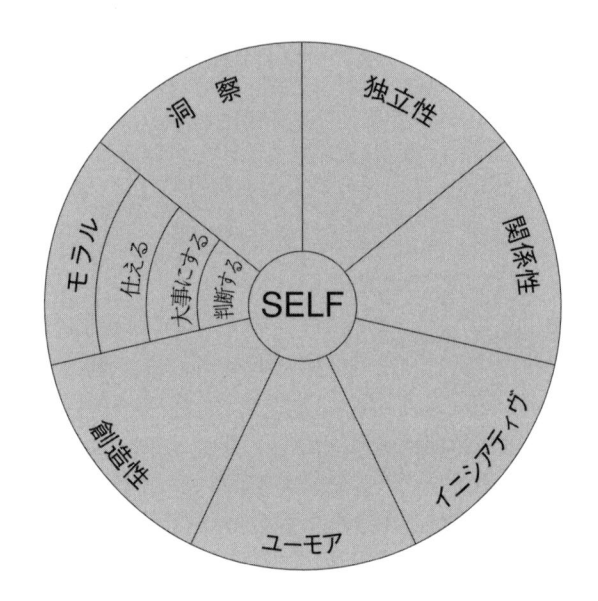

［図：円形チャート。中心にSELF、周囲に「洞察」「独立性」「関係性」「イニシアティヴ」「ユーモア」「創造性」「モラル」の7項目。モラルの内側に「仕える」「大事にする」「判断する」］

5．あなたは、「善」であるという基準に執着していましたか？

仕える

大人になってから：

1．奉仕は、あなたの日常的な活動ですか？
2．あなたは、自分の人生をスムーズに運ぶことについて考えるのと同じくらい、人生に意味を与えることについて考えていますか？
3．あなたは、自分が正しいと考えることを行うために、自らの楽しみや、安全さえも進んで犠牲にしますか？

エピローグ
サバイバーの内なるイメージ：克服する人たち

『シティ・スリッカーズ』[1]という映画の中で，40歳に足をかけようとしている，あるリジリアントなサバイバーと2人のニューヨーカーは，中年期の憂鬱を感じ始めています。そして「本質的な経験」を求めて，3人は冒険のパック旅行に乗り出します。牛の群れを追って，ニューメキシコを越え，コロラドへ行くというのです。平野をゆっくりと進みながら，彼らはクエスチョン・アンド・アンサー・ゲームで，人生で最高だった日は？ そして最悪だった日は？と過去を振り返ります。最初の2人のミッチとフィルは，いともたやすく答を出します。エドというサバイバーは，最初ためらうのですが，それから折り合いをつけて，答えることにするのです。苦闘の表情から，私は，彼が仲間のプレッシャーに降参したのだろうということ，そしておそらく，羞恥心に悩まされていたけれど，同時に誇らしくもあった過去の詳細を初めて明かさなければ，という衝動に駆られたのだろうと推測しました。こんなふうに対話は進みます。「僕は14歳の時のことだな」エドは彼らに言います。「その時，両親はまたもやけんかしていて。ほら，彼女がまた父親を連れ出したから」。

「連れ出したって？」ミッチが尋ねます。

「この時は」とエドが続けます。「浮気相手が車で家の近くまでやってきて，父親を連れ出したんだよ。父親は，母親を裏切っただけじゃなく，僕たちも裏切ったってことを，ようやく悟った。だから僕は父親にこう言った。『お父さ

んは僕たちにひどいことをしてる。僕たちはお父さんを愛していないよ。僕がお母さんと妹の面倒をみる。お父さんなんかもういらない』ってね。その時父親は，殴るぞっていう振りをしたけれど，僕は一歩も譲らなくてね。そうしたら父親は背を向けて出て行った。僕たちを困らせることは2度となかったよ。その日からずっと，僕は母親と妹の面倒をみてきた。あれが僕の最高の日だな」。

エドの思いもよらない答に呆然として，フィルは思わず「じゃぁ，君の最悪の日は？」と言います。

「同じ日さ」とエド。そう言うと，彼は馬を走らせます。置き去りにされた2人の友達は，サバイバーのプライドというパラドックスにあれこれ考えをめぐらす羽目になりました。

本書では，問題の多い家族のサバイバーにあるリジリアンスの小道をたどり，あなたの人生最悪の記憶のいくつかが，同時に，いかにして誇らしい時として組み立てられ得るかを示そうとしてきました。私は，以下のことがらを通して，あなたに話しかけてきました。

- 研究用語
- インタビューに承諾してくれた私の患者や他のサバイバーたちの言葉
- 私自身の臨床観察
- 私の同僚の経験
- ルイ・ポリー，アダム・ビード，エイミー・ロートン，そしてアーデンとケイトの，小説的真実
- カリのストリート・チルドレン，国会議員のスティーヴン・ソラーツ，ペドロ，ジャン・ピアジェ，そして読むことによってのみ知った他の人々の，正真正銘の事実

私は，問題の多い家族の中から無傷で成長することができるとか，あなたの問題が取るに足らないことだと説得するつもりはありませんでした。害に免疫のある人はいません。すべてのサバイバーには脆弱性があり，問題の多い両親が負わせたダメージに影響を受けやすいのです。

また，私には，問題の多い過去の痛みがいつかは完全に消えるだろうと公言するつもりもありませんでした。逆境は傷跡を残します。そして，この本を読みながら思い出し，再検討した記憶は，いくらよく見ても，絶望と希望，無力

感と決意，恐れと勇気が混在する場所なのです。『シティ・スリッカーズ』のエドのように，あなたも，人生最高の日と最悪の日が同じだということを見つけたかもしれません。

それでもなお，私は，いくつかの楽観的な主張と提案であなたを励まそうとしてきました。

私は，問題の多い家族に育てば，必然的に精神的な病いになるわけではないことをお話ししてきました。あなたはリジリアントに成長することもできるのです。

また，サバイバーとしてのあなたの経験を見直すための枠組みとして，チャレンジ・モデルを提案し，脆弱で，問題の多い両親によって傷つけられた子どもたちが，同時に強く育つという困難に挑んでいるという証拠について，真剣に考えるよう求めてきました。

そして最後に，過去を変えることはできませんが，過去をどう理解するかは変えられる，ということを提案しました。あなたの過去は，冷酷な事実の集積を越えたものだからです。あなたの過去は，語るたびに変わる生きたストーリーで，以前からあった現在との結びつきを揺るがします。

あなたは，自分のストーリーを，リジリアンスのテーマの周辺に組み立てることができれば，ダメージのテーマの周辺にも組み立てることができます。最悪の記憶の中に，誇らしく思えるわけを見つけることができれば，最悪の記憶の恐怖に完全に圧倒されてしまうこともできます。

今日一般市場に出回っている，問題の多い家族のサバイバーのためのアドバイスの多くは，あなたが，受けたダメージに賛成し，両親の傷つけるような行動による無力な犠牲者に自分を振り当てることを励ますものです。私は，このイメージが，恐怖や，受動性，そして絶望を永続させることになりかねないと議論してきました。私が必要と信じるイメージは，あなたを誇らしくするような，痛みに対してあなたを強くするような，そして問題の多い過去をものともせず，よく生きることができるという信念をあなたに植え込むようなものです。それは，リジリアントなサバイバーのイメージ，つまり，苦しんできた人であり，かつ克服する人のイメージなのです。

本書の一頁，一頁が，あなたがリジリアント・セルフの反映を見つけることができる鏡となり，あなたがより自由な選択をしたくなることを心から願っています。

第Ⅱ部 七つのリジリアンス

洞察：理解する、知る、感じる、判断する、大事にする、仕える（モラル）

独立性：自立する、遊離する

関係性：愛着をもつ、結びつく、募集する

イニシアティブ：迷い出る、探索する、取り組む、生み出す

ユーモア：笑う、形作る、遊ぶ

創造性：構成する

中心：SELF

付録
ダメージ・インベントリー

　このダメージ・インベントリーは非公式のアセスメントです。このインベントリーは2部構成で，第1部はあなたの子ども時代と青年時代，第2部はあなたが大人になってからの生活にわたっています。質問は，問題の多い家族で育った経験によって，あなたの自己イメージがどの程度傷つけられているかを評価するものです。貧困な自己イメージは，あなたが自分自身について心に描くイメージを越えたところに認められるため，ダメージ・インベントリーでは，あなたの考えや感情，行動，そして人間関係に現れるダメージの形跡を全体的に調査します。

第1部　子ども時代・青年時代

　やり方：以下の項目は，あなたの子ども時代と青年時代についてです。よく読んで，それぞれの記述が，大人になるまでのあなたをどのくらいよく表しているかを決めてください。そして，その記述が，あなたにとって，非常によく，あるいはいつもあてはまる場合には4に，よくあてはまる場合には3に，時々あてはまる場合には2に，ほとんど，あるいはまったくあてはまらない場合には1に○をつけてください。各セクション全項目を終了したら，合計して小計を出し，所定の空欄に記入します。全セクションを完成させたら，小計を合計し，2倍して，あなたの子ども時代の合計得点を記入します。

A．考えと感情
子ども，あるいは青年だった頃，私は：

1	2	3	4	1．たいてい不安だった。
1	2	3	4	2．特定の場面で怯えたり，パニックになったり，怖がったりしていた。
1	2	3	4	3．見知らぬ人，動物，新しい場面，あるいは不馴れな場所が恐かった。
1	2	3	4	4．自分自身，あるいは家族について非常に心配していた。
1	2	3	4	5．罪悪感にかられていた。
1	2	3	4	6．家族の問題のことで自分を責めていた。

| 1 2 3 4 | 7．自分がどこかひどくおかしいのではないかと心配していた。
| 1 2 3 4 | 8．価値がないとか劣っていると感じていた。
| 1 2 3 4 | 9．ミスするのに耐えられなかった。
| 1 2 3 4 | 10．自分の期待通りには生きていないと感じていた。
| 1 2 3 4 | 11．まるでどこにも属していないように，孤独で，忘れられていると感じていた。
| 1 2 3 4 | 12．自分が偽物だと思っていた。
| 1 2 3 4 | 13．自分の体が醜いと信じていた。
| 1 2 3 4 | 14．自意識過剰で，すぐ恥ずかしがった。
| 1 2 3 4 | 15．自分の考えがはっきりせず，自信がなかった。
| 1 2 3 4 | 16．同じ考えが堂々巡りしていた。
| 1 2 3 4 | 17．シャイで臆病だった。
| 1 2 3 4 | 18．成功や，よい意味で注目されるのを恐れていた。
| 1 2 3 4 | 19．不幸せで，悲しくて，落ち込んでいた。
| 1 2 3 4 | 20．気が短く，不機嫌で，頑固で，怒っていた。

セクションA：小計＿＿＿＿＿＿＿＿

B．行動
子ども，あるいは青年だった頃，私は：

| 1 2 3 4 | 1．年齢よりも幼く振る舞っていた。
| 1 2 3 4 | 2．おどけてばかりいた。
| 1 2 3 4 | 3．かんしゃくもちだった。
| 1 2 3 4 | 4．落ち着きがなく，過度に活動的だった。
| 1 2 3 4 | 5．衝動的で，何も考えずに行動していた。
| 1 2 3 4 | 6．人や動物に対して残酷だった。
| 1 2 3 4 | 7．物を壊した。
| 1 2 3 4 | 8．うそをついたりだましたりした。
| 1 2 3 4 | 9．向こう見ずで，とかく事故を起こしがちだった。
| 1 2 3 4 | 10．自分の体を傷めつけた。
| 1 2 3 4 | 11．自殺すると脅したり，自殺のそぶりをした。
| 1 2 3 4 | 12．学校に関する深刻な問題があった。
| 1 2 3 4 | 13．白昼夢を見たり，注意散漫だった。
| 1 2 3 4 | 14．悪夢を見たり，睡眠障害があった。

1 2 3 4　15. 過剰に身だしなみに気を使ったり，清潔好きだったりした。
1 2 3 4　16. 過食，拒食，あるいはやけ食いなどの摂食障害があった。
1 2 3 4　17. アルコール，あるいはドラッグを乱用していた。
1 2 3 4　18. 強迫的な習慣があった。
1 2 3 4　19. 頭痛，あるいは消化器症状など，心身症的問題を持っていた。
1 2 3 4　20. 原因不明の体調不良があった。

　　　　　　　　　　　　　　　セクションB：小計＿＿＿＿＿＿＿＿

C．関係性

子ども，あるいは青年だった頃，私は：

1 2 3 4　1. 独りでいるのが好きだった。
1 2 3 4　2. 秘密主義だった。
1 2 3 4　3. 友達がほとんどいなかった。
1 2 3 4　4. 同年代の人と仲良くできなかった。
1 2 3 4　5. よくけんかや口論をした。
1 2 3 4　6. 疑い深く，他人を信用していなかった。
1 2 3 4　7. 少しでもトラブルのきざしがあると関係を断ち切っていた。
1 2 3 4　8. 他人は自分を利用していると思っていた。
1 2 3 4　9. 他人に見捨てられたり，拒否されることを恐れていた。
1 2 3 4　10. 自分を擁護することができなかった。
1 2 3 4　11. 人にしがみつき，依存的だった。
1 2 3 4　12. 人を喜ばせようと一生懸命になりすぎていた。
1 2 3 4　13. 過剰な注目を求めていた。
1 2 3 4　14. 他人の問題に巻き込まれ過ぎた。
1 2 3 4　15. すぐに嫉妬した。
1 2 3 4　16. 自慢好きで，ひけらかし屋だった。
1 2 3 4　17. 性的にだらしがなかった。
1 2 3 4　18. 性的に抑制的だった。
1 2 3 4　19. 怒り，失望，反対のような否定的な感情を表現することができなかった。
1 2 3 4　20. 愛情，楽観，熱意，賞賛のような肯定的な感情を表現す

ることができなかった。

セクションC：小計＿＿＿＿＿＿

子ども時代・青年時代のダメージ・インベントリー得点：
A＋B＋C　計＿＿＿＿＿＿×2＿＿＿＿＿＿＝合計＿＿＿＿＿＿

第2部　大人になってから

やり方：以下の項目は，大人としてのあなたの現在の生活についてです。よく読んで，それぞれの記述が，今のあなたをどのくらいよく表しているかを決めてください。そして，その記述が，あなたにとって，いつも，あるいは非常によくあてはまる場合には4に，よくあてはまる場合には3に，時々あてはまる場合には2に，ほとんど，あるいは全くあてはまらない場合には1に○をつけてください。完成させたら，セクションごとに得点を合計して小計を出し，空欄に記入します。おしまいに，大人になってからの3つの小計を合計して，記入します。

A．考えと感情
現在，私は：

1	2	3	4	1．たいてい神経質で，張り詰めており，緊張している。
1	2	3	4	2．開いた空間であれ閉じられた空間であれ特定の状況で，不安になる。
1	2	3	4	3．よく心配する。
1	2	3	4	4．罪悪感を抱きやすい。
1	2	3	4	5．同じ考えが堂々巡りする。
1	2	3	4	6．考えたくないことが頭に浮かんでくる。
1	2	3	4	7．混乱しやすい。
1	2	3	4	8．疑い深く，猜疑心が強い。
1	2	3	4	9．警戒心が強く，危険に目を光らせている。
1	2	3	4	10．気が短く，気難しい。
1	2	3	4	11．すぐにひがんで腹をたてる。
1	2	3	4	12．自分が他人の問題の原因なのだと思う。
1	2	3	4	13．自分の期待通りには生きていない。

1	2	3	4	14.	完璧主義である。
1	2	3	4	15.	大人の責任を果たす能力がないし，できないと感じる。
1	2	3	4	16.	自分の悪い部分しか見ていない。
1	2	3	4	17.	弱い，あるいは優柔不断だと感じる。
1	2	3	4	18.	あいまいではっきりしないと感じる。
1	2	3	4	19.	自分のどこかがひどくおかしいと思う。
1	2	3	4	20.	どこにも属していないような疎外感を感じている。
1	2	3	4	21.	自分は偽物だと感じる。
1	2	3	4	22.	締め付けられており，想像力がないと感じる。
1	2	3	4	23.	人生に幻滅を感じている。
1	2	3	4	24.	自分の世界に没頭している。
1	2	3	4	25.	成功を恐れている。
1	2	3	4	26.	自意識過剰で，すぐ恥ずかしがる。
1	2	3	4	27.	自分の体を恥ずかしく思っている。
1	2	3	4	28.	自分の体が自分のものでないように感じる。
1	2	3	4	29.	状況を外から眺めている感じがする。
1	2	3	4	30.	不幸せで，悲しく，落ち込んでいる。
1	2	3	4	31.	ハイからローに気分が変わりやすい。
1	2	3	4	32.	自殺を考えている。
1	2	3	4	33.	自分が空っぽで，意味がないと感じる。
1	2	3	4	34.	視野が狭く，融通がきかず，寛容でない。
1	2	3	4	35.	自分を劇化し，芝居がかっており，顕示的である。
1	2	3	4	36.	深い感情を経験することができない。
1	2	3	4	37.	まじめで，喜びがなく，非情である。
1	2	3	4	38.	権力を失うのが恐い。
1	2	3	4	39.	無頓着，自信過剰で，陽気である。
1	2	3	4	40.	過度に頭が固く，競争的である。

セクションA：小計_____

B．行動

現在，私は：

1	2	3	4	1.	落ち着きがない。
1	2	3	4	2.	睡眠が障害されている。
1	2	3	4	3.	活発でなく，無気力で，不精である。

1	2	3	4	4.	自分の体を傷めつける。
1	2	3	4	5.	喜びを享受しない。
1	2	3	4	6.	奇妙な,あるいは異様な癖がある。
1	2	3	4	7.	人や場所,状況を避ける。
1	2	3	4	8.	用心深く,よそよそしい。
1	2	3	4	9.	自分の意見を主張するのが嫌である。
1	2	3	4	10.	素直で消極的である。
1	2	3	4	11.	自分を劣った立場に置く。
1	2	3	4	12.	計画とそれに附随する責任を果たせない。
1	2	3	4	13.	ぐずぐずしており,そのために仕事で問題がある。
1	2	3	4	14.	お金にルーズである。
1	2	3	4	15.	過食,拒食,やけ食いなどの食事に関する問題がある。
1	2	3	4	16.	がんこで強情である。
1	2	3	4	17.	アルコールあるいはドラッグを乱用している。
1	2	3	4	18.	ギャンブルあるいはお金を浪費する活動に依存している。
1	2	3	4	19.	性的にだらしがない。
1	2	3	4	20.	退屈しやすい。
1	2	3	4	21.	スリルを必要としている。
1	2	3	4	22.	浅はかである。
1	2	3	4	23.	能率が悪く気紛れである。
1	2	3	4	24.	不満になりやすい。
1	2	3	4	25.	違法あるいは反社会的な活動に関わっている。
1	2	3	4	26.	判断力が乏しい。
1	2	3	4	27.	衝動的に,あるいは無鉄砲に振る舞う。
1	2	3	4	28.	社会のルールと慣習を軽蔑する。
1	2	3	4	29.	規律,思慮深さ,忠誠を過剰に重んじる。
1	2	3	4	30.	自分の責任を制限する,あるいはノーと言うのが難しい。
1	2	3	4	31.	仕事で責任を負いすぎる。
1	2	3	4	32.	規範にとらわれ過ぎ,強迫的にきちんとしている。
1	2	3	4	33.	たとえば物を触る,数える,あるいは洗うといった強迫的な習慣がある。
1	2	3	4	34.	ものごとをきちんとしたり,清潔にしていないと気がすまない。
1	2	3	4	35.	身体的原因が不明な病気をもっている。
1	2	3	4	36.	話し出すと止まらない。
1	2	3	4	37.	自慢好きである。
1	2	3	4	38.	道化師のようにおどける。

| 1 | 2 | 3 | 4 | 39. 後悔することをしてしまう。
| 1 | 2 | 3 | 4 | 40. 守らないのに約束を交わす。

セクションB：小計_____

C．関係性
現在，私は：

| 1 | 2 | 3 | 4 | 1．社会的な場面で不安である。
| 1 | 2 | 3 | 4 | 2．他人を信用せず，疑っている。
| 1 | 2 | 3 | 4 | 3．親しい友達がいない。
| 1 | 2 | 3 | 4 | 4．自分のプライバシーを過剰に気にする。
| 1 | 2 | 3 | 4 | 5．人間関係は軽いつきあいにとどめる。
| 1 | 2 | 3 | 4 | 6．少しでもトラブルのきざしがあると関係を断ち切る。
| 1 | 2 | 3 | 4 | 7．問題が起こっても独断で行動する。
| 1 | 2 | 3 | 4 | 8．親密になるより情緒的距離をとることを好む。
| 1 | 2 | 3 | 4 | 9．自分のいいようにものごとを押し通す。
| 1 | 2 | 3 | 4 | 10．積極的に賞賛を引き出したり，他人の注目を求める。
| 1 | 2 | 3 | 4 | 11．人々が自分のために何かしてくれるのを期待する。
| 1 | 2 | 3 | 4 | 12．自分をどのように扱っているかという点で他人に罪悪感を持たせる。
| 1 | 2 | 3 | 4 | 13．自分がどのように他人と関わるのか予測がつかない。
| 1 | 2 | 3 | 4 | 14．他人をからかったり，中傷して楽しむ。
| 1 | 2 | 3 | 4 | 15．人の体と心をひどく傷つける。
| 1 | 2 | 3 | 4 | 16．自分のことにほとんど気づいておらず，自分についての他人の見解に驚く。
| 1 | 2 | 3 | 4 | 17．公式な関係を好み，過度に礼儀正しい。
| 1 | 2 | 3 | 4 | 18．非難や批評を呼び込む。
| 1 | 2 | 3 | 4 | 19．他人の問題に巻き込まれ過ぎる。
| 1 | 2 | 3 | 4 | 20．別れや見捨てられることを恐れる。
| 1 | 2 | 3 | 4 | 21．拒絶されることに敏感である。
| 1 | 2 | 3 | 4 | 22．パートナーから多くを期待し過ぎる。
| 1 | 2 | 3 | 4 | 23．人を喜ばせようと一生懸命になり過ぎる。
| 1 | 2 | 3 | 4 | 24．他人のために何かをし，結局報われない気持ちになる。
| 1 | 2 | 3 | 4 | 25．他人がどのように自分を見ているかを気にし過ぎる。
| 1 | 2 | 3 | 4 | 26．他人が持っているものを妬む，あるいは嫉妬する。

1	2	3	4	27. 怒りや落胆を表現できない。
1	2	3	4	28. 社会的な場面で臆病，あるいはシャイである。
1	2	3	4	29. 性的に抑制的である。
1	2	3	4	30. 他人に依存し過ぎる。
1	2	3	4	31. 他人といると消極的で，自己主張を避ける。
1	2	3	4	32. 二枚舌を使う，あるいは，本当には思っていないことを他人に言う。
1	2	3	4	33. 他人の責任を引き受けてしまう。
1	2	3	4	34. 喜ばせようとし過ぎる。
1	2	3	4	35. 自慢する，あるいはひけらかす。
1	2	3	4	36. 他人が必要とするものに無関心である。
1	2	3	4	37. 賞賛，熱意，あるいは愛情を表現することができない。
1	2	3	4	38. 他人には，ごう慢で，思いやりがないと思われている。
1	2	3	4	39. よくけんかや口論をする。
1	2	3	4	40. 競争的で，強情で，けんか腰である。

セクションC：小計_____

大人になってからのダメージ・インベントリー得点：A＋B＋C＝合計_____

あなたの得点を見る：

第1部と第2部それぞれの合計得点に戻って見てみましょう。どちらの得点も，120点から480点のあいだにあるはずです。では，その2つの得点を合計してください。

（第1部の得点）＋（第2部の得点）：ダメージ・インベントリー合計得点_____

以下の表から，あなたの子ども時代，青年時代，そして大人である現在のダメージを評価してください。得点が高いほど，ダメージがより徹底しているということになります。

```
240-399   まったく，あるいはほとんどダメージがない
400-549   中くらいのダメージ
550-960   広範囲にわたるダメージ
```

得点を検討する際，次のことを忘れないでください。
　1つには，得点は非公式の尺度であり，温度計や血圧計とは違って，あなたのダメージを正確に測定するよりも，それがどの程度なのかを評定するものだということです。得点も尺度そのものも，あなたがダメージに名前をつけて，その克服を始めることを目的としています。得点を検討することによって，あなたを不安がらせるのではなく，そうすることであなたのことが「聞かれ」，あなたが何に直面しているのかをはっきりと知り，それによって痛みとのあいだに距離がうまれるようにと期待しています。
　2つ目に，初めて実施する時には，高い得点が出ることを覚えておいて下さい。サバイバーは，一般に，切迫した痛みにさらされており，ダメージを過剰に評価し，自己修復の能力を過小評価するようしむけられているのです。
　私は，インベントリーを完成させたら，得点のことはしばらくわきに置き，本を読み終えてから再度評定してみることを提案します。本を読み進めるにつれて蓄積されるリジリアンスについての知識が，あなたのダメージを強さという文脈の中に入れてくれるでしょう。両者を一緒に見ることによって，2度目には，それぞれの項目に異なった評定をしているかもしれません。あなたは，ダメージ得点が下がっているのを見て，驚き，そしてほっとするかもしれません。
　3つ目に，得点はあなたの中にあるダメージの形跡を明確にするものですが，ダメージ・インベントリーはダメージを今まさに受けている過程を示すものではありません。家族が実際に有害な影響を及ぼしているのを見るには，あなたが子どもだった頃の家での生活に引き返してみることが必要です。
　では，用意はいいですか？　第2章（34頁）「ダメージに名前をつけることがそれを克服することになる」に戻りましょう。

注およびコメント

以下の注では，各著作ないし文献を最初に引用した場合にのみ，タイトル，著者名，出版社，出版年，および参照頁の順に記載してあります。2回目以降の引用では，省略しました。

第1章 問題の多い家族という難題

1）この本の第Ⅱ部では，成功したサバイバーに見られる七つのリジリアンス（ないし力強さのクラスター）について記述しています。各リジリアンスについては，心理学や臨床および実験的精神医学の関連研究が引用されています。

2）七つのリジリアンスは，25人の成人したサバイバーからの臨床的インタビューから抽出されました。リジリアンスは，サバイバーが子ども時代から成人するまでのあいだに自分自身を保護するために，そして悪戦苦闘から力強さを引き出すために用いた戦略について，本人たちなりに振り返った結果浮上した，共通の主題を反映しています。

3）Dwight Wolter, "Taste of Fire," A Life Worth Waiting For (Minneapolis, Minn.: Comp Care Publishers, 1989), pp.212-213.

4）William Shakespeare, As You Like It, Act II, Scene I. The Complete Works of William Shakespeare (Baltimore: Penguin Books, 1969), p.252.
（ウィリアム・シェイクスピア『お気に召すまま』福田恒存訳，新潮文庫，1981）

5）George Eliot, Adam Bede (London: The Zodiac Press, 1984), p.403.
（ジョージ・エリオット『アダム・ビード』阿波保喬訳，開文社出版，1979）

6）Christina Stead, The Man Who Loved Children (New York: Henry Holt and Co., first Owl Book edition, 1980). p.59.

7）Christina Stead, The Man Who Loved Children, p.527.

8）Lois Murphy, The Widening World of Childhood (New York: Basic Books, 1962), p.2.

9）Joan Kaufmann and Edward Zigler, "Do Abused Children Become Abusive Parents?" American Journal of Orthopsychiatry, 57(1987), pp. 186-192.

リサーチによるエビデンスを吟味した後で，著者らは，児童虐待が世代間伝達されやすいという仮説を棄却しています。それに加えて，彼らは，この世代間前提を受け入れることによる被害について議論しています。ふたりはこう述べています。「ひどい扱いを受けた成人は，何度も繰り返し，彼らも自分の子どもを虐待するだろうと言われたため，中には，それが自己成就的預言となっている人もいます。その悪循環を終わりにした者の多くも，時限爆弾を持ち歩くような感覚を持ち続けています」。結論として，カウフマンとジグラーは，そのような発言が大きな影響を持っていたがために，虐待の原因理解における進歩を遅らせ，

誤った介入と社会政策をもたらしたのだと述べています。原書191頁。

10) Linda Bennett, Steven Wolin, David Reiss, and Martha Teitelbaum, "Couples at Risk for Transmission of Alcoholism: Protective Influences," Family Process, 26(1987), pp.111-129.

11) 子どもたちがいかにして普通ではないストレスに対処するかを説明するために「チャレンジで対処する公式」"Challenge-response formulation"というものを最初に指摘したのは，ジェイムズ・アンソニーです。チャレンジ・モデルのない時代でしたが，アンソニーの同僚であるバートラム・コーラーは，いくらかの人々が，目標を設定しそこに到達するための努力を増強する起動力として不運を捉えることを観察しています。

E. James Anthony, "The Syndrome of the Psychologically Invulnerable Child," in E. James Anthony and Cyrille Koupernik, eds., The Child in His family: Children at psychiatric risk (New York: John Wiley & Sons, 1974), p.537; Bertram Cohler, "Adversity, Resilience, and the Study of Lives," in E. James Anthony and Bertram Cohler, eds., The Invulnerable Child (New York: Guilford Press, 1987), p. 284.

12) 鏡像過程を通した自己の発見は，ほとんどの精神分析的文献に通底する主題です。たとえば，次の文献を参照して下さい。

Margaret Mahler, Fred Pine, and Anni Bergman, The Psychological Birth of the Human Infant (New york: Basic Books, 1975).

一般向けに書かれた展望としては，以下の本を読まれたらいいでしょう。

Judith Viorst, Necessary Losses (New York: Simon and Schuster, 1986), pp.43-65.

13) Alice Miller, The Drama of the Gifted Child (New York: Basic Books, 1981), p.42.

（アリス・ミラー『才能ある子のドラマ』野田倬訳，人文書院，1984（絶版），『才能ある子のドラマ－真の自己を求めて（新版）』山下公子訳，新曜社，1996）

ミラーは，うつ病の女性のケースにおいて「代わりの鏡」という概念を導入しています。その女性は年を取るにつれて，男性にとっての魅力を失っていきました（男性たちこそが，母親の否定した彼女への賞賛を以前送ってくれていた人々だったのですが）。ミラーはこう述べています。「彼女のすべての代わりの鏡が壊れたのです。そして彼女はまたしても，無力となり混乱したのです。それは，彼女が少女だった頃，母親の顔に自分ではなく母親の混乱を認めたときに起こった反応と同じでした」。

14) 適切な研究は第4章から第9章までに引用されています。そこでは，各リジリアンシーの発達が記述されています。

15) カウアイ島の研究について全貌を知りたい方は，以下の著作を参照下さい。

Emmy Werner and Ruth Smith, Vulnerable but Invincible (New York: Adams, Bannister, Cox, 1982)

また，もっと最近のフォローアップについては次の著作に記されています。

Emmy Werner and Ruth Smith, Overcoming the Odds (Ithaca, N.Y.: Cornell University Press, 1992)

［訳注追記：さらに最新のフォローアップは次の著作に記述されています。

Emmy Werner and Ruth Smith, Journey from chidhood to Midlife (Ithaca, N. Y.: Cornell University Press, 2001)］

16) Emmy Werner. "Children of the Garden Island," Scientific American (April 1989), p.111.

17) リカバリー・ムーブメントという用語で私が意味しているのは，セルフヘルプ本，セラピーグループ，ワークショップ，会議，そして1980年代にブームとなり，自分が機能障害的家族で育った結果として心理学的病気ないしは嗜癖に苦しんだと考える人すべてに向けられたメディアショーのことです。以下に，その例を紹介しておきましょう。

The PBS series Bradshaw on Family; Melody Beattie, Codependent No More (San Francisco: Harper & Row, 1987); John Friel and Linda Friel, Adult Children (Pompano Beach, Fla.: Health Communications, Inc., 1988); Anne Schaef, When Society Becomes an Addict (San Francisco: Harper and Row, 1987); Charles Whitfield, Healing the Child Within (Deerfield Beach, Fla.: Health Communications, Inc., 1987)

（メロディ・ベアティ『共依存症――いつも他人に振りまわされる人たち』村山久美子訳，講談社，1997）

（ジョン・フリールとリンダ・フリール『アダルトチルドレンの心理――うまくいかない家族の秘密』杉村省吾，杉村栄子訳，1979）

（アンネ・シェイフ『嗜癖する社会』斎藤学訳，誠信書房，1999）

（チャールズ・ウィットフェルト『内なる子どもを癒す――アダルトチルドレンの発見と回復』斎藤学，鈴木美保子訳，1997）

リカバリー・ムーブメントについての批判的研究については以下の文献を参照下さい。

Wendy Kaminer, I'm Dysfunctional, You're Dysfunctional (New York: Addison-Wesley, 1992); Stanton Peele, Diseasing of America (Lexington, Mass.: Lexington Books, 1989); Charles Sykes, A Nation of Victims (New York: St. Martin's Press, 1992)

18) Carl Jung, Man and His Symbols (New York: Anchor Books, 1964), pp.213, 255.

（カール・ユング『人間と象徴』河合隼雄監訳，河出書房新社，1972）

19) Salvador Minuchin, Family Therapy Techniques (Cambridge, Mass.:Harvard University Press, 1981), pp.73-77.

（サルヴァドール・ミニューチン『家族と家族療法』山根常男監訳，誠信書房，1984）

リフレイミングという技法は，ミニューチンやフィッシュマンという家族システム論的治療者や理論家が個人の症状を家族力動の文脈に置いたときに始めて用いられました。たとえば，治療者は，子どもの攻撃性は，両親である夫婦の葛藤から本人たちの注意をそらせるための試みであると言ったりリフレイムするのですが，そうすることによって，家族全体に対して治療的効果をあげることができるのです。ここでの治療者の目的は，子どものスケープゴート化に終止符を打ち，家族全員にポジティヴな変化を起こす責任を与えることなのです。

第2章　ダメージに名前をつけることがそれを克服することになる

1) 健康な家族における子どものニーズと親の対応の「マッチ」および問題の多い家族における「ミスマッチ」という概念は，エリクソンによって記述された「相互調節」の過程の一亜型です。

Erik Erikson, "Growth and Crises of Healthy Personality," in Psychological Issues, 1(1959),

pp.58-59, 70, 81.
　エリクソンによれば，よく機能している親子関係は，双方においてどちらかが自分の「入手手段」を相手の「提供手段」に合わせられる能力に基づいています。この共同作業ないしは相互調節が壊れ，相互性ではなく押しつけによってコントロールが行われるとき，親子関係はもはや健康とは言えなくなっているのです。
　2）"Little Snow White," in The Complete Grimm's Fairy Tales (New York: Pantheon, 1972), pp.249-258.（グリム童話（下）『白雪姫』池内紀訳，ちくま文庫，1989）
　3）現時点において，問題の多い家族の子ども，思春期および成人の心理的ダメージを評価するための広く承認された標準的テストはありません。いちおうの評価を得て広く行き渡っている部分的測定法としては以下のものがあります。
　Thomas Achenbach, Child Behavior Checklist (Burlington, Vt.: University Associates in Psychiatry, 1982); Symptom Distress Checklist (SCL-90) (Nutley, N.J.: Hoffman-La Roche Inc., 1973); Theodore Millon, Millon Clinical Multizxial Inventory (Minneapolis, Minn.:National Computer Systems, 1982)
　上記の3つの各テストがダメージ・インベントリーのモデルとして利用されました。しかし，そのインベントリーは私が読者のために作った予備的で非公式な測定法に過ぎません。精神療法の患者を精神療法を受けていない人々のグループで試験的に適用する際，精神保健の決定的測定法としてではなく，弱さのエリアを決定することが意図されているだけなのです。
　4）Leo Tolstoy, Anna Karenina (Garden City, N.J.: Garden City Publishing, 1944), p.4.
　（レフ・ニコラェウィッチ・トルストイ『アンナ・カレーニナ』北御門二郎訳，東海大学出版会，2000）
　5）日常生活の本質的課題をこなすメンバーの能力を基にした家族の健康についての定義は，以下の著作に基づいています。
　W. Robert Beavers, "Healthy, Midrange, and Severly Dysfunctional Families," in Froma Walsh, ed., Normal Family Process (New York: Guilford Press, 1982), pp.45-66; Jerry Lewis and W. Robert Beavers, No Single Thread: Psychological Health in Family Systems(New York: Brunner/Mazel,1976); Jerry Lewis, How's Your Family (New York: Brunner/Mazel, 1979); Dolores Curran, Traits of a Healthy family (New York: Ballantine Books, 1984)
　6）性的虐待についてのここでの定義は，次の著作に基づいています。
　Steven Farmer, Adult Children of Abusive Parents (Los Angeles: Lowell House, 1989), p.10.
　7）性的虐待についてのより詳しい議論について関心のある方には，次の著作をお薦めします。
　E. Sue Blume, Secret Survivors (New York: John Wiley and Sons, 1990); David Finkelhor, A Sourcebook on Child Sexual Abuse (Beverly Hills: Sage Publications, 1986); Wendy Maltz and Beverly Holman, Incest and Sexuality (Lexington, Mass.: Lexington Books, 1987).
　8）Erich Fromm, The Art of Loving (New York: Basic Books, 1963), pp.41-42.
　（エーリッヒ・フロム『愛するということ』鈴木晶訳，紀伊国屋書店，1991）
　9）Alice Miller, The Drama of the Gifted Child, pp.7-8, 11.

10) Linda A. Bennett, Steven J. Wolin, and Katherine McAvity, "Family Identity Ritual and Myth: A Cultural Perspective on Life Cycle Transitions," in Celia Falicov, ed., Family Transitions (New York: Guilford Press, 1988), pp.211-234.

11) Steven J. Wolin and Linda Bennett, "Family Rituals," Family Process, 23 (1984), pp.401-420; Steven J. Wolin, Linda Bennett, Denise Noonan, and Martha Teitelbaum. "Disrupted family Rituals: A Factor in the Intergenerational Transmission of Alcoholism," Journal of Studies on Alcohol, 41 (1980), pp.199-214.

12) Nathan Epstein, Duane Bishop, and Lawrence Baldwin, "McMaster Model of family Functioning: A View of the Normal Family," in Froma Walsh, ed., Normal Family Process (New York: Guilford Press, 1982), p.118.

第3章　リフレイミング：いかにして犠牲者の罠から逃れるか

1) Emmy Werner and Ruth Smith, Vulnerable but Invincible; Emmy Werner and Ruth Smith, Overcoming the Odds; Emmy Werner, "Children of the Garden Island," pp.106-111.

2) Paul McHugh and Phillip Slavney, The Perspectives of Psychiatry (Baltimore: The Johns Hopkins University Press, 1986), pp.123-140.

マクヒュとスラブニは，ライフヒストリー論法ないしはナラティヴ学派を精神医学におけるひとつの視点と考えています。ナラティヴ学派は，人のライフストーリーは多くの方法で語られうるという立場を取っています。語りの中には，利益になるものもあれば破壊的なものもあります。セラピストの目標とは，患者が現在をよく生き，未来に希望を抱けるように援助する語りを見つけることです。チャレンジ・モデルにおいて提示されているように，リフレイミングの概念は，マクヒュとスラブニによって記述されたナラティヴ学派の視点と矛盾していません。

第4章　洞察：警戒は警備なり

1) E. James Anthony, "Children at High Risk for Psychosis Growing Up successfully," in E. James Anthony and Bertram cohler, eds., The Invulnerable Child (New York: Guilford Press, 1987), p. 284.

2) Theodore Lidz, Stephan Fleck, and Alice Cornelison, Schizophrenia and the Family (New York: International University Press, 1978), p.180.

（リッツ他『精神分裂病と家族』高臣武史，鈴木浩二，佐竹洋人監訳，誠信書房，1971）

3) Manfred Bleuler, The Schizophrenic Disorders (New Haven, Conn.: Yale University Press, 1978), p.409.

4) 自己がそれ自身を映し出す能力は，精神医学と心理学だけでなく，哲学のテーマでもあります。このテーマを哲学的に論じている代表的なものとしては，以下の著作を参照してください。

George Mead, Mind, Self & Society (Chicago: University of Chicago Press, 1934)

（G・H・ミード『精神・自我・社会』河村望訳，人間の科学社，1995）

心理学的な視点からの著作としては，以下を参照してください。

Arnold Goldberg, ed., Advances in Self Psychology (New York: International University Press, 1980)
（A・ゴールドバーグ編『自己心理学とその臨床：コフートとその後継者たち』岡秀樹訳, 岩崎学術出版社, 1991　現代精神分析双書；第Ⅱ期　第16巻所収）

5）Jerome Kagan, The Nature of the Child (New York: Basic Books, 1984), pp.19-25, 275-280.

6）Jerome Kagan, The Nature of the Child, p.276.

7）両親が不適切な接し方をすると，子どもたちは，両親に欠点があると考えるよりも，それは自分自身が悪いことの証明だと解釈するだろうという見解を示す発達心理学者たちの引用を以下に示しましょう。

John Bowlby, "On Knowing What You Are Not Supposed to Know and Feeling What You Are Not Supposed to Feel," Canadian Journal of Psychiatry, 24 (1979), pp.403-408, and Attachment and Loss, Vol. 3. (New York: Basic Books, 1979)
（ボウルビィ『母子関係の理論　対象喪失』黒田実郎，吉田恒子，横浜恵三子訳，岩崎学術出版社，1981）

Lawrence, Kohlberg, The Philosophy of Moral Development, Vol. 1 (San Francisco: Harper & Row, 1981)

Alice Miller, The Drama of the Gifted Child.

8）私は，以下の著作から，「insightlessness」という言葉を取り入れました。
Judith Viorst, Necessary Losses (New York: Simon and Schuster, 1986), p.244.
この言葉は，アントニオ・フェレイラが，最初に用いたもので，自分の家族内で機能している神話や現実の歪みの積極的な拒否を意味しています。アントニオ・フェレイラに関しては，以下の文献をご参照ください。

Antonio Ferreira, "Family Myth and Homeostasis," Archives of General Psychiatry, 9 (1963), pp.457-463.

9）CASPER（キャスパー：アルコール依存症リハビリテーションのためのケンブリッジ・サマーヴィル・プログラム）という，マサチューセッツのアルコール教育プログラムの指揮者であるルース・デイヴィスとの個人的な会話によるものです。

10）Robert L. Selman, The Growth of Interpersonal Understanding: Developmental and Clinical Analyses (New York: Academic Press, 1980), pp.147-151, 120-130.

11）Richard Berlin and Ruth Davis, "Children from Alcoholic Families: Vulnerability and Resilience," in Timothy Dugan and Robert Coles, eds., The Child in Our Times: Studies in the Development of Resiliency (New York: Brunner/ Mazel, 1989), p.94.

12）E. James Anthony, "Children at High Risk for Psychosis Growing Up Successfully," p.176.

13）William Beardslee and Donna Podolefsky, "Resilient Adolescents Whose Parents Have Affective and Other Psychiatric Disorders: Importance of Self-Understanding and Relationships," American Journal of Psychiatry, 145 (1988), pp.63-69.

14）Norman Garmezy, "Vulnerability Research and the Issues of Primary Prevention,"

American Journal of Orthopsychiatry, 41 (1971), p.114.

第5章 独立性：デリケートな協議

1) Linda Bennett, Steven J. Wolin, David Reiss, and Martha Teitelbaum, "Couples at Risk for Transmission of Alcoholism," pp.119-129.

2) Judith Wallerstein, "Children of Divorce: The Psychological Tasks of the Child," American Journal of Orthopsychiatry, 53 (April 1983), pp.230-243.

Judith Wallerstein, "Children of Divorce: Stress and Developmental Tasks," in Norman Garmezy and Michael Rutter, eds., Stress, Coping, and Development in Children (New York: McGraw-Hill, 1983), pp.265-302.

Judith S. Wallerstein and Sandra Blakeslee, Second Chances: Men, Women and Children a Decade After Divorce, Who Wins, Who Loses, and Why (New York: Ticknor and Fields, 1989)

（ジュディス・S・ウォラースタイン，サンドラ・ブレイクスリー『セカンドチャンス 離婚後の人生』高橋早苗訳，草思社，1997）

3) Judith Wallerstein, "Children of Divorce: The Psychological Tasks of the Child," p.235.

4) E. James Anthony, "Risk, Vulnerability and Resilience: An Overview," in E. James Anthony and Bertram Cohler, eds., The Invulnerable Child (New York: Guilford Press, 1987), p.12.

5) E. James Anthony, "Children at High Risk for Psychosis Growing Up Successfully," p.176.

6) ロイス・マーフィは，リジリアントな子どもの「楽観的バイアス」というものを記述しています。彼女は，多くの子どもたちが，「回復の希望や信頼があるという口実」なら，どんなものにでもしがみついて，自分の健康の一助となりそうな，あらゆる考えや資源を積極的に集めることを発見しました。以下をご参照ください。

Lois Murphy, "Further Reflections on Resilience," in E. James Anthony and Bertram cohler, eds., The Invulnerable Child (New York: Guilford Press, 1987), pp.103-104.

7) ピーターの事例は，以下の文献で紹介されています。

Richard Berlin and Ruth Davis, "Children from Alcoholic Families: Vulnerability and Resilience," p.97.

8) Richard Berlin and Ruth Davis, "Children from Alcoholic Families: Vulnerability and Resilience," p.97.

第6章 関係性：愛を求めて

1) 子どもたちの困難への抵抗力，あるいはリジリアンスは，健康で思いやりのある親ないしは（肉親ではなくても）支持的な大人が1人いるときに，より高まることに注目する研究者が出てきました。たとえば，次の文献や著作を参照して下さい。

Carol Kauffman, Henry Grunebaum, Bertram Cohler, and Enid Gamer, "Superkids: Competent Children of Psychotic Mothers," American Journal of Psychiatry, 136 (1979), pp.1398-1402.

Michael Rutter, "Stress, Coping, and Development: Some Issues and Some Questions," in Norman Garmezy and Michael Rutter, eds., Stress, Coping, and Development in Children (New York: McGraw-Hill, 1983), pp.1-41.
Emmy Werner and Ruth Smith, Vulnerable but Invincible, pp.69-82.
初期のポジティヴな愛着経験が後のリジリアンスに及ぼす影響を含めた愛着理論に関する, 包括的文献としては, 以下をご参照ください。
Robert Karen, "Becoming Attached," Atlantic Monthly (February 1990), pp.49-74.
2) アンソニーの上げたリジリアントな子どもの例は, 以下の文献に報告されています。
Maya Pines, "Superkids," Psychology Today (January 1979), pp.54, 57.
3) キャロル・カウフマンが示した例も, 同上の文献に報告されています (pp.57)。
4) Marian Radke-Yarrow and Tracy Sherman, "Hard Growing: Children Who Survive," in Jon Rolf, Ann Masten, Dante Cicchetti, Keith Nuecheterlein, and Sheldon Weintraub, eds., Risk and Protective Factors in the Development of Psychopathology (Cambridge: Cambridge University Press, 1990), pp.97-119.
5) Marian Radke-Yarrow and Tracy Sherman, "Hard Growing: Children Who Survive," pp.106-107.
6) Jere Van Dyk, "Growing Up in East Harlem," National Geographic (May 1990), pp.52-57.
7) Linda Bennett, Steven J. Wolin, David Reiss, and Martha Teitelbaum, "Couples at Risk for Transmission of Alcoholism," pp.119-129.
8) Regina Higgins, Psychological Resilience and the Capacity for Intimacy: How the Wounded Might "Love Well," Dissertation Abstracts International, 46, 11b (1985), degree Harvard University; available from University Microfilm International, Ann Arbor, Mich.
9) Regina Higgins, Psychological Resilience and the Capacity for Intimacy: How the Wounded Might "Love Well," p.54.
10) Regina Higgins, Psychological Resilience and the Capacity for Intimacy: How the Wounded Might "Love Well," p.176.
11) Linda Bennett, Steven J. Wolin, David Reiss, and Martha Teitelbaum, "Couples at Risk for Transmission of Alcoholism," pp.119-129.

第7章 イニシアティヴ：問題にある楽しみ

1) Julius Segal and Herbert Yahres, A Child's Journey (New York: McGraw-Hill, 1979), pp.282-301.
2) ビショップは, 地元の学校で慈善活動として講演をしました。私の説明は真実です。また, 私は個人のインタビューでも, 彼の発言の真実性の裏付けを得ました。
3) 私がイニシアティヴという言葉で一まとめにしているリジリアントなサバイバーたちの態度や行動は, 「内的統制の位置」と同じ特徴を持っています。以下の著作が, 「内的統制の位置」が最初に確認され, 記述されたものです。
Herbert Lefcourt, Locus of Control: Current Trends in Theory and Research (Hillsdale, N.J.:

Lawrence Erlbaum Associates, 1982)

伝記，動物・人体実験，内的統制の位置とストレス低下 stress reduction との関係を示したフィールド・スタディの詳細は，以下の箇所をご参照ください。第1章，pp.1-18; 第2章，pp.19-41; 第3章，pp.100-110.

4) Herbert Lefcourt, Locus of Control: Current Trends in Theory and Research, p.102.

5) Herbert Lefcourt, Locus of Control: Current Trends in Theory and Research, p.101-102.

6) Thomas Thompson, Lost (New York: Atheneum, 1975), p.244.

7) Robert White, "Competence Motivation Reconsidered: The Concept of Competence," Psychological Review, 66 (1959), pp.297-333.

8) Selma Fraiberg, The Magic Years (New York: Charles Scribner's Sons, 1959), pp.23-27. (セルマ・フレイバーグ『小さな魔術師——幼児期の心の発達』詫摩武俊，高辻礼子訳，金子書房，1992)

9) Carol Diener and Carol Dweck, "An Analysis of Learned Helplessness: Continuous Changes in Performance, Strategy, and Achievement Cognitions Following Failure," Journal of Personality and Social Psychology, 36 (1978), pp.451-462.

10) Jean Piaget in Edwin G. Boring, Herbert S. Langfield, Heinz Werner, and Robert M. Yerkes, eds., A History of Psychology in Autobiography, Vol. 4 (Worcester, Mass.: Clark University Press, 1952), p.238.

11) J. Kirk Felsman, "Risk and Resiliency in Childhood: The Lives of Street Children," in Timothy Dugan and Robert Coles, eds., The Child in Our Times: Studies in the Development of Resiliency (New York: Brunner/ Mazel, 1989), pp.56-80.

12) J. Kirk Felsman, "Risk and Resiliency in Childhood: The Lives of Street Children," p.56.

13) J. Kirk Felsman, "Risk and Resiliency in Childhood: The Lives of Street Children," p.56.

14) J. Kirk Felsman and George E. Vaillant, "Resilient Children as Adults: A Forty- Year Study," in E. James Anthony and Bertram Cohler, eds., The Invulnerable Child (New York: Guilford Press, 1987), pp.284-314.

15) J. Kirk Felsman and George E. Vaillant, "Resilient Children as Adults: A 40- Year Study," p.306.

16) J. Kirk Felsman and George E. Vaillant, "Resilient Children as Adults: A 40- Year Study," p.305.

17) Lois Romano and Tom Kenworthy, "The Past and Paradox of Steve Solarz," The Washington Post, The Arts/Television/Leisure (May 29, 1991), pp.B1, 8, 9.

18) Lois Romano and Tom Kenworthy, "The Past and Paradox of Steve Solarz," pp.B8.

第8章　創造性：何でもないことを価値ある何かに
　　　　ユーモア：重大なことを何でもないことに

1) Sigmund Freud, "Humor," in James Strachey, ed., The Standard Edition of the Complete Works of Sigmund Freud, Vol. 21 (London: Hogarth Press, 1961), pp.159-166.

(フロイト「ユーモア」『フロイト著作集3』高橋義孝他訳, 人文書院, 1969 所収)

2) Sigmund Freud, "Humor," p.162, 166.

3) Hanna Segal, "A Psychoanalytic Approach to Aesthetics," in Melanie Klein, Paula Heimann, and R. E. Money-Kyrle, eds., New Directions in Psychoanalysis (London: Tavistock Publications Ltd., 1955), p.390.

4) Melvin Altshuler, "Haven Where Young Wounds Heal," The Washington Post, Society (September 17, 1950), p.51.

5) 「裏には裏がある」という日本のことわざ, 本書第Ⅱ部のアナイス・ニンの引用句, そして, 第9章後半で引用した, シャロン・オールズの詩,「1937年5月に戻って」を私に教えてくれた, ガブリエル・リコに感謝します。

Gabriele Rico, Pain and Possibility (Los Angels: Jeremy Tarcher, 1991), pp.183, 265, 284.

6) Sigmund Freud, "Creative Writers and Day-Dreaming," in James Strachey, ed., The Standard Edition of the Complete Works of Sigmund Freud, Vol. 9 (London: Hogarth Press, 1961), p.144.

(フロイト「詩人と空想すること」『フロイト著作集3』高橋義孝他訳, 人文書院, 1969 所収)

7) Sigmund Freud, "Creative Writers and Day-Dreaming," p.143.

8) E. James Anthony, "Children at High Risk for Psychosis Growing Up Successfully," pp.147-184.

9) E. James Anthony, "Children at High Risk for Psychosis Growing Up Successfully," p.182.

10) E. James Anthony, "Children at High Risk for Psychosis Growing Up Successfully," p.182.

11) Albert, Solnit, "A Psychoanalytic View of Play," The Psychoanalytic Study of the Child, 42(1987), p.215.

12) Barbara Hudson, "The Arabesque," in Shannon Ravenel, ed., New Stories form the South (Chapel Hill, N. C.: Algonquin Books, 1991), pp.22-23.

13) Barbara Hudson, "The Arabesque," pp.33-34.

14) Sheila Harty, "Iter Vitarium" (unpublished)

15) Gabriele Rico, Pain and Possibility, pp.213-215.

リコは,「宇宙的視野」という言葉を用いて, 自分の抱える問題をユーモアのセンスをもって見るのに必要な, 拡大した視点のことを説明しています。私はその言葉の意味を広げて, ユーモアに富む人であってもなくても, どんな種類のものでも, 自己の広がりある見方を指しています。

16) Sharon Olds, "I Go Back to May, 1937," The Gold Cell (New York: Alfred A. Knopf, 1989), p.23.

17) John Rickman, "On the Nature of Ugliness and the Creative Impulse," International Journal of Psychoanalysis, 21 (1940), p.308.

18) Albert Rapp, The Origins of Wit and Humor (New York: E. P. Dutton, 1951), p.70.

19) Norman Cousins, Anatomy of an Illness (New York: W. W. Norton & Co., 1979).
（ノーマン・カズンズ『笑いと治癒力』松田銑訳, 岩波書店（岩波現代文庫）, 2001,『笑いと治癒力』岩波書店（同時代ライブラリー）, 1996,『五〇〇分の一の奇蹟』講談社（講談社文庫）, 1984,『死の淵からの生還: 現代医療の見失っているもの』講談社, 1981）
20) William Fry, Jr., and Melanie Allen, "Humour as a Creative Experience: The Development of a Hollywood Humorist," in Anthony Chapman and Hugh Foot, eds., Humour and Laughter: Theory, Research and Applications (New York: John Wiley & Sons, 1976), pp.245-258.
21) William Fry, Jr., and Melanie Allen, "Humour as a Creative Experience: The Development of a Hollywood Humorist," p.252.
22) William Fry, Jr., and Melanie Allen, "Humour as a Creative Experience: The Development of a Hollywood Humorist," p.253.
23) Albert Rapp, The Origins of Wit and Humor, p.172.
24) Hermann Hesse, Steppenwolf (New York: The Modern Library, 1963), pp.60, 108-109.
（ヘッセ「荒野のおおかみ」『ヘルマン・ヘッセ全集8』高橋健二訳, 新潮社, 1958）

第9章 モラル：神聖でない世界の神聖さ

1) James Anderson and Ezra Jones, The Ministry of the Laity (San Francisco: Harper & Row, 1986), p.5.
2) コールズは，以下の著作において，ニューオーリンズでの人種差別撤廃の難局を見た経験を報告しています。
Robert Coles, The Moral Life of Children (Boston: Houghton Mifflin, 1986).
（コールズ『子どもたちの感じるモラル』森山尚美訳, パピルス, 1997）
3) Robert Coles, The Spiritual Life of Children (Boston: Houghton Mifflin, 1990), pp.303-304.
（コールズ『子どもの神秘生活』桜内篤子訳, 工作舎, 1997）
4) Robert Coles, The Spiritual Life of Children, p.304.（コールズ『子どもたちの感じるモラル』森山尚美訳, パピルス, 1997）
5) Robert Coles, The Moral Life of Children, p.140.（160頁）
6) Robert Coles, "Moral Energy in the Lives of Impoverished Children," in Timothy Dugan and Robert Coles, eds., The Child in Our Times: Studies in the Development of Resiliency (New York: Brunner/ Mazel, 1989), pp.44-55.
7) Robert Coles, The Moral Life of Children, p.36.（48頁）
8) Sharon Herzberger, Deborah Potts, and Michael Dillon, "Abusive and Nonabusive Parental Treatment from the Child's Perspective," Journal of Consulting and Clinical Psycholigy, 49 (1981), pp.81-90.
9) ヘルツバーガーの研究に参加した虐待を受けていた子どもの発言は，次の文献に掲載されています。
Sharon Herzberger, Deborah Potts, and Michael Dillon, "Abusive and Nonabusive Parental

Treatment from the Child's Perspective," pp.86-87.

10) Regina Higgins, Psychological Resilience and the Capacity for Intimacy: How the Wounded Might "Love Well," p.255.

11) Sharon Herzberger, Deborah Potts, and Michael Dillon, "Abusive and Nonabusive Parental Treatment from the Child's Perspective," p.86.

12) Jerome Kagan, The Nature of the Child, pp.124-126.

13) Robert Selman, The Growth of Interpersonal Understanding, pp.149-150.

14) John Cheever, "The Sorrows of Gin," in The Stories of John Cheever (New York: Ballantine Books, 1980), pp.234-248.

この本に私の目を向けさせてくれたことを、リチャード・バーリンとルース・デイヴィスに感謝します。

Richard Berlin and Ruth Davis, "Children from Alcoholic Families: Vulnerability and Resilience"

15) John Cheever, "The Sorrows of Gin," p.246.

16) Robert Coles, The Moral Life of Children, pp.109-110.（131～133頁）

17) James Anderson and Ezra Jones, The Ministry of the Laity (San Francisco: Harper & Row, 1986), pp.5-8.

18) James Anderson and Ezra Jones, The Ministry of the Laity (San Francisco: Harper & Row, 1986), pp.30-33.

エピローグ　サバイバーの内なるイメージ：克服する人たち

1) City Slickers (New Line Home Video, 1991)（シティ・スリッカーズ（映画），1991）

付録：ダメージ・インベントリー

1) ダメージ・インベントリーに関する基礎情報としては、第2章の注3をご参照ください。

引用許可

以下の方々，出版社に，文献の再版許可をくださったことを感謝します。

ATLANTIC MONTHLY PRESS：ロバート・コールズ（著）『子どもたちの感じるモラル』からの引用。版権はロバート・コールズ（©1986年）。Atlantic Monthly Press の許可を得て再版。

BASIC BOOKS：ロイス・バークレー・マーフィー（著）『子どもの世界を拡げる』からの引用。Basic Books の Harper Collins 出版部の許諾により再版。

CAMBRIDGE UNIVERSITY PRESS：ジョン・ロルフ，アン・S. メイステン，ダンテ・チチェッティ，ケイス・H. ニューチターライン，シェルドン・ウェイントラウブ（著）『精神病理発達におけるリスク因子と保護因子』に所収の，マリアン・ラドケーヤロウとトレーシー・シャーマン（著）『懸命な成長：生き残る子どもたち』からの引用。Cambridge University Press の許諾により再版。

ティモシー・ドゥガン, M.D.：リチャード・ベルリンとルース・デイヴィス（著）『アルコール依存症家族の子どもたち』，J. カーク・フェルスマン（著）『子どものリスクとリジリアンシー：ストリート・チルドレンの生活』からの引用。これらは，ティモシー・F. ドゥガン, M.D. とロバート・コールズ, M.D.（編）『私たちの時代の子どもたち』からの抜粋。ティモシー・ドゥガン, M.D. の許諾により再版。

GUILFORD PRESS：E. ジェームズ・アンソニー, M.D. とバートラム・J. コーラー, Ph.D.（編）『傷つかない子ども』（1987年）に所収の，J. カーク・フェルスマンとジョージ・E. ヴァイラント（著）『成人したリジリアントな子どもたち：40年の研究』からの引用。著作権は Guilford Press（©1987年）。Guilford Press の許諾により再版。

シーラ・ハーティ："Iter Vitarium." からの引用。ワシントン, D.C. の受賞作家シーラ・ハーティの許諾により再版。

レジーナ・オコネル・ヒギンズ博士：『心理学的リジリアンスと親密性への能力：傷ついた者はいかにして〈うまく愛する〉か』からの引用。レジーナ・オコネル・ヒギンズ博士の許諾により再版。

HENRY HOLT AND COMPANY, INC.：クリスティーナ・ステッド（著）『子どもたちを愛した男』からの引用。著作権はクリスティーナ・ステッド（1940年，

©1968 年)。Henry Holt and Company, Inc.の許諾により再版。

バーバラ・ハドソン：バーバラ・ハドソン（著）のストーリー『アラベスク』からの引用。バーバラ・ハドソンの許諾により再版。

ALFRED A. KNOPF, INC.：ストーリーシャロン・オールズ（著）『ゴールド・セル』所収の「1937 年に戻って」著作権はシャロン・オールズ（©1987 年)。Alfred A. Knopf, Inc.の許諾により再版。

THE PRAYER BOOK PRESS OF MEDIA JUDAICA：『Likrat 安息日：崇拝・学問・歌曲』からの引用。著作権は The Prayer Book Press of Media Judaica（コネチカット州ブリッジポート，©1992 年)。

SCIENTIFIC AMERICAN：エミー・E. ウェルナー（著）『ガーデン島の子どもたち』(1989 年) からの引用。Scientific American の許諾により再版。

THE WASHINGTON POST：ロイス・ロマノとトム・ケンワーシー（著）『スティーヴ・ソラーツの過去とパラドックス』からの引用。著作権は，Washington Post（©1991 年)。同社の許諾により再版。

ドワイト・ウォルター：ドワイト・ウォルター（著）『待つに値する人生』(CompCare Publishers) に所収の「火を味わえ」ドワイト・ウォルターの許諾により再版。

YALE UNIVERSITY PRESS：アルバート・ソルニット（著）『精神分析学的視点からの遊び』(第 42 巻，1987 年，Yale University Press) からの引用。著作権は Yale University Press（©1987 年)。Yale University Press の許諾により再版。

訳者あとがき 1

　本書は，Steven Wolin and Sybil Wolin, The Resilient Self: How survivors of troubled families rise against adversity, Villard Books, New York, 1993 の全訳です。邦題は，検討を重ねた末，『サバイバーと心の回復力：逆境を乗り越えるための七つのリジリアンス』に落ち着きました。これまで，日本語で読めるリジリアンスをテーマとした本は1冊もありませんでした。ですから，本書によってリジリアンスを初めて知る多くの方々にとって，とりかかりやすいようにとか，手にとった時点で，リジリアンスについての想像がいくらかは膨らむように，などと考えて，「心の回復力」という説明をタイトルに加えたわけです。

　さて，本書は，問題の多い家族の中で生き抜いてきたサバイバーたちのために書かれました。その一人一人に対して，「あなた」と語りかけるウォーリン夫妻の言葉に勇気づけられ，自らのリジリアンスを確認したり，探し始めるサバイバーが1人でも多くいることを願っています。しかし，本書がどのように受け止められるかというのは，私にはまだわかりません。私自身は，リジリアンスが，弱さや傷つきやすさ，それに痛みや苦しみを否定するものではなく，むしろそこから目をそむけないことによって浮かび上がってくるものだ，ということに真実味を感じました。この点が強調され続けているので，逆境に生きる大変さが，ぞんざいに扱われてしまうことはないでしょうし，単なる楽観主義に終わりはしないだろうと，少しほっとしたわけです。

　皆さんも，さまざまな感想を持ち，影響を受けられることでしょう。一つ思うのは，たとえば，過去にこうだった結果あなたはこうなるでしょう（または，あなたが現在このようなことで困っているのは，過去にこうだったからです）というメッセージを受けてこられた方にとっては，ちょっとした，あるいはかなり大きな波紋が投じられたかもしれない，ということです。私たちは，ダメージ・モデル的な考え方に，いつの間にか慣れてしまっているような気がします。医療関係者や心理療法家，その他サバイバーたちと関わるさまざまな人た

ちも，それから，サバイバーたち自身も。

　弱さだけでなく，個人にある力強さを見ることは，ずっと以前から，臨床実践を行う私たちの基本姿勢とされてきたはずでした。にもかかわらず，ダメージ・モデルから離れてみようとすると，これがなかなか難しいのです。本書はその事実を私たちに差し出し，チャレンジを期待しているように思えます。ダメージとリジリアンスが揺れ動くサバイバーたちのストーリーに耳を傾けようとする限り，私たちも，ダメージ・モデルとチャレンジ・モデルとの間で揺れ動き，バランスをとらなければならないようです。

　ところで，本書の訳出作業は，日常の臨床実践と同時に進行しました。サバイバーたちと話をしていると，まさにそのバランスをとるのに苦労している自分に気づかされ，本書が，自分の臨床実践にどんなに影響を及ぼしたかを，つくづく考えさせられることになりました。その過程につきあってくれたサバイバーたちには，本当に感謝していますし，彼，彼女らの見せてくれたリジリアンスに，敬意を表さずにはいられません。

　ちなみに，本書が私の臨床実践に与えた影響についてのストーリーは，『セラピストの物語／物語のセラピスト』（小森康永・野口裕二・野村直樹編，日本評論社より近刊）の中で，文章となる機会に恵まれました。お気づきのように，編者の１人は，本書の共訳者である小森先生です。さまざまな執筆者が，本との出会いと臨床実践への影響について語っていますので，こちらもぜひご一読ください。

　訳出もいよいよ大詰めです。ここまでくると，山あり谷ありの地道な作業の中，家族や友達には，さまざまな形で本当に助けられたことが思い浮かびます。そして，本書の翻訳を提案し，ご指導ご助言くださるとともに，すてきな翻訳パートナーでいてくださった小森先生に，心から感謝申し上げます。最後に，金剛出版のスタッフの皆さんには，最後まで辛抱強くおつきあいいただきました。心から御礼を述べたいと思います。

2002年春，名古屋にて

奥野　光

訳者あとがき 2

　リジリアンス（resilience）という言葉を僕が初めて耳にしたのは，1990年のカリフォルニアでだった。MRIブリーフセラピーのトレーニングの中で，「ブリーフセラピーとミルトン・エリクソンとの違いを説明してくれませんか？」というトレイニーの質問に対してディック・フィッシュが，こんなふうに答えた時である。「似ているところは，病理を考えないこと，現在に焦点をあてること，課題を与えること，クライエントの立場を重視すること，クライエントを立ち直りの早い者 resilient として想定することだね。ただし，エリクソンが，困難というものを個人の中に認める，いわばモナディックな認識論に立っていたことや，フロイディアンというよりはユンギアンのような"無意識"を考慮していたこと，それに，規範的価値を念頭に置いていたところは，私たちと違う点だ。もちろん，技法的にも，エリクソンはトランスを利用したし，力も採用して，グルのごとき権威的な語り口も使ったから，そこんところも，違うね」——辞書を引くと，リジリアンスには「回復力，快活，元気」の他に「弾（力）性」という意味がある。後者は，物理学用語のようである。僕のような医学畑の人間は，「弾性」などと聞くと，もう反射的に「弾性線維」elastic fiber なんかを思い出すので，とりあえずカタカナでリジリアンスとしておく。

　その次にこの言葉を目にしたのは，1996年の日本でだった。ファミリー・プロセス誌の "Family Resilience: A Concept and Its Application" という特集を目にしたときである。そこには，フロマ・ワルシュの論文とデイル・ホウリーとローラ・デハーンによる論文が掲載されていた。

　彼女は，シカゴ大学家族保健センターの教授で，日本でも，キャロル・アンダーソンとの編集本である『慢性疾患と家族』（金剛出版）が邦訳されており，その名を知られている。彼女の論文「家族リジリアンスという概念：危機と挑戦」では，まず，ディベロップメンタル・サイコパソロジー（DP）においてここ20年ほどのあいだに研究が進められてきた個人のリジリアンスについて

の展望がおこなわれている。リジリアンスという用語は，危機や逆境を迎えてもそれに耐えて立ち直る能力のことを示している。

　本題に入る前に，この概念を提唱しているDPという領域について補足しておこう。DPとは，文字どおり，サイコパソロジーを考える上での発達の重要性を主張するのだが，その理由について，英国の精神科専門医試験準備用のテキストとして有名な『オックスフォード・テキストブック・オブ・サイカイアトリー』は，こう記している。第一に，子どもの発達段階がある行動を正常か病的か決定するため（たとえば，3歳の夜尿症は正常だが，7歳では異常），第二に，ライフ・イベントの影響は，子どもの発達によって異なるため（たとえば，6カ月未満の子どもの扶養者交代はそれほど大きな影響を与えないが，6カ月から3歳では大きな困難を来し，それ以上では言語発達によっておぎなわれるが故にその影響は軽減される），第三に，子どもの加齢によってサイコパソロジーも変化しうる（たとえば，小児期の不安は徐々に改善されるが，うつ状態はしばしば繰り返され成人にまで持ち越される）ため。

　個人のリジリアンスについては，ロンドンにいる自閉症の大家，ラターなどが，1980年代から精力的にリジリアンスについての論文を書き続けている。リジリアンスに関するもっとも有名な研究は，ウェルナー（どうでもいいことかもしれないけれど，この人，女性心理学者です）によって1955年に開始されたリサーチ。そこでは，カウアイ島の698人もの貧困にあえぐ子どもたち——そのうちの3分の1はストレス下あるいは機能障害的家族で育てられている——の多くが立派な成人になっていくさまが調査されたのである。対象となった子どもたちは，既に中年になっている。本研究によって，リジリアンスを培う上では，頼りになる人との強い絆が重要であり，それは社会的文脈の中で時間をかけて達成されることがわかってくる。つまり，個人の特質とだけ考える限界が示されるわけだ。

　そこで，正常家族を長年研究してきたワルシュとリジリアンスが合流する。しかも，それは「リジリアントな家族」というモデルを提示することではなく，家族が逆境に立ち向かう能力を強化するような鍵となる過程を探求するのだという。現代のように家族の多様性があり，社会の変化がめまぐるしい時代では，危機は次から次に訪れるわけであるから，それを乗り越える力を研究すべきだという主張にはうなずけるものはある——ここで，「危機」と書いたが，このcrisisという意味の中国語が"danger"と"opportunity"とから成り，そこで

は既に，リジリアンスが逆境にもかかわらず残っているのではなく，逆境を通して鍛えられ作られるという本質が提示されていると喝破したのも彼女である。ワルシュの主張する「家族リジリアンス」という概念は，DPよりも短い時間を射程に置き，病理よりも健康度に焦点をあてるのだという。ケースは2例紹介されているが，論文の性格上，面接内容などは明らかではないので，ここでは省略することにする。さらに詳しくお知りになりたい方には，彼女の『家族リジリアンスの強化』がある。

一方，ホウリーとデハーンの「家族リジリアンスの定義に向けて：ライフ・スパンと家族という視点を統合する」も総説である。ふたりとも，ノース・ダコタ州立大学の人間発達教育学部小児発達家族科学科の助教授。ワルシュの論文と重複するところも多いが，以下の3つの問題が考察されている。「家族リジリアンスという概念は，文献的に新しく独特な貢献をするのか？」——危機にうまく対処した家族の特徴や強さについての研究は，1930年代にまで遡れるが，そのテーマをさらに洗練させ，家族エトスという概念の発達に焦点をあてていくところがミソである。「リジリアンスを家族レベルの構成概念とし考えるのは妥当なのか？」——論理的には妥当だが，測定に困難が伴うであろう。「個人レベルのリジリアンス研究は，家族レベルのリジリアンス研究にどのように影響するのか？」——両者の共通点から考えれば当然影響は大きいが，家族リジリアンスは，個人リジリアンスほど長い時間を射程に入れていないこと，予防を重視していること，さらに，家族のリジリアンスと個人のリジリアンスが相互に影響を及ぼし合うことを考慮していくべきだと指摘されている。ところで，この論文では，家族リジリアンスが以下のように定義されている。

「家族リジリアンスは，ある家族がストレスに直面した際に順応し，うまく乗り切る，現在および数年にわたる過程を記述している。リジリアンスな家族は，そのような事態にユニークなやり方で，ポジティヴに反応する。そのやり方は，文脈，発達レベル，危険因子と予防因子の相互作用的組合せ，そして家族の共有された見解によって決定される。」(p.293)

そして，このリジリアンスというまったく未知の概念に関する多くの文献のうち僕がまず入手したのが，本書，ウォーリン夫妻の『リジリアント・セルフ』である。1998年当時，アマゾン・ドット・コムでは3割引の16ドルだった。内容はお読み頂いた通りである。もちろん，家族リジリアンスではなく個人のリジリアンスがテーマである。

訳出後，読後いろいろな疑問が湧く。アンビバレントな感覚。ある研究会でもさまざまな意見が出た。7つのリジリアンスは結局成人したサバイバーたちが大人の認識で語ったストーリーに過ぎず，問題の多い家族の中でリアルタイムで暮らしている子どもたちにとってどのくらい有効なのだろう？ リジリアンスが能力ないし個人の特性に還元されてしまうと，本質主義への退行でしかないのではないか？ 引退した刑事がとんでもない事件に巻き込まれスーパーヒーローとして活躍する安手のハリウッド映画のようなアメリカ文化のひとつに過ぎないのではないか？ 新しい概念を前にしたときのしかるべき反応である。これから臨床の中で考えていきたいと思う。もっと文献を読んでいこうと思う。そして，より良き概念となるよう洗練していく動きを支持しようと思う。もちろん，読者の皆さんと一緒に。

　ところで，実際の臨床の中でも，リジリアントなクライアントや家族というのは，思い浮かぶものである。治療者の治療的関与から想定されるような展開の何倍も何十倍も大きく人生を展開していく人たち。それは問題解決などという次元とはまったく違うものである。そういう人たちを，香川医大の石川元教授はいみじくも「世間話だけして帰る人たち」だと教えて下さった。もっと言うなら，そう，適切な手みやげをもってくる患者さんたちである。そういった人たちを僕たちは，「自然治癒」だと思って考察の域からはずしてきたのではないだろうか？ それを表現する言葉がない以上，闇に葬り去られるしかない臨床データだったのだ。

　最後にどうしても記しておきたいのは，これまでリジリアンスが日本に紹介されなかったという驚くべき事実について。日本の児童精神科医はダメージ・モデルでしか考えないために，ラターが何本か論文を書いても興味を覚えなかったのだろうか？ また，「アダルトチルドレン」，「トラウマ」と書店の心理学コーナーを賑わしている日本でのムーブメントでもリジリアンス紹介は皆無である。まるでダメージ・モデルと整合性のないものは，税関で引っ掛かり，それを免れたものだけが日本の精神療法文化を社会構成しているみたいだ。たとえば，災害や多くの人々を巻き込む事件がひっきりなしに起こる現代，たしかに「心のケア」は強調されるようになったけれど，それによってリジリアントに人生を展開していく人々についての研究は耳にしない。さて，この「雨降って，地固まる」という概念，どこまで研究として，また治療概念として日本では展開していくのだろう？

2002年3月

小森　康永

Walsh, F.: The Concept of Family Resilience: Crisis and Challenge, Fam. Proc. 35:261-281, 1996.

Walsh, F.: Strengthening Family Resilience, The Guilford Press, New York, 1998.

Hawley, D.R. and DeHaan, L.: Toward a Definition of Family Resilience: Integrating Life-Span and Family Prespectives, Fam. Proc. 35: 283-298, 1996.

Gelder, M. et al.: Oxford Textbook of Psychiatry, Third Edition, Oxford University Press, Oxford, 1996.

Rutter, M.: Resilience in the Face of Adversity, Br. J. Psychiatry, 147; 598-611, 1985.

Werner, E.E.: Risk, resilience, and recovery: Perspectives from the Kauai Longitudinal Study. Development and Psychopathology 5:503-515, 1993.

Wolin, S. J. and Wolin, S.: The Resilient self: How survivors of troubled families rise above adversity. Villard, New York, 1993.

■著者紹介

スティーヴン・ウォーリン, M. D. は, ジョージ・ワシントン大学医学部における, 精神医学の臨床教授で, 同学部の家族研究所の, 長年にわたる研究者であり, 家族療法のトレーニング・ディレクターを務めています。

シビル・ウォーリン, Ph. D. は, 児童発達の分野で博士号を取得しています。1980年より個人開業し, 学校不適応を経験している子どもたちと家族に会っています。またヴァージニア州アレキサンドリアにある親業トレーニング・センターの教育コンサルタントを務め, 高校や, 成人教育プログラム, そして都市部のリハビリテーション・プログラムで英語を教えてきました。

スティーヴンとシビル・ウォーリンは, 結婚して28年になります。2人の子どもがいて, ワシントン, D.C. に住んでいます。2人は共同で, プロジェクト・リジリアンスという, チャレンジ・モデルによるコンサルテーション, 訓練, 治療プログラムを発足させました。

【著作】

Steven Wolin, Wayne Muller, Fred Taylor, and Sybil Wolin, "Three Spiritual Perspectives on Resilience: Buddhism, Christianity, and Judaism," in Froma Walsh, ed.,Spiritual Resources in Family Therapy (New York: Guilford Publications, 1999), pp.121-135.

Steven Wolin and Sybil Wolin, "Commentary on Resilient Adolescent Mothers: Ethnographic Interviews," Families, Systems & Health, 16(4), (Win 1998), pp. 365-366.

Sybil Wolin and Steven Wolin, "The Challenge Model: Working with Strength in Children of Substance- Abusing Parents," Child & Adolescent Psychiatric Clinics of North America, 5(1), (Jan 1996), pp. 243-256.

Linda Bennett and Steven Wolin, "Family Culture and Alcoholism Transmission," in Lorraine Collins, R. Kenneth Leonard, et al., eds., Alcohol and the Family: Research and Clinical Perspectives. The Guilford Substance Abuse Series (New York: The Guilford Press, 1990), pp. 194-219.

Jane Jacobs and Steven Wolin, "Alcoholism and Family Factors: A Critical Review," in Marc Galanter, ed., Recent Developments in Alcoholism, Vol. 7: Treatment Research (New York: Plenum Press, 1989) pp.147-164.

Sybil Wolin, "Predictors of Helplessness in Young Male Soccer League Players on Losing Teams," Dissertation Abstracts International, 49(3-A), (Sep 1988), pp. 467-468.

Frederick Wambolbt and Steven Wolin, "Reality and Myth in Family Life: Changes across Generations," Journal of Psychotherapy & the Family 4(3-4), (1988), pp.141-165.

Linda Bennett, Steven Wolin, and David Reiss, "Deliberate Family Process: A Strategy for Protecting Children of Alcoholics," British Journal of Addiction, 87(7), (Jul 1988), pp. 821-829.

Steven Wolin, Linda Bennett, and Jane Jacobs, "Assessing Family Rituals in Alcoholic Families," in Evan Imber-Beck, Janine Roberts, et al., eds., Rituals in Families and Family Therapy (New York: W. W. Norton & Co, Inc., 1988), pp.230-256.

Linda Bennett , Steven Wolin, and Katherine McAvity, "Family Identity, Ritual, and Myth: A Cultural Perspective on Life Cycle Transitions," in Celia Jaes Falicov, ed., Family Transitions: Continuity and Change over the Life Cycle. Guilford Family Therapy Series (New York: The Guilford Press, 1988), pp.211-234.

Linda Bennett, Steven Wolin, and David Reiss, "Cognitive, Behavioral, and Emotional Problems among School-Age Children of Alcoholic Parents," American Journal of Psychiatry 145(2), (Feb 1988), pp.185-190.

Linda Bennett, Steven Wolin, David Reiss. and Martha Teitelbaum, "Couples at Risk for Transmission of Alcoholism: Protective Influences," Family Process, 26(1), (Mar 1987), pp.111-129.

Steven Wolin and Linda Bennett, "Family Rituals," Family Process, 23(3), (Sep 1984), pp.401-420.

Steven Wolin, Linda Bennett, and Denise Noonan, "Family Rituals and the Recurrence of Alcoholism over Generations," American Journal of Psychiatry, 136(4-B), (Apr 1979), pp.589-593.

Paula Sendroff, Steven Wolin, Cheyenne Luzader, and Sheila Williams, "Clinical Supervision for Rehabilitation Counselors," Journal of Applied Rehabilitation Counseling, 5(4), (Win 1974), pp.220-231.

Peter Steinglass and Steven Wolin, "Exploration of a Systems Approach to Alcoholism," Archives of General Psychiatry, 31(4), (Oct 1974), pp.527-532.

Steven Wolin and N. K. Mello, "The Effects of Alcohol on Dreams and Hallucinations in Alcohol Addicts," Annals of the New York Academy of Sciences, 215(Apr 1973), pp. 266-302.

索引

あ

愛情 40, 43-48
『愛するということ』（フロム） 43
愛着のきずなを持つ 134, 149-159, 161
アイデンティティ 54, 76, 102, 109, 127, 157, 211
　　──とユーモア 212
　　ポジティヴな── 40, 56-60
遊ぶ 193, 198, 199, 202, 208, 215
『アダム・ビード』（エリオット） 20
アダルト・チルドレン・オブ・アルコホリクス 16-17, 26, 72, 97-98, 111-113, 164-165, 230, 232
　　飲酒問題がない 25-26, 111-112, 150-151
　　──と独立性の問題 111-113
『アラベスク』（ハドソン） 202, 204, 205
アラン 90, 91, 94, 97, 98, 100, 102, 103, 105, 118, 123, 124, 140, 151, 153, 155, 158, 170, 173, 232, 236
アルコホリクス 29, 38, 50, 59, 61, 72, 93, 95-98, 111-112, 128, 177, 225-227, 230-232
　　アダルト・チルドレン・オブ── 16-17, 26, 72, 97-98, 111-113, 164-165, 230, 232
　　──と独立性の問題 111-113
アレン（ウッディ） 195
アレン（メラニー） 211
哀れみ 228
安全な環境 40
アンソニー（E.J.） 85-87, 97, 123, 140-141, 201
アンダーソン（ジェームス） 234, 235
アンドレ 152
アンナ 113, 115-117, 124, 125, 128, 153
『アンナ・カレーニナ』（トルストイ） 38
怒り 55, 59, 66, 67, 69, 103-104, 110, 119, 128-130, 155, 156, 200, 214
依存症 30, 38, 111-112, 188, 189
痛みと機会 14
　　問題の多い家族という難題 11
　　ダメージに名前をつける 34-64
イニシアティヴ 14, 68, 70, 81, 125, 144, 154, 162, 166, 174, 185, 190
　　──と生み出すこと 162, 184-190, 192
　　──と探索すること 162, 167-174, 191
　　──と取り組むこと 162, 174-183, 191-192
　　──の定義 162
　　──の練習 190-192
イリノイ大学 174
インディアン 31, 76, 188
ヴァイラント（ジョージ） 155-156, 184
ウェルナー（エミー） 29-30, 67, 267
ウォラースタイン（ジュディス） 121, 122
ウォルター（ドワイト） 16
訴えかける子どもは，興味をもってくれそうな大人と出会う 136, 137
生み出す 162, 184, 185, 186, 188, 190, 192
映画 177, 189, 190, 223, 241
衛生（身体の） 18, 19, 41-42
エドゥアルド 227-229, 232
エフェクタンスへの動機づけ 170
エリオット（ジョージ） 20
エレン 201, 202
オードリー 188

オールズ（シャロン）209, 210
オズの魔法使い 223, 224
恐れ 13, 85, 86, 91, 164, 172, 180, 189, 220, 228, 243
親：
　——から与えられる安全な環境 40, 41, 43
　——から与えられる情緒的要求 40, 43-48
　——から距離をとる 111-133
　——からのダメージに名前をつける 34-64
　ダメージ・モデルにおける—— 22-25, 26, 28, 30, 67, 71-74, 87, 89, 136
　チャレンジモデルにおける—— 28-32, 74-77, 87-89, 136, 164-166, 243
　——とイニシアティヴ 162-192
　——と関係性 134-161
　——と洞察 85-108
　——と独立性 109-133
　——とのコミュニケーション 40, 48-54
　——との創造性とユーモア 193-215
　——との和解 126-128
　——とポジティヴなアイデンティティ 40, 54-60
　——とミラーリング 26-28, 32, 34-37
　——とモラル 217-240
　——と問題の多い家族という難題 11-33
　——の力 34-54, 121-122
　——の死 130-131
　——の問題を評価する 40-64
音楽 17, 159, 193, 198, 204, 205, 210

か

回復運動 30
ガーマジー（ノーマン）106
ガールスカウト 177
カウアイ（ハワイ）29, 67
（キャロル）カウフマン 140, 141
書く 197, 210, 212
拡大家族 145
核都市ハイリスク・グループ 184-185
確認 94, 96, 98, 103, 104, 117, 139
家事 70, 231

賢い選択 150
カズンズ（ノーマン）211
家族：
　拡大—— 121-123
　——から距離をとる 111-133
　代理—— 150-153
　——と安全な環境 40-43
　——とポジティヴなアイデンティティ 40, 55-60
　——におけるダメージ・モデル 22-25, 26, 29, 30, 67, 71-74, 87, 89, 136
　——におけるチャレンジ・モデル 28-32, 74-77, 87-89, 136, 164-166, 243
　——の愛情，支え，承認 40, 43-48
　——のコミュニケーション 40, 48-54
　——のミラーリング 27-29, 32, 33-37
　——の問題解決 40, 60-63
　——の問題を評価する 40-63
　問題の多い—— 38-40
　問題の多い——という難題 11-33
形作る 170, 186, 193, 202, 204, 208, 215
価値を見積もる 217227-232, 239-240
カトリック主義 158
『悲しみのジン』（チーヴァー）225-226
借り 118, 147
カリ（コロンビア）181
カリフォルニア 126, 180
環境 142, 154, 162
　安全な—— 40, 41-43
　探索する 162, 167, 168, 172, 190
関係性 14, 17, 68, 73, 78, 81, 104, 125, 134, 161, 185
　——と愛着のきずなをもつ 134, 148-153, 161
　——と休日 156-159
　——とつながること 134, 140-144, 160-161
　——と募集すること 134, 144-148, 161
　——におけるギブアンドテイク 135-138
　——におけるダメージのコントロール 153-156
　——の定義 134
　——の練習 160-161

索引　279

感謝 136, 210, 233
感じる 90-96, 106, 141
寛大さ 136, 153, 154, 225, 230, 233
犠牲者への罠 13-15, 24, 28, 31, 68, 90, 182, 210, 212
　　リフレイミングを用いて――に抵抗する 65-82
偽善 225, 227, 239
期待 120, 168, 172, 175, 185
記念日 38, 57, 58, 125, 157-159
希望 120, 125, 135, 143, 145, 153, 157, 159, 168, 170, 175, 176, 210
虐待 39, 41, 42, 63, 155, 188, 222
　　言語的―― 44-45, 72, 77
　　情緒的―― 44, 237
　　身体的虐待 38, 41-42, 72, 73, 115, 140, 222-223, 237
休暇 51, 57, 58, 130, 157
休日 38, 57, 58, 66, 150, 210
教育 11-13, 22, 55, 56, 70, 101-102, 114, 148, 154, 218
　　――の欠如 29
境界 44, 109, 133
共感 14, 139, 185, 193
行事 156-158, 161
　　性的な―― 157
きょうだい 230
　　代理の―― 146
　　――との連携 129-130
拒絶 70, 91, 111, 145, 152, 157, 189, 194, 206
距離 109, 112, 113, 117, 118, 121, 122, 128
義理の家族 150, 151
警察 200, 226
芸術 20-22, 197-198, 204-208
ゲインズ（ミカ） 206
ケーガン（ジェローム） 89, 90
けち 155-156, 233
血縁関係 54
結婚 56, 60, 63, 69, 111, 126, 147, 150, 156, 185, 188, 209, 233
元型 31

研究（チャレンジ・モデルの） 25
言語的虐待 44, 72, 77
現実（を維持する） 123
現実主義（情緒的な） 115
現実逃避ゲーム 193, 198-202
『懸命な成長：生き残る子どもたち』（ラドケ-ヤーロウ） 141-143
交換台症候群 54
高潔さ 227
構成する 193, 208-215
行動科学 20
コールズ（ジェーン） 218, 219, 220, 221, 227, 232
コールズ（ロバート） 218
国立精神保健研究所（NIMH） 141
孤児 130, 145
孤独 114, 120, 153
『子どもたちを愛した男』（ステッド） 20-21
『子どもの本質』（ケーガン） 89-90
『子どもたちの感じるモラル』（コールズ） 220-222, 227
『子どもの神秘生活』（コールズ） 218
子どもを救おうドラマ 136
コミュニケーション 40, 48, 49, 50, 51, 52, 53, 54, 121
コロンビア 181, 184
『壊れない子どもたち』（セガールとヤーレス） 162
コントロール 201, 206, 208, 211

さ

罪悪感 68, 70, 98, 99, 113, 115, 128, 173, 189, 207, 226
財政（家族の） 62, 114, 153, 179, 212, 231, 234
　　――の問題 110
支え 55, 86, 110
サバイバーのプライド 16-19, 26, 30, 69-71, 76, 89, 91, 101, 137, 167-168, 170, 179, 185, 190, 202, 205, 207, 229, 242
サンドラ 135, 136, 137, 139, 140, 143, 144, 145, 146, 147, 150, 155, 156, 159, 232, 233

サンドラの救出 136-137
死 53, 60, 130
　　親の—— 130-131
詩 16, 46, 198, 204, 208, 210
シェイクスピア（ウィリアム）20
ジェフリー 113, 114, 116, 117, 180
自我 194
自己 78, 88, 89, 187, 194, 196, 199, 202
　　信頼性の—— 210
　　——と洞察 85-108
　　——とモラル 217-240
仕事中毒 39, 188-189
自信 110, 121, 134, 144, 152, 170
『詩人と空想すること』（フロイト）199
自尊心 125, 227, 231
疾患 53, 60, 61, 131, 152, 172, 178
　　精神—— 14, 17, 29, 38, 85-87, 96-103, 178, 196, 201, 213, 243
失業 140
しつけ 41, 222
シティ・スリッカーズ 241, 243
児童期：
　　——とイニシアティヴ 167-174
　　——と関係性 140-144
　　——と洞察 90-96
　　——と独立性 118-120
　　——とポジティヴなアイデンティティ 40, 54-60
　　——とモラル 222-227
　　——と問題の多い家族という難題 11-33
　　——に与えられる情緒的要求 40, 43-48
　　——におけるダメージ・モデル 22-25, 26, 28, 30, 67, 71-74, 87, 89, 136
　　——におけるチャレンジ・モデル 25-32, 74-77, 87-90, 136, 163-166, 243
　　——における創造性とユーモア 198-202
　　——にとって安全な環境 40, 41-43
　　——のコミュニケーション 40, 48-54
　　——のダメージ・インベントリー 245-248
　　——のミラーリング 27-28, 32, 35-38
児童発達理論 92

慈悲 228
社会的階級 39
写真 11, 12, 42, 168, 173, 189, 196, 197
ジャック 194, 195, 207, 208
ジャネット 17, 18, 67, 118, 119, 123, 152, 172, 173, 199, 200, 202, 205
宗教 39, 41, 54, 158
ジュネーブ 178
ジュリー 77, 78, 80
正直 217, 222
少数民族集団 158
情緒的虐待 44
情緒的実用主義 127-128
情緒的要求 44, 86
承認 40, 43-48
将来 127, 129, 133, 145
ジョーク 143, 144, 194, 196, 207, 208
ジョージ 97, 99, 123
職業選択 110, 128
ジョン 210
白雪姫 36
自立する 109, 110, 121, 126, 127, 132
知る 85, 92, 96, 98, 106, 126, 131, 154
情緒的虐待 44, 237
人権運動 218
身体的虐待 41, 42, 115, 140, 222-223, 237
身体的ネグレクト 43, 143
親密性 110, 141, 150, 153, 161, 203
　　——の恐れ 68, 71
信頼性 210
心理学的リジリアンスと親密性への能力：傷ついた者はいかにして〈うまく愛する〉か（ヒギンズ）152, 223
スイス 178
スーザン 140, 141
捨て子 35-36
ステッド（クリスチアナ）20, 21
捨てられること 110, 155, 181, 187, 196, 251
ステンプル（ターニャ）196, 197
ストリート・チルドレン 242
ストレス 165, 218, 220, 221

スポーツ 17, 180, 204
スミス（ルース） 29, 30, 67
税金 179
政治学 186, 187
脆弱性 14, 26, 28, 29, 30, 32, 67, 86, 183, 242
聖書 44, 211
精神医学 14, 21, 219, 220
成人期：
　──とイニシアティヴ 184-190
　──と関係性 149-153
　──と創造性とユーモア 208-215
　──と洞察 99-106
　──と独立性 126-131
　──とモラル 233-238
　──のダメージ・インベントリー 248-252
精神疾患 14, 38, 196, 219
性的虐待 42
青年期：
　ダメージ・モデルにおける── 22-25, 26, 29, 30-31, 67, 71, 74, 87, 89, 136
　チャレンジ・モデルにおける── 28, 32, 74-77, 87-89, 136, 164-166, 243
　──とイニシアティヴ 174-183
　──と関係性 145-149
　──と洞察 96-99
　──と独立性 121-126
　──とモラル 227-232
　──における創造性とユーモア 202-208
　──のダメージ・インベントリー 245-253
　リフレイミング 49-63
生理 101, 146
セガール（ハンナ） 162
セガール（ユリアス） 162
責任 217-244
セックス 18, 53, 79, 156, 205
セラピー 23, 24, 26, 71, 73, 74, 112, 113, 135, 155, 212, 230, 237
セルマン（ロバート） 94, 225
『1937年5月に戻って』（オールズ） 209-210
「全部まかせなさい」症候群 154-155, 156
躁うつ病 92, 97, 98, 101, 102, 123, 155, 201, 232, 236
葬儀 130
喪失 60, 66, 100, 116, 131, 205
想像 174, 193, 196, 199, 202
創造性 14, 16, 17, 18, 68, 81, 119, 173, 193, 194, 197, 198, 202, 208, 210, 215
　──と遊ぶこと 193, 198-202, 214
　──と形作ること 193, 202-208, 214
　──の定義 193
　──の練習 215-216
　笑うことと創作すること 193, 208-215
祖父母 128, 129, 223
『俗人省』（アンダーソン） 234-235
ソラーツ（スティーヴン） 186, 188, 242
ソルニット（アルバート） 202

た

大学 11, 12, 22, 57, 70, 86, 102, 114, 125, 144, 146, 148, 154, 187
代理家族 151
脱愛着（両親からの） 111-132
ダメージ・インベントリー 37, 245
ダメージに名前をつける 34-64
ダメージをコントロールする（関係性の中で） 153-156
ダメージ・モデル 22, 23, 24, 26, 30, 67, 71, 87, 89, 136, 144, 268, 269, 273
ダン 223, 224
探索する 162, 167-174, 191, 192
誕生日 38, 39, 59, 125, 157, 158, 232
ダンス 193, 198, 204, 210
チーヴァー（ジョン） 225
『小さな魔術師』（フレイバーグ） 171-172
力 210
　家族における── 34-64, 121-122
　チャレンジ・モデル 25, 26, 28, 30, 31, 66, 74, 87, 88, 136, 163, 243
　──に関する研究 28-30
　問題の多い家族の── 11-33
忠誠 114
懲罰 120, 230, 238

直感 85, 92, 100
沈黙 49, 52, 53, 61, 95, 123
仕える 217, 232-238, 240
ディーナー博士 175-177
デイヴィス（ルース）93, 125
手紙を書く 214, 234
テレビ 87, 89, 97, 114, 157, 171, 190
転職 60
伝統（家族の）56, 58
洞察 13, 17, 68, 77, 81, 85, 86, 87, 89, 90, 96, 100, 103, 106, 125, 129, 141, 150, 154, 156, 168
　——と感じること 90-95, 108, 117
　——と知ること 96-99, 108
　——と理解すること 99-106, 108
　——とリジリアンスへの道 106-108
　——の定義 85
　——の練習 106-108
統制の位置 165
独立性 14, 109, 110, 111, 112, 114, 118, 120, 124, 126, 129, 131, 132, 142
　——とアルコホリクス 111-113
　——自立すること 109, 126-128, 132-133
　——と迷い出ること 109, 117-118, 132
　——と遊離すること 109, 121-126, 132, 145
　——の定義 109
　——の練習 132-133
都心部の子どもたち 181
トニー 171, 172
ドミニク 141, 142, 143, 144
取り組む 145, 162, 174, 178, 182, 185, 186, 190, 198
とりつかれる 37
トルストイ（レオ）38

な

内的統制の位置 165-166
ナショナル・ジオグラフィック 148
ナバホ・インディアン 31
日本のことわざ 198
ニュー・オーリンズ 219-222
妊娠 60, 63, 147, 194, 196
ネイサン 211, 212
ネイティヴ・アメリカン 31, 189
ネグレクト 39, 43, 143
妬み 99, 167
ノリーン 69, 70, 71, 72, 74, 76, 77, 80, 95, 97, 99, 104, 110, 156, 164, 165, 171, 173, 177, 222, 224, 230, 235, 236

は

バーバラ 11, 12, 14, 28, 67, 71, 103, 105, 119, 123, 128, 140, 144, 145, 151, 152, 156, 158, 202, 237, 238
売春 141, 228
陪審 238
陪審任務 237
恥 56, 66, 95, 98, 156
ハドソン（バーバラ）202
バランス 14, 30, 32, 81
ハル 77, 78, 80
ハワイ 29
犯罪 237
判断する 217, 222, 224, 239
ピアジェ（ジャン）178, 242
ビアズリー（ウィリアム.R.）98
ピーター 125, 126
ヒギンズ（レジーナ・オコネル）152, 223
ビショップ（バリー）163, 164, 165
否定 88, 101, 131, 169, 170
非難する 93, 98
秘密 46, 61, 65
病気における細菌理論 23
貧困 29, 173, 182, 185, 245, 271
ファンタジー 13, 68, 76, 115, 198, 200, 202, 226
不安定さ 121
不一致 53
フェイ 17, 18, 67
フェルスマン（カーク）182, 183, 184, 185, 266
復讐 12, 28, 67, 71, 103
物質乱用 16-17, 25-26, 38, 61, 72, 111-112, 141

プットナム（マリアン）219, 220, 222
不動産 91, 102, 103, 105, 118, 236
フライ（ウィリアム）211
プライド（誇り）65, 136
プライバシー（の侵害）47-48
ブラジル 227
ブリッジズ（ルビー）220
ブリッジズ 221, 227
フレイバーグ（セイマ）171
フロイト（ジグムント）194, 196, 199, 208
ブロイラー（マンフレッド）87
フロム（エーリッヒ）43, 44
文化 20-22, 29, 158, 178-183, 227
文学 20, 218
分裂病 86, 97, 98, 118, 123
平静を維持する 123
ヘッセ（ヘルマン）214
ベネット（リンダ）111
ベビー・シッティング 146, 225
ベルコヴィッツさんの懇願 137-138
ヘルツバーガー（シャロン）222, 224
ベルリン（デイヴィッド）93
暴力 38, 44, 45, 50, 67, 71, 72, 77, 201, 223, 231
保険 179, 235
ポジティヴなアイデンティティ 40, 54-60
募集する 134, 144, 145, 147, 160, 174, 232
ボストン 179
ボストン子ども病院 219
ポデレフスキー（ドナ）98, 99, 100
ボランティア活動 154, 174, 234
ポルノ 42
ホワイト（ロバート.W.）170

ま

マーフィ（ロイス）21, 22
マクダフィ（ジャック）194, 195, 207
マクマスター大学 60
マッチング 35
迷い出る 109, 117, 118, 120, 122, 132, 141, 145
マリファナ 126, 141
マリン郡 180

マンダラ 32, 34, 36, 64, 67, 73, 78, 80, 82, 86, 87, 100, 104, 106, 115, 119, 125, 131, 144, 160, 190, 194, 199, 208, 210, 215, 221, 222, 234, 239
ミラー（アリス）44
ミラーリング 27-29, 32, 34-38, 104, 152, 170, 197, 239
結びつく 134, 140-144, 164-165, 211
妄想型分裂病 85
目的（意識）221
モラル 14, 15, 68, 77, 79, 81, 115, 117, 156, 211, 217, 218, 220, 222, 223, 224, 225, 226, 227, 230, 232, 234, 235, 236, 239
　　——と大事にすること 217, 227-232, 239-240
　　——と仕えること 217, 232-238, 240
　　——と判断すること 217, 222-227, 239
　　——とリフレイミング 65-82, 106-107
　　——の定義 217
　　——の練習 239-240
問題解決 60, 61, 62

や

ヤーレス（ハーバート）162
薬物乱用 141
ヤロウ 142, 143
勇気 65
遊離する 109, 121-126, 132, 145
ユーモア 14, 18, 68, 81, 153, 167, 193, 194, 196, 198, 202, 207, 208, 211, 212, 214, 215
　　——と遊ぶこと 193, 198-202, 214
　　——と形作ること 193, 202-208, 214
　　——の定義 193
　　——の練習 215-216
　　笑うことと創作すること 193, 208-215
『ユーモア』（フロイト）194
ユニセフ 181
赦し 127
ユング（カール）31
抑うつ 140, 143
　　躁うつ 91-96, 97-103, 123, 155, 201, 232, 236
喜び 197, 198, 238

ら

ラップ（アルバート）214
ラドケ-ヤーロウ（マリアン）141
理解する 90, 92, 99, 100, 106
リックマン（ジョン）210
離婚 29, 38, 48, 52, 59, 121
リジリアンス 12-33, 67-68, 85-239
　——におけるチャレンジ・モデル 28-32, 74-77, 87-89, 136, 164-166, 243
リジリアンス・マンダラ 5, 31, 32, 34, 62, 66, 70, 78, 80, 84, 86, 98, 104, 106, 114, 116, 124, 130, 144, 160, 190, 192, 196, 208, 212, 220, 222, 232, 236
リフレイミング 32, 37, 65-82, 106-107, 239
臨床的失敗 24

ルビー 220, 222, 227
レイプ 228
レナ 167, 168, 169, 170, 176, 179, 189, 190
レフコート（ハーバート）165, 166
露出狂 42
『ロスト（失われた物語）』166
ロッククライミング 180
論文（専門的な）28

わ

ワシントンポスト 196, 197
『笑いの治癒力』（カズンズ）211
笑う 193, 208, 211, 213, 214, 215

■訳者紹介
奥野光(おくの　ひかる)
1974年　愛媛県宇和島市生まれ。
1997年　国際基督教大学教養学部を卒業。
2002年　名古屋大学大学院教育発達科学研究科博士課程単位取得。
現在　　愛知大学学生相談室(カウンセラー)
専攻　　臨床心理学
訳書　　ホワイトとデンボロウ「ナラティヴ・セラピーの実践」(共訳,金剛出版,2000)
　　　　ヘツキ他「人生のリ・メンバリング」(共訳,金剛出版,2005)
　　　　ラッセル他「ナラティヴ・セラピーみんなのQ&A」(共訳,金剛出版,2006)
　　　　ホワイト他「子どもたちとのナラティヴ・セラピー」(共訳,金剛出版,2007)
　　　　ホワイト「ナラティヴ実践地図」(共訳,金剛出版,2009)

小森康永(こもり　やすなが)
1960年　岐阜県美濃市生まれ。
1985年　岐阜大学医学部卒業。以後10年間にわたり同大学小児科学教室に籍を置き,MRI等で研修し,主に小児の情緒障害の診療に従事。
1995年　名古屋大学医学部精神科へ転入後,愛知県立城山病院に勤務。
現在　　愛知県がんセンター中央病院緩和ケア部精神腫瘍診療科
専攻　　家族精神医学
著書　　「緩和ケアと時間」(金剛出版,2010)
　　　　「ナラティヴ実践再訪」(金剛出版,2008)
　　　　「ディグニティセラピーのすすめ」(共著,金剛出版,2011)
　　　　「終末期と言葉」(共著,金剛出版,2012)
訳書　　ホワイト他「物語としての家族」(金剛出版,1992)
　　　　ドウ・シェイザー「ブリーフ・セラピーを読む」(同上,1994)
　　　　ヘル他「老人と家族のカウンセリング」(同上,1996)
　　　　ホワイト他「ナラティヴ・セラピーの実践」(同上,2000)
　　　　ホワイト「ナラティヴ・プラクティスとエキゾチックな人生」(同上,2000)
　　　　ホワイト「人生の再著述」(ヘルスワーク協会,2000)
　　　　ウィンスレイド他「新しいスクール・カウンセリング」(金剛出版,2001)
　　　　モーガン「ナラティヴ・セラピーって何?」(同上,2002)
　　　　ヘツキ他「人生のリ・メンバリング」(共訳,金剛出版,2005)
　　　　ラッセル他「ナラティヴ・セラピーみんなのQ&A」(共訳,金剛出版,2006)
　　　　ホワイト他「子どもたちとのナラティヴ・セラピー」(共訳,金剛出版,2007)
　　　　ホワイト「ナラティヴ実践地図」(共訳,金剛出版,2009)
　　　　フィッシュ他「解決が問題である」(監訳,金剛出版,2011)
　　　　ホワイト「ナラティヴ・プラクティス」(共訳,金剛出版,2012)
編著書　「ナラティヴ・セラピーの世界」(共編,日本評論社,1999)

サバイバーと心の回復力
逆境を乗り越えるための七つのリジリアンス

2002年5月20日　発行
2013年11月10日　三刷

著　者　　S・J・ウォーリン
　　　　　S・ウォーリン
訳　者　　奥野　　　光
　　　　　小森　康永
発行者　　立石　正信

発行所　　株式会社　金剛出版
印刷・平河工業社　製本・誠製本
〒112-0005　東京都文京区水道1-5-16
電話 03-3815-6661　　振替 00120-6-34848

ISBN978-4-7724-0741-0 C3011　　Printed in Japan　　©2002

●価格は消費税（5％）込みです●

終末期と言葉
高橋規子, 小森康永著　死を目の前にした心理臨床家と精神腫瘍医（サイコオンコロジスト）が進めた終末期フィールドワーク／当事者研究の記録。　3,150円

ナラティヴ・プラクティス
M・ホワイト著／小森康永, 奥野 光訳　ナラティヴ・セラピーの創設者であるマイケル・ホワイトの未発表原稿11本を収録した遺稿集。　3,990円

解決が問題である
R・フィッシュ著／小森康永監訳　「ブリーフセラピー」はここからはじまった。J・ウィークランドの仕事を中心に編まれた, ベストセレクション。　5,040円

ナラティヴ実践地図
M・ホワイト著／小森康永, 奥野 光訳　ナラティヴ・セラピーの魅力を繰り返し発見させられる, マイケル・ホワイト最後にして最高の1冊。　3,990円

ナラティヴ・セラピーみんなのQ＆A
ラッセル, ケアリー編／小森康永他訳　ナラティヴ・セラピーの実践に重要なキーワードについての10個ほどの質問にそった技術書風の入門書。　2,940円

緩和ケアと時間
小森康永著　がんによる痛みや辛さをやわらげるための「緩和ケア」の正しい知識を多くの人に知ってもらうための格好の手引き。　2,940円

ナラティヴ実践再訪
小森康永著　小児から緩和ケアにいたる著者の実践をなぞるように読みすすめることで, ナラティヴ・セラピーへのより深い理解が得られる。　2,730円

人生のリ・メンバリング
L・ヘツキ, J・ウィンスレイド著／小森康永, 石井千賀子, 奥野 光訳　社会構成主義の立場から, 死の臨床におけるナラティヴセラピーを解説する。　2,940円

ディグニティセラピーのすすめ
小森康永, H・M・チョチノフ著　終末期における, 死にゆく人の「尊厳」を高めるケア。創始者による研究論文と, その日本でのはじめての実践例。　2,940円

子どもたちとのナラティヴ・セラピー
M・ホワイト, A・モーガン著／小森康永・奥野 光訳　子どもたちやその家族とのセラピーの実践とアイデアが惜しみなく盛り込まれた1冊。　2,730円

ナラティヴ・セラピーって何？
A・モーガン著／小森康永他訳　多くのケースを例示して簡潔に説明した, 読みやすい, 使いやすい, 肩の凝らない最適の入門書がここに訳出された。　2,730円

ナラティヴ・プラクティスとエキゾチックな人生
M・ホワイト著／小森康永監訳　「外在化する会話」, 「失敗会話マップ」といったナラティヴ・セラピーの実践がわかりやすく解説された最新論文集。　3,780円

物語としての家族
M・ホワイト, D・エプストン著／小森康永訳　コンストラクティヴィズムの旗手の新著が, 気鋭の家族療法家の手によって翻訳された期待の書。　5,775円

リジリエンス
G・A・ボナーノ著／高橋祥友監訳　死別の過程を科学的な根拠に基づいて描き出し, 肯定的な感情, 笑い, 死後も続く絆について多くの例を挙げて解説する。　2,940円

ナラティヴ・エクスポージャー・セラピー
M・シャウアー, F・ノイナー, T・エルバート著／森 茂起監訳／明石加代, 牧田 潔, 森 年恵訳　わが国初のNETマニュアル。　2,940円

家族療法テキストブック
日本家族研究・家族療法学会編　家族療法全体を見はるかす, わが国初の網羅的テキスト。家族療法の歴史から, 日本における展開・実践を紹介。　5,880円